新能源汽车概论

主　　编　许冀阳　吴　晨　韩　丹
副 主 编　张博琦　朱　荣　苟琦智
企业参编　刘大鹏　罗小让
主　　审　马　建

北京理工大学出版社
BEIJING INSTITUTE OF TECHNOLOGY PRESS

内 容 简 介

　　本教材包括新能源汽车的认知、纯电动汽车的认知、混合动力汽车的认知、燃料电池汽车及其他新能源汽车的认知、新能源汽车的购买与使用、新能源汽车未来发展的展望六个项目。本教材遵循学习者认知发展规律，每个项目设置了学习目标、项目描述、知识链接、项目实施、项目评价、项目小结、拓展阅读、巩固提高八个环节，引导学习者自主学习。教材内容在学习目标、项目描述等多个环节融入党的二十大精神，强调创新、低碳和能源安全等思政元素，实现价值塑造、能力培养与知识传授紧密融合。本教材配有数字资源，学习者可通过扫描教材中的二维码查看对应的微课等资源，也可访问"智慧树"平台（www.zhihuishu.com）的新能源汽车概论在线开放课程进行学习。本教材可作为汽车相关专业的教学用书，还可以作为汽车相关企业的培训用书，也可作为对新能源汽车感兴趣的大众群体的科普读物。

图书在版编目（CIP）数据

　　新能源汽车概论／许冀阳，吴晨，韩丹主编.
　－－北京：北京理工大学出版社，2024.11.
　ISBN 978－7－5763－4580－3

　Ⅰ. U469.7

　中国国家版本馆 CIP 数据核字第 20248NJ980 号

责任编辑：王卓然		**文案编辑**：李海燕	
责任校对：周瑞红		**责任印制**：李志强	

出版发行 / 北京理工大学出版社有限责任公司

社　　址 / 北京市丰台区四合庄路 6 号

邮　　编 / 100070

电　　话 /（010）68914026（教材售后服务热线）
　　　　　　（010）63726648（课件资源服务热线）

网　　址 / http：//www.bitpress.com.cn

版 印 次 / 2024 年 11 月第 1 版第 1 次印刷

印　　刷 / 河北盛世彩捷印刷有限公司

开　　本 / 787 mm×1092 mm　1/16

印　　张 / 14.75

字　　数 / 344 千字

定　　价 / 76.90 元

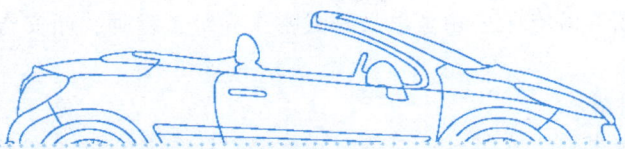

前 言
PREFACE

在党的二十大报告中，"创新、低碳、能源安全"等关键词勾画出中国加快发展方式绿色转型、推进碳达峰碳中和的发展蓝图。新能源汽车作为新能源产业的重要组成部分，是我国重要战略性新兴产业，对实现碳达峰碳中和目标具有重要的作用。《新能源汽车产业发展规划（2021—2035年）》也指出，在未来15年，我国将深入实施发展新能源汽车国家战略，推动我国新能源汽车产业高质量可持续发展，加快建设汽车强国。

在这个"面向世界科技前沿、面向经济主战场、面向国家重大需求、面向人民生命健康"的行业中，我国已培育形成了全球最大的新能源汽车消费市场，建成了高效协同的产业体系。新能源汽车正在迈入规模化、全球化的高质量发展新阶段，这导致新能源汽车技术开发人员、产业服务人员短缺，亟需培养一批掌握新能源汽车原理、构造和应用的人才队伍。

本教材重点围绕我国新能源汽车"三纵三横"技术路线，以"够用""实用"为原则，介绍了纯电动汽车、混合动力汽车、燃料电池汽车及其他新能源汽车的基本结构、原理、发展现状、选购、使用注意事项及未来发展趋势，旨在为汽车相关专业学生、企业研究设计人员、制造业生产人员、管理人员、服务人员、院校老师等提供有力的学习和参考支持。本教材具有以下特点。

（1）本教材紧密对接新能源汽车产业的最新发展现状，融入新能源汽车行业新方法、新技术、新工艺、新标准，内容新颖且实用性强。

（2）本教材编写以习近平新时代中国特色社会主义思想为遵循，融入党的二十大报告精神，深入挖掘每个项目中创新低碳能源安全等思政元素，项目全程贯穿思政元素，培养学生的民族自豪感和职业认同感，落实立德树人根本任务。

（3）本教材以学生为中心，注重遵循学生认知发展规律，每个项目以"学习目标"明确学生学习目的，通过"项目描述"激发学生学习兴趣并发布学习任务，设置"知识链接""项目实施""项目评价"鼓励学生自主学习并进行学习评价。最后通过"项目小结""拓展阅读""巩固提高"巩固本项目所学知识并进一步拓展学生的知识面。

（4）本教材实现微课、教材、资源一体化开发，依托"智慧树"平台配套精品在线课程，可实现课前预习、课中学习、课后复习，构建混合式教学模式，教材重难点明确，学练结合，可实现学生自主学习。

本教材采取校企"双元"模式开发，即由企业人员提供一线岗位技术资料和素材，由陕西工业职业技术学院教师完成编写。本教材由许冀阳、吴晨、韩丹担任主编，张博琦、朱荣、苟琦智担任副主编。本教材编写分工如下：项目一由许冀阳编写，项目二由吴晨编写，项目三由朱荣编写，项目四由张博琦编写，项目五由苟琦智编写，项目六由韩丹编写；参与开发的企业人员有陕西智能网联汽车研究院有限公司董事长刘大鹏正高级工程师，西安吉利汽车有限公司罗小让工程师。

本教材由长安大学马建教授担任主审。

本教材在编写过程中，参考了大量书籍、文献、论文等，在此谨对所参考文献的作者表示衷心感谢！由于编者水平有限，本教材难免有不足之处，敬请广大读者批评指正。

编　者

"新能源汽车概论"课程
思政教学设计方案

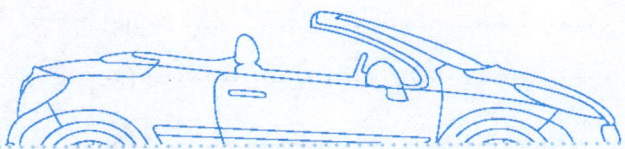

目 录

CONTENTS

项目一
新能源汽车的认知

学习目标

知识目标

1. 掌握新能源汽车的定义、分类。
2. 掌握不同类型新能源汽车的技术特点。
3. 熟悉我国新能源汽车的相关政策。
4. 了解我国新能源汽车的发展现状。
5. 了解新能源汽车的技术发展趋势。

能力目标

1. 能够准确区分不同类型的新能源汽车。
2. 能够准确查找新能源汽车的参数。
3. 能够准确描述各类型新能源汽车的结构。
4. 能够准确描述不同类型新能源汽车的区别。

素质目标

1. 通过学习我国新能源汽车的发展背景，培养学生自立自强的汽车强国梦。
2. 通过学习新能源汽车的发展现状，培养学生绿色、低碳发展的责任感。
3. 通过比亚迪等国产企业的创新汽车新技术，树立学生汽车工匠精神的职业信仰。

项目描述

习近平总书记强调，发展新能源汽车是我国从汽车大国迈向汽车强国的必由之路，要深化新能源汽车产业交流合作，让创新科技发展成果更好造福世界各国人民。自 2012 年以来，国务院先后发布了《节能与新能源汽车产业发展规划（2012—2020 年）》《新能源汽车产业发展规划（2021—2035 年）》等一系列支持新能源汽车发展的政策，我国新能源汽车产业实现了跨越式发展，产销已连续 9 年位居全球第一，新能源汽车产业发展取得了巨大成就。2023 年，新能源汽车产销市场占有率超过 30%，越来越多消费者选择新能源汽车。

假设在新能源汽车项目开发过程中，你作为研发助理，项目经理要求你了解目前市面上主要类型新能源汽车的参数、结构及其不同点，并向全组成员进行介绍。要求以小组为单位，首先进行组内模拟，再进行小组汇报展示，要求介绍内容准确、信息丰富、表达流畅，汇报时间控制在 5 min 之内。

知识链接

单元一　新能源汽车的定义与类型

一、我国发展新能源汽车的背景

微课　我国发展
新能源汽车的背景

当前全球工业体系建立在煤炭、石油等非清洁能源的基础上，大量的碳排放对环境产生显著影响。汽车作为传统化石能源的重要消耗渠道，是实现全球"双碳"目标的重要突破方向。在 21 世纪的今天，世界正处于第三次科技革命和第四次科技革命之间的交汇点，新能源正是这次变革的核心。因此，各大车企已明确加快向新能源汽车转型。

汽车产业是我国国民经济的支柱产业，其产业链长、关联度高、就业面广、消费拉动大，在国民经济和社会发展中发挥着重要作用。同时，汽车产业作为温室气体排放的大户，已经成为全球低碳经济的一个关键。根据联合国环保组织的调查显示，目前城市中的空气污染有 50% 来自燃油汽车的废气排放。为了改善日益恶化的生态环境，美国、日本、欧洲等发达国家的政府纷纷出台各种扶持和优惠政策，大力推动新能源汽车的发展。在我国，新能源汽车已上升为国家战略，并被列入七大战略性新兴产业。新能源汽车产业正处于重要的战略机遇期。

我国非常重视新能源汽车的发展，主要有以下原因。

首先，随着汽车的大规模普及和使用，我国汽车的产销量及保有量均位居世界第一。然而，汽车产销量和保有量的快速增长，带来的环境污染问题日益突出。传统燃油汽车的尾气排放对大气的污染越来越严重，已经成为我国空气污染的关键原因之一。燃油车排放污染物主要有氮氧化物、碳氢化合物、一氧化碳和颗粒物，这些污染物会产生温室效应，破坏臭氧层，导致酸雨等现象，造成人体各种疾病，严重影响人们的生活质量和身心健康。与传统燃油汽车相比，新能源汽车在尾气排放方面具有明显优势，尤其是纯电动汽车在行驶过程中几乎实现了零排放；同时，新能源汽车产业能够加快全产业链的技术进步和节能减排，为我国实现碳达峰碳中和目标贡献汽车力量。

其次，中国在传统燃油车起步较晚。尽管近几年中国汽车工业的发展迅速，但我国汽车技术与欧美日等汽车强国还有较大差距，特别是在发动机、变速箱等核心技术领域，民族品牌面临着技术壁垒和专利壁垒，短期内难以弥补。而新能源汽车的发展在全球范围内都处于起步阶段。自主品牌与大众、丰田等国外知名汽车制造商站在同一条起跑线上，技术路线有多种选择，知识产权壁垒尚未形成，国家标准尚在制定，规模化生产正在酝酿，竞争格局尚未确定。这为我国发展新能源汽车实现"弯道超车"，由汽车大国迈向汽车强国提供了重要契机。

事实上，经过短短十几年的发展，我国新能源汽车产销和保有量连续多年世界第一，自主品牌已经基本掌握了电动汽车的电池、电机、电控等核心技术。电池方面，我国已经培育了宁德时代、比亚迪弗迪、蜂巢能源等具备国际竞争力并进入国际车企供应链的企业，宁德时代更是连续6年装机量位列世界第一。电机方面已经基本实现国产化替代，自主配套比例达到95%以上，年装机量突破百万台。部分电控核心零部件也取得了国产突破。整车企业层面，以比亚迪、吉利新能源、广汽新能源等为代表的车企并取得了不错的销量和评价。我国新能源汽车产销量已连续9年位居世界首位，保有量已突破2 000万辆，中国新能源汽车产业正在高速崛起。

> **小知识**
>
> 2022年4月3日，比亚迪汽车宣布，自2022年3月起停止燃油汽车的整车生产，未来将专注于纯电动和插电式混合动力汽车业务，成为全球首个正式宣布停产燃油汽车的车企。2023年比亚迪汽车销量超过300万辆，我国自主车企首次超越合资车企，比亚迪不仅夺回了中国汽车市场的销量冠军，而且创造了三个第一，分别是中国汽车市场车企销量第一、中国汽车市场品牌销量第一、全球新能源汽车市场销量第一。

最后，我国的基本国情是"富煤、缺油、少气"，石油消费量排在全球第二，石油极度依赖进口。而电动汽车的动力蓄电池大多为锂电池，我国是世界锂资源储量大国。电机中广泛应用的永磁同步电机需要使用稀土材料，我国的稀土资源储量也居世界首位。因此，发展电动汽车不仅可以降低石油消耗，从而减少对石油的依赖，还可以发挥我国在锂和稀土资源方面的优势。

因此，发展新能源汽车不仅是我国从汽车大国迈向汽车强国的必由之路，也是应对气候变化、推动绿色发展和保障能源安全的战略举措。

✸ 二、新能源汽车的定义与类型

动画 新能源汽车的定义与类型

新能源汽车是指采用非常规的车用燃料作为动力来源（或使用常规的车用燃料、采用新型的车载动力装置），综合车辆的动力控制和驱动方面的先进技术，形成的技术原理先进，具有新技术、新结构的汽车。新能源汽车包括纯电动汽车、混合动力汽车、燃料电池汽车、氢发动机汽车及其他新能源（如甲醇、二甲醚）汽车等。

纯电动汽车（Battery Electrical Vehicle，BEV）是指以车载电源为动力，使用电机驱动车轮行驶，符合道路交通和安全法规各项要求的车辆。其动力系统主要由动力蓄电池和驱动电机组成，通过从电网取电或更换蓄电池获得电力，并通过动力蓄电池向驱动电机提供电能以驱动汽车，具有零排放、振动噪声小、能效高等特点，如图1-1所示。在技术上，纯电动汽车呈现出动力系统平台化、车身轻量化、车辆智能化等发展趋势，并将进一步朝着机械、电子、信息技术高度集成的方向发展。

混合动力汽车（Hybrid Electric Vehicle，HEV）是指使用电机和传统内燃机联合驱动的

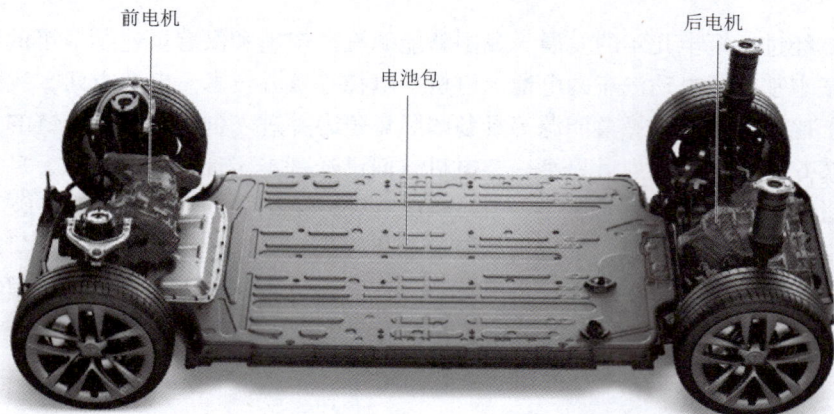

图 1-1　纯电动汽车结构

汽车，如图 1-2 所示。按照充电形式的不同，可分为普通混合动力汽车和插电式混合动力 (Plug-in Hybrid Electric Vehicle，PHEV) 汽车。普通混合动力汽车一般不需要单独进行充电，依靠传统动力就可以达到混合动力的效果。而插电式混合动力汽车通常采用大容量电池，是一种可从外部电源进行充电的混合动力汽车。它具有纯电行驶模式，在一段里程内采用纯电驱动方式；当电池电量下降到一定程度后，可采用混合动力驱动方式。插电式混合动力汽车在技术上依赖于混合动力汽车，在功能上具备纯电行驶功能，可弥补纯电动汽车充电时间长、续驶里程不足的缺陷。

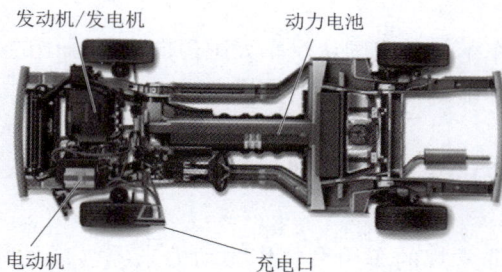

图 1-2　混合动力汽车结构

> **小思考**
>
> 　　比亚迪 DM-i（Dual Mode intelligent）是比亚迪自主研发的混合动力技术，开创了双模混合动力驱动系统的先河。那么比亚迪 DM-i 超级混动技术和理想汽车的混动技术一样吗？有什么区别？

　　燃料电池汽车（Fuel Cell Electric Vehicle，FCEV），是利用氢气和空气中的氧气在催化剂作用下，在燃料电池中，经电化学反应产生的电能，作为主要动力源的汽车。它具有能量转化效率高、零排放、无污染等优点，如图 1-3 所示。燃料电池汽车实质上是纯电动汽车的一种，主要区别在于动力蓄电池的工作原理不同。燃料电池汽车使用的氢燃料电池相较于锂电池，具有高效、环保、环境耐受性强、加注时间短等优势，更能够满足长续航、高温、高寒工况及环境的需求。氢燃料电池使用成本高，技术不够成熟等，是目前氢燃料电池没有得到大量普及的重要原因。相信随着科学技术的进步，氢燃料电池的技术一定会越发成熟，相关成本将会不断下降，安全性也会不断提升。氢燃料电池汽车会迸发出勃勃生机，为实现能源的更新换代、缓解环境污染的压力等作出巨大贡献。

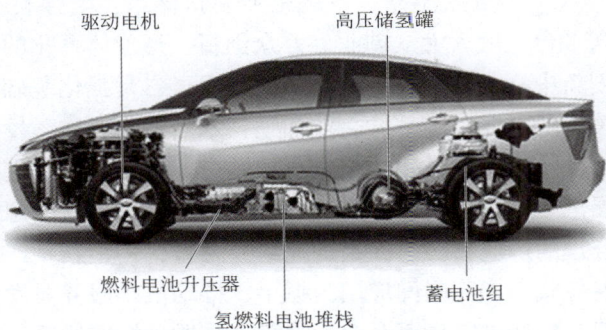

图 1－3　燃料电池汽车结构

从蹒跚起步，到累计推广突破千万辆大关，十余年来我国新能源汽车产业产销规模实现了跨越式增长，整个行业也迈入了发展新阶段。如今，党的二十大报告为中国汽车产业的高质量发展指明了方向，也为中国新能源汽车的战略性新兴产业领军地位注入了动力，为强化中国汽车产业链韧性，以及加快中国实现世界汽车强国的目标提供了信心。

单元二　新能源汽车的相关政策

文档　新能源汽车
的相关政策

新能源汽车是全球汽车产业转型升级、绿色发展的主要方向，也是我国汽车产业高质量发展的战略选择。党中央、国务院高度重视新能源汽车产业发展，率先明确了发展新能源汽车的国家战略，也出台了一系列的政策举措。

2012 年国务院发布《节能与新能源汽车产业发展规划（2012—2020 年)》，该规划指出：汽车产品形态、交通出行模式、能源消费结构和社会运行方式正在发生深刻变革，为新能源汽车产业提供了前所未有的发展机遇。该规划发布以来，我国始终坚持纯电驱动战略取向，经过多年持续努力，我国新能源汽车产业技术水平显著提升、产业体系日趋完善、企业竞争力大幅增强。2015 年以来产销量、保有量连续多年位居世界首位，新能源汽车产业发展取得了巨大成就，产业进入叠加交汇、融合发展新阶段，已成为世界汽车产业发展转型的重要力量之一。

2017 年 4 月 25 日，工业和信息化部、国家发展改革委、科技部联合印发了《汽车产业中长期发展规划》，该规划确定发展目标："一"个总目标即建设汽车强国，"力争经过十年努力，迈入汽车强国行列"；"六"个细分目标是汽车强国的细化考量指标。目标具体到关键量化指标是：一是培育国际大企业集团，到 2020 年培育形成若干家进入世界前十的新能源汽车企业、若干家超过 1 000 亿规模的汽车零部件企业集团，到 2025 年培育若干家进入全球前十的汽车零部件企业集团，突破产业链关键短板，掌握从零部件到整车的关键核心技术；二是品牌认可度、美誉度及国际影响力显著增强，到 2025 年，若干家中国汽车品牌企业产销量进入世界前十强，中国品牌汽车实现全球化发展布局；三是节能减排成效显著，其中乘用车新车平均燃料消耗量 2020 年和 2025 年分别降到 5.0 L/百公里、4.0 L/百公里，商用车燃料消耗量逐渐达到国际领先水平，新能源汽车能耗达到国际先进水平。

该规划还确定了"六"项重点任务。一是完善创新体系，增强自主发展动力。整合优势资源建立跨产业协同平台，融入大众创业、万众创新，形成体系化的技术创新能力，组建汽车领域国家制造业创新中心，联合攻关核心共性技术。二是强化基础能力，贯通产业链条体系。推动整车与相关行业企业、零部件企业加强技术和资本合作，发展先进车用材料及制造装备，突破关键零部件技术瓶颈，建立安全可控的产业体系。三是突破重点领域，推动产业结构升级。大力发展汽车先进技术，推广成熟节能技术，形成新能源汽车、智能网联汽车和先进节能汽车梯次合理的产业布局。四是加速跨界融合，构建新型产业生态。加快推动智能制造，创新融合发展模式，以互联网应用为抓手，推动汽车服务业发展，提高绿色发展水平。五是提升质量品牌，打造国际领军企业。完善产品质量标准体系，提升企业质量控制能力，加强品牌培育，深化国企改革，鼓励兼并重组，支持优势企业做大做强。六是深化开放合作，提高国际发展能力。引导企业把国际化作为未来发展的战略选择，抓住"一带一路"建设、国际产能合作机遇，加快实现全球发展布局。

2020 年 11 月 2 日，国务院办公厅印发《新能源汽车产业发展规划（2021—2035 年）》，该规划指出，坚持电动化、网联化、智能化发展方向，以融合创新为重点，突破关键核心技术，优化产业发展环境，推动我国新能源汽车产业高质量可持续发展，加快建设汽车强国。

该规划部署了 5 项战略任务。一是提高技术创新能力。坚持整车和零部件并重，强化整车集成技术创新，提升动力蓄电池、新一代车用电机等关键零部件的产业基础能力，推动电动化与网联化、智能化技术互融协同发展。二是构建新型产业生态。以生态主导型企业为龙头，加快车用操作系统开发应用，建设动力蓄电池高效循环利用体系，强化质量安全保障，推动形成互融共生、分工合作、利益共享的新型产业生态。三是推动产业融合发展。推动新能源汽车与能源、交通、信息通信全面深度融合，促进能源消费结构优化、交通体系和城市智能化水平提升，构建产业协同发展新格局。四是完善基础设施体系。加快推动充换电、加氢等基础设施建设，提升互联互通水平，鼓励商业模式创新，营造良好使用环境。五是深化开放合作。践行开放融通、互利共赢的合作观，深化研发设计、贸易投资、技术标准等领域的交流合作，积极参与国际竞争，不断提高国际竞争能力。到 2025 年，我国新能源汽车市场竞争力明显增强，动力蓄电池、驱动电机、车用操作系统等关键技术取得重大突破，安全水平全面提升。纯电动乘用车新车平均电耗降至 12.0（kW·h）/百公里，新能源汽车新车销售量达到汽车新车销售总量的 20% 左右，高度自动驾驶汽车实现限定区域和特定场景商业化应用，充换电服务便利性显著提高。

随着国家政策的不断支持，我国新能源汽车技术水平不断进步、产品性能明显提升，并已建立起较为完备的新能源汽车发展支持体系，市场渗透率逐年提升。

单元三　我国新能源汽车产业的发展现状与未来技术趋势

❋ 一、我国发展新能源汽车的发展现状

我国政府高度重视新能源汽车发展，自 2009 年以来，陆续出台一系
列新能源汽车产业政策，已逐步形成较为完善的政策体系，从宏观统筹、
推广应用、行业管理、财税优惠、技术创新、基础设施等方面全面推动
了中国新能源产业的快速发展，并初步实现了引领全球的龙头作用。

受国家政策的支持和引导，新能源汽车产业规模和技术水平发展迅速，我国新能源汽车
产业发展势头强劲，增速较快，我国新能源汽车市场持续突破，市场占有率逐年上升，市场
规模已初步形成。2023 年我国新能源汽车产销分别完成 958.7 万辆和 949.5 万辆，同比分别
增长 35.8% 和 37.9%，市场占有率达到 31.6%。

我国新能源汽车产销的爆发式增长，也带动了自主品牌的强势崛起。新能源汽车自主品
牌呈现"百家争鸣"的良好局面，比亚迪汽车、吉利新能源汽车等多家自主品牌进入全球
新能源汽车销量排名前 10 位。新能源汽车产业进入规模化快速发展新阶段，极大地推动了
关键零部件生产企业的蓬勃发展。

在动力蓄电池市场，当前以锂离子电池为主，车用动力蓄电池主要有磷酸铁锂电池、三
元材料电池、锰酸锂电池、钛酸锂电池、多元复合电池、镍氢电池等，以三元材料和磷酸铁
锂作为电池正极，是目前锂离子电池产业的两大主流工艺，两者在乘用车领域的装机总量高
达 98%。我国动力蓄电池产业发展势头迅猛，宁德时代、比亚迪、中创新航、国轩高科、
亿纬锂能、欣旺达等 6 家企业已进入 2023 年全球动力蓄电池装机量前 10 名，尤其是宁德时
代已成为全球最大动力蓄电池企业，全球市场份额占比超过 1/3，持续引领全球电池产业的
发展。

在电驱动系统方面，2022 年我国新能源汽车驱动电机装机量达 709.39 万台，同比增长
100%；预计到 2027 年我国新能源汽车驱动电机行业需求量将突破 3 900 万台，市场规模将
达到 1 631 亿元。绝大部分新能源汽车（含全部新能源商用车）均配套我国自主研发的驱动
电机及控制器产品，我国已成为驱动电机生产大国，且生产驱动电机的多项指标技术已经达
到国际先进水平。目前，我国驱动电机产业链完善，自主电机始终占据绝对份额。仅有少数
乘用车采用外资企业的电驱动系统。我国已经形成包括驱动电机、电机控制器、变速器、电
驱动总成、主要关键材料和关键器件在内的完整产业链，并实现国产化。

随着我国新能源汽车保有量的快速增长，我国充电基础设施也实现了跨越式发展，在充
电技术、设施规模、标准体系、产业生态等方面均取得了显著成效。截至 2023 年年底，我
国充电基础设施总量达 859.6 万台，同比增长 65%；全国共有 6 328 个服务区配建了充电设
施，占服务区总数的 95%。北京、上海、河北、安徽等 15 个省市高速公路服务区已全部具
备充电能力，为我国新能源汽车产业发展提供了有力支撑。

经过近几年政策的推动和产业的快速升级，我国在新能源汽车领域成绩显著。新能源汽

项目一　新能源汽车的认知

车产业整体技术水平显著提升，部分纯电动乘用车续驶里程超过 1 000 km；混合动力系统发展很快，在核心性能、可靠性等方面，已经具备了持平甚至部分指标超越国外品牌产品的能力和表现；新能源商用车突破了关键零部件防护、热管理、结构安全、涉水安全等关键技术，处于世界领先地位；氢燃料电池汽车现已进入大规模商业示范阶段，国产燃料电池零部件的产业链已经建立，系统集成能力大幅增强。

> **小思考**
>
> 纯电动汽车是不是续驶里程越长越好？

✳ 二、新能源汽车技术的发展趋势

新能源汽车发展是解决交通、能源、环境问题的必然选择，电动化趋势不可逆转。在数字经济背景下，汽车电动化、智能化、网联化、共享化趋势愈发明显，汽车已经从单纯交通工具向移动智能终端、储能单元和数字空间转变，新能源汽车技术的发展呈现出以下趋势。

微课　新能源汽车技术的发展趋势

1. 整车高效智能化

未来，新能源汽车将与智能驾驶技术深度融合，实现智慧高效安全的出行。通过全面融合智能化的车载传感器技术、智能控制技术、智能驾驶技术等，打造较为完善的汽车智能化体系。同时汇聚各类数据信息，实现智能、高效、安全的出行规划，实现车与车、路、人、云端等之间的智能信息交换和共享，且具备复杂环境感知、智能决策、协同控制、能源互动等功能，从而减少能源的消耗量，降低交通事故的发生率，提升社会出行效率和安全性、节约能源、改善环境。

2. 车辆运行网联化

为更好解决汽车保有量的不断增长带来的交通拥堵、环境污染、能源消耗、交通事故等诸多问题，车辆运行网联化势在必行；同时，跨行业多领域新技术的深度交叉融合，也不断推动新能源汽车朝着网联化方向不断发展。通过新能源汽车产业和互联网产业之间的融合创新，可以大规模地进行联网，实现车和车、车和基础设施、车和云平台、车和其他移动端的联网，实现对车辆出行的安全监控，为从安全、高效、节能、环保等多个角度解决交通事故、道路拥堵、能源消耗、环境污染等社会问题提供了创新途径。

3. 智能制造绿色化

智能化、绿色化制造是新能源汽车高效生产和实现节能减排的重要环节。利用 5G 等高速信息传输通道、大数据平台、云计算、机器视觉、人工智能、区域链等新一代信息技术，构建智能化、精细化、高集成度的柔性制造系统，形成数据驱动的未来智能工厂和数字化智能仓库，将实现大规模生产效率和产品质量的提升，满足未来不同的汽车消费和大批量产品定制需求。同时，运用智能化技术严格控制和预防生产制造过程中的污染问题，可最大程度降低资源损耗和环境污染的发生率，实现绿色化生产制造的目标。

4. 动力蓄电池安全化

动力蓄电池是新能源汽车的核心部件，其安全性是新能源汽车发展的瓶颈和短板之一。动力蓄电池安全影响因素复杂，低温、热冲击、老化等状态极易加剧电池单体差异化，从而缩短电池寿命。锂离子电池连接、充放电、热管理不当带来的安全隐患不容忽视。当前，动力蓄电池管理系统正朝着高精度、高可靠性、低成本、高集成化方向发展。在单体电池、电池模组、电池包及整车集成应用各层级，建立全面的安全管理理论和策略，形成动力蓄电池单体状态管理、模组集成管理、动力蓄电池系统热管理、电量管理等组成的高安全管理技术体系，实现动力蓄电池寿命预测、安全监测与防控，才能更好地支撑新能源汽车可持续健康发展。

> **小提示**
>
> 2020 年 5 月 12 日，工业和信息化部组织制定了《电动汽车安全要求》（GB 18384—2020）、《电动客车安全要求》（GB 38032—2020）和《电动汽车用动力蓄电池安全要求》（GB 38031—2020）三项强制性国家标准，并于 2021 年 1 月 1 日起实施。这三项强制性国家标准以我国原有推荐性国家标准为基础，与我国牵头制定的联合国电动汽车安全全球技术法规（UNGTR20）全面接轨，进一步提高和优化了对电动汽车整车和动力蓄电池产品的安全技术要求。

充放电控制、热管理状态估计及能量管理等关键技术将是动力蓄电池突破的重点和方向。同时，应采用数字化、智能化手段，从制造工艺和高端、智能制造装备两个方面提升大规模动力蓄电池制造技术水平，更好地保证产品质量和一致性，不断提高动力蓄电池应用的可靠性和安全性。

5. 能源补给多元化

未来，新能源汽车能源补给将朝着多元化方向发展，主要是采用慢充、快充、换电和无线充电的形式。慢充技术由于固定车位数量有限、充电时间长等问题，在公共领域应用受到很大的限制和约束，因此以家庭充电为主流方式进行应用。快充技术虽然可实现较短时间内的能量补给，但由于其超大功率，给电网运行的稳定性和成本带来了很大挑战，降低快速充电对电网的冲击是未来需要解决的问题。换电方式通过更换电池快速为新能源汽车补电，在固定区域、固定线路车辆上的应用已初见规模，但规模化推广、多品牌共享换电设施仍面临标准统一问题。便捷和高安全性的无线充电能量补给方式一直是技术研发热点，其系统效率已可达 90% 以上；随着新能源汽车智能化程度不断提高，无线充电以其操作便捷、不需要人工干预等优势必将迎来更多发展机遇。

当前，全球新一轮科技革命和产业变革蓬勃发展，汽车与能源、交通、信息通信等领域有关技术加速融合，电动化、网联化、智能化成为汽车产业的发展潮流和趋势。

![旗帜图标] 项目实施

✦ 一、项目分组

按照班级学生数量分为若干小组，并明确每人任务，完成下表。

学生任务分配表					
班级		组号		指导老师	
组长		学号			
组员	姓名：　　学号：		姓名：　　学号：		
	姓名：　　学号：		姓名：　　学号：		
	姓名：　　学号：		姓名：　　学号：		

✦ 二、项目准备

混合动力汽车、纯电动汽车、插电式混合动力汽车各一台，多媒体设备等。

✦ 三、项目实战

（1）观察不同类型新能源汽车，了解该车型结构与技术特点，在教师现场安全指导下完成下表相关信息的填写。

新能源汽车的整体认知					
组长		组员		班级		组号	
一、混合动力汽车的认知					
登记车辆基本信息		品牌：　车型：　VIN 码：			
车辆主要部件位置（与燃油车区别）					
动力传输特点					
整车主要性能参数（功率、转矩、油耗等）					
电驱动续驶里程					
二、插电混合动力汽车的认知					
登记车辆基本信息		品牌：　车型：　VIN 码：			
车辆主要部件位置（与燃油车区别）					

动力传输特点	
整车主要性能参数（功率、转矩、油耗等）	
电驱动续驶里程	
三、纯电动汽车的认知	
登记车辆基本信息	品牌：　车型：　VIN 码：
车辆主要部件位置（与燃油车区别）	
动力传输特点	
整车主要性能参数（功率、转矩、油耗等）	
电驱动续驶里程	
四、三种新能源汽车的区别	

（2）各组进行组内模拟，介绍实训车辆的参数、结构及三种新能源汽车的区别。要求介绍内容准确、信息丰富、表达流畅，汇报时间控制在 5 min 之内。

（3）各组派代表进行汇报展示，介绍实训车辆的参数、结构及区别。

（4）完成小组自评、小组互评和教师评价。

项目评价

评价项目		评价标准	分值	得分
小组评价	项目分组	小组成员分工明确且合理，全员参与	10	
	项目实施	能够准确区分不同类型的新能源汽车	10	
		能够准确查找新能源汽车的参数	10	
		能够准确指出各类型新能源汽车的结构	10	
		能够准确描述不同类型新能源汽车的区别	10	
		汇报展示内容准确、信息丰富、表达流畅	20	
	工作态度	认真严谨、积极主动、绿色环保	10	
	团结合作	能够与小组成员、同学之间合作交流、协调工作	10	
	5S① 管理	能够规范进行 5S 现场管理	10	
		小计	100	

---

① 5S 指整理、整顿、清扫、清洁和素养。

续表

评价项目		评价标准	分值	得分
教师评价	课堂纪律	不出现无故迟到、早退、旷课现象，遵守课堂纪律	10	
	项目实施	严格遵守项目实施流程，按要求完成项目	20	
	信息查询	能够合理利用信息化手段及提供的资料，查找车辆相关信息并准确记录	20	
	团队协作	项目实施过程互相配合，协作度高	10	
	工作态度	严谨细致，认真负责	20	
	汇报展示	表达流畅准确，总结到位，具有创新意识	20	
		小计	100	
综合评分		小组评分×50% + 教师评分×50%		

项目小结

　　本项目主要介绍新能源汽车的定义与类型，目前产业发展的现状和未来趋势，以及国家出台的重要政策。通过学习让学生掌握新能源汽车的概念，了解国家政策，以及新能源汽车发展现状及未来的发展趋势。

拓展阅读

比亚迪：以科技创新引领全球新能源汽车领域

　　习近平总书记在党的二十大报告中指出要"强化企业科技创新主体地位"。强化企业科技创新主体地位，发挥科技型骨干企业引领支撑作用，是实现高质量发展的内在要求，是构建新发展格局的迫切需要。比亚迪作为中国新能源汽车行业的领军企业，自成立以来，一直致力于科技创新和研发，以创新科技为基础，推动新能源汽车技术的发展。最近，比亚迪再次刷新了专利申请和授权的纪录，累计申请专利超 4 万项，获得授权专利超 2.8 万项。

　　比亚迪是一家致力于"用技术创新，满足人们对美好生活的向往"的高新技术企业。自 1995 年 2 月成立以来，经过 20 多年的高速发展，比亚迪已在全球设立 30 多个工业园，实现全球六大洲的战略布局。比亚迪业务布局涵盖电子、汽车、新能源和轨道交通等领域，并在这些领域发挥着举足轻重的作用。从能源的获取、存储，再到应用，比亚迪全方位构建了零排放的新能源整体解决方案。比亚迪作为一家在香港和深圳两地上市的世界 500 强企业，其营业额和总市值均超过千亿元。

　　2008 年，比亚迪推出全球首款插电式混合动力轿车 F3DM，第一代 DM 双模技术投入市场。2013 年，比亚迪秦上市，并在上市后连续 20 个月销量领跑全国新能源汽车市场，同时在国际（新能源汽车）销量排名前三，宣告了 DM Ⅱ 第二代双模技术的广泛应用。

　　比亚迪是全球率先同时拥有电池、电机、电控三大新能源汽车核心技术的车企。其中，刀片电池技术是全球领先的电池技术之一，具有高能量密度、长寿命、快速充电等优点，为新能源汽车的续驶里程和安全性带来了革命性的提升。图1-4所示为比亚迪四电机平台独立驱动台架。

图1-4　比亚迪四电机平台独立驱动台架

比亚迪双向逆变充放电技术，颠覆了以往电动汽车作为独立个体的传统概念，将车与车、车与电网、车与电器紧密结合，不仅丰富电动车的日常应用场景，同时还具备了应急和救灾功能，更是新时代电能高效利用的开创者。

此外，比亚迪还积极承担社会责任，致力于推动行业的可持续发展。比亚迪始终坚持绿色环保的理念，努力减少生产过程中的环境污染；同时积极参与公益事业，通过捐赠和志愿服务等方式回馈社会，以实际行动彰显企业社会责任。

巩固提高

一、选择题（每题5分，共25分）

1. 影响全球变暖的最主要气体是（　　）。

A. 甲烷 　　　　　 B. 一氧化碳 　　　　 C. 二氧化碳 　　　　 D. 氮氧化物

2. 根据2012年国务院印发的《节能与新能源汽车产业发展规划（2012—2020年）》，不属于新能源汽车的是（　　）。

A. 纯电动汽车 　　　　　　　　　　　 B. 插电式混合动力汽车

C. 氢发动机汽车 　　　　　　　　　　 D. 燃料电池汽车

3. 目前全球产销量最大的动力蓄电池企业是（　　）。

A. 宁德时代 　　　 B. 比亚迪弗迪 　　　 C. 欣旺达 　　　 D. 中航锂电

4. 2020年11月2日，国务院办公厅印发《新能源汽车产业发展规划（2021—2035年）》，该规划指出，纯电动乘用车新车平均电耗降至（　　）（kW·h）/百公里。

A. 15 　　　　　 B. 18 　　　　　 C. 12 　　　　　 D. 9

5. 我国的纯电驱动技术路线是在（　　）年正式发布的。

A. 2009 　　　　 B. 2010 　　　　 C. 2011 　　　　 D. 2012

二、判断题（每题5分，共25分）

1. 我国的基本国情是"富煤、缺油、少气"，石油消费量排在全球第二，石油极度依赖

进口。而电动汽车的动力蓄电池大多为锂电池，我国是世界锂资源储量大国。（　　）

2. 动力蓄电池管理系统朝着高精度、高可靠性、低成本、高集成化方向发展。（　　）

3. 纯电动汽车具有零排放、振动噪声小、能耗高等特点。（　　）

4. 氢发动机汽车是利用氢气和空气中的氧气在催化剂作用下，在燃料电池中，经电化学反应产生的电能，作为主要动力源的汽车，具有能量转化效率高、零排放、无污染等优点。（　　）

5. 新能源汽车能源补给将朝着多元化方向发展，主要是采用慢充、快充、换电和无线充电的形式。（　　）

三、简答题（每题10分，共50分）

1. 我国为什么要发展新能源汽车？

2. 新能源汽车技术的发展趋势是什么？

3. 新能源汽车定义与类型是什么？

4. 目前市面上常见的新能源汽车自主品牌有哪些？

5. 我国有哪些新能源汽车的相关政策？

项目二

纯电动汽车的认知

学习目标

知识目标

1. 掌握纯电动汽车的定义、常见分类及特点。
2. 掌握纯电动汽车的结构组成及工作原理。
3. 熟悉纯电动汽车的布置及参数。
4. 了解与纯电动汽车相关的核心技术。
5. 了解纯电动汽车的典型车型。

能力目标

1. 能够从多途径信息源中查找车型的基本参数。
2. 能够独立指出纯电动汽车各组成部分。
3. 能够独立描述纯电动汽车动力传递路线。

素质目标

1. 结合纯电动汽车的发展树立能源安全的观念，培养学生创新思维能力。
2. 通过学习纯电动汽车电池技术，培养学生绿色、低碳的环保理念。
3. 通过了解纯电动汽车典型车型及技术迭代发展过程，增强学生的民族自豪感和社会责任感。

项目描述

2021年国务院最新发布的《新能源汽车产业发展规划（2021—2035年）》中指出，争取到2035年，纯电动汽车成为新销售车辆的主流，公共领域用车全面电动化，有效促进节能减排水平和社会运行效率的提升。2023年，我国新能源汽车全年产销迈入950万辆规模，连续9年位居全球第一，其中纯电动汽车销售668.5万辆，同比增长24.6%。由此可见，在政府引导和政策支持下，我国纯电动汽车技术不断突破创新，得到了越来越多消费者的青睐。

假设你是一名新能源汽车高级结构工程师，在纯电动汽车的研发过程中，你的主管要求你了解目前典型纯电动汽车的参数、结构及动力传递路线，并向全体组员进行介绍。要求以小组为单位，首先进行组内模拟，再进行小组汇报展示。要求介绍内容准确、信息丰富、表达流畅，汇报时间控制在 5 min 之内。

🏁 知识链接

单元一　纯电动汽车的概述

✺ 一、纯电动汽车的定义及发展

纯电动汽车是指以车载电源为动力，用电机驱动车轮行驶，符合道路交通和安全法规各项要求的车辆，如图 2-1 所示。一般采用动力蓄电池为动力源。因此，纯电动汽车的动力蓄电池取代了传统汽车的燃油箱，电机则取代了原来的内燃机。

动画　纯电动
汽车的定义

动力蓄电池(车载电源)　　　电机

图 2-1　纯电动汽车

从汽车的发展史来看，纯电动汽车出现得比燃油车更早，是最古老的汽车之一，如图 2-2 所示。1839 年，苏格兰的罗伯特·安德森制造出了世界上第一辆靠电力驱动的车辆，是由一辆粗糙的马车改造而成。1881 年，法国工程师古斯塔夫·特鲁夫发明了世界第一辆铅酸蓄电池驱动的纯电动汽车，被认为是世界上第一辆电动汽车。

1885—1915 年是纯电动汽车第一次黄金时期。电动汽车在美国风靡一时，约占道路上所有车辆的 1/3。但是，由于内燃机技术的大幅提升和石油的大规模开采，汽车市场迅速被燃油车占领，纯电动汽车则因电池质量大、能量密度低、充电时间长、续驶里程和使用寿命短及制造成本高等原因逐渐淡出大众视野。

从 20 世纪 80 年代末起，节能与环保问题成为世界各国关注的主要社会问题，同时随着科技的发展，特别是新型高能电池技术的发展，使纯电动汽车的续驶里程大幅提高、充电时间大幅缩短，纯电动汽车又进入了一个新的发展阶段，并开始步入实用化阶段，迎来了全球

图 2 - 2　早期的纯电动汽车

纯电动汽车的又一次黄金时期。

国内电动汽车的研究始于 20 世纪 60 年代，但当时的研究开发都是零散和小规模的，投入也很少。自 1980 年开始，中国掀起电动汽车的研究高潮，电动汽车被国家列为"八五""九五"科技攻关项目。国内一些科研院所和生产企业相继开始研究电动汽车，并取得了一些成果，如图 2 - 3 所示。

图 2 - 3　中国第一辆电动公交车"远望号"

小知识

中国第一辆电动公交车"远望号"于 1994 年打造完成。在此之后，我国科学家继续坚定走自主创新之路，攻坚克难，于 1997 年研发出我国首个完全自主知识产权的电机电控系统和自动变速传动系统，并于 2022 年北京奥运会举办期间，在赛事区域内实现了新能源汽车全覆盖。

近几年，中国电动汽车的研究开发工作进入了全面发展阶段。截至 2024 年，我国政府出台了多项政策以加快新能源汽车产业的发展。经过不懈的努力，中国汽车研发呈现出较好的发展局面，各大汽车厂商也通过积极投入人力、物力研发电动汽车，取得了较好的成绩，以比亚迪汽车、理想汽车等为首的新能源汽车企业发展势头迅猛。

❄ 二、纯电动汽车的类型

微课 纯电动
汽车的类型

纯电动汽车发展至今，有多种分类方式，主要包括按用途不同分类和按驱动方式不同分类。

1. 按用途不同分类

按用途不同分类，纯电动汽车可分为纯电动乘用车、纯电动货车、纯电动客车。

1）纯电动乘用车

纯电动乘用车是目前最常见的纯电动汽车，与传统乘用车的外形区别不大，主要区别在于动力源不同，纯电动乘用车是完全由动力蓄电池提供动力源，以电机为驱动系统的乘用车辆。现生产纯电动乘用车的传统车企包括比亚迪、北汽新能源、大众等，新势力车企包括特斯拉汽车、蔚来汽车、理想汽车等。

2）纯电动货车

纯电动货车各部件集成度较高，动力源主要来自货车的电力系统。受制于电池、电机等技术，纯电动货车的续驶里程较短，但因其运输效率高、污染少、噪声小等优点，在短途运输市场具有巨大潜力。纯电动货车的主要生产厂家包括一汽、比亚迪等企业。目前纯电动货车的续航大约为 300 km，因此其使用场景基本以短途城市内物流配送为主，兼顾部分短途特殊工况条件下的专用车，如环卫车、洒水车等。

3）纯电动客车

客车是汽车新能源化的先驱，目前纯电动小客车较少见，但纯电动大客车用作公共汽车，在一些城市的公交线路及世博会或世界性的运动会上，已经有了良好的表现。目前，中国客车市场竞争格局已经基本稳定。依据近年来大中型客车行业销量，宇通客车、金龙汽车、中通客车、福田汽车与比亚迪位居第一梯队，剩下的 100 多家拥有客车生产资源的企业位居第二梯队。而在新能源客车市场中，包括格力电器旗下的客车品牌珠海银隆、吉利商用车旗下品牌远程汽车等新势力企业也表现亮眼。

2. 按驱动方式不同分类

按驱动方式的不同，纯电动汽车可以分为集中驱动式和分布驱动式两大类。

1）集中驱动式

集中驱动式的设计理念源自传统车辆，这种驱动形式是内燃机汽车最常用的驱动形式。其具有结构简单、电机控制维修简单等优点，具体可细分为传统集中驱动式、无变速器集中驱动式和集成式集中驱动式三种驱动系统。

（1）传统集中驱动式。

传统集中驱动式将发动机换成电机，动力传递需要经过离合器、变速器、传动轴、差速器、半轴等传动部件，最终作用于车轮。该形式主要应用于纯电动货车，多采用电机前置后轮驱动的布置形式，如图2-4所示。但由于受到传统燃油汽车设计理念的束缚，传统集中驱动式设计方案传动部件多、传动效率低、控制复杂。

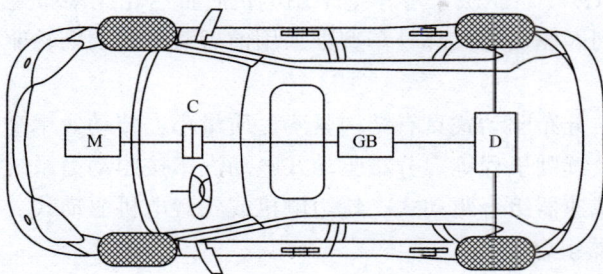

图2-4 传统集中驱动式

M—电机；C—离合器；GB—变速器；D—差速器

（2）无变速器集中驱动式。

随着纯电动汽车的发展，出现了无变速器集中驱动式，这种形式使用一个固定速比的减速器代替多速变速器，同时去掉离合器，实现了无变速器的传动，如图2-5所示。

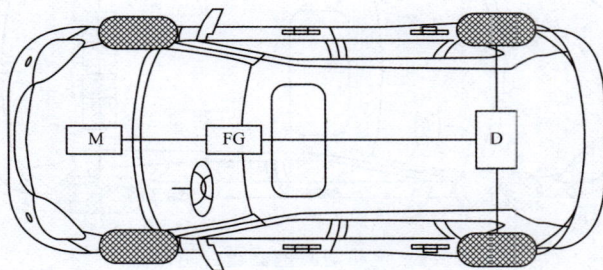

图2-5 无变速器集中驱动式

M—电机；FG—固定速比减速器；D—差速器

（3）集成式集中驱动式。

集成式集中驱动式可将机械传动部件集成，节省了机械传动结构的质量和体积，同时也减少了由于换挡带来的控制困难，使整个驱动系统更为简化和集成化，如图2-6所示。

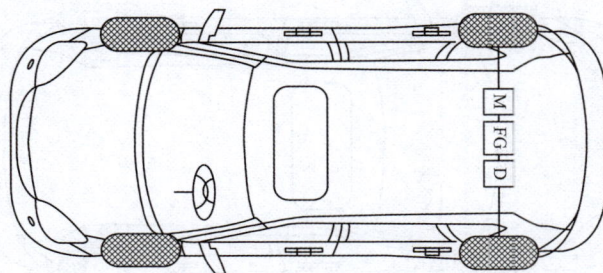

图2-6 集成式集中驱动式

M—电机；FG—固定速比减速器；D—差速器

这种布置形式适合于前轮驱动、后轮驱动或四轮驱动，多应用于纯电动乘用车。例如，比亚迪秦 EV、吉利几何等车型采用电机前置前轮驱动布置形式；奇瑞小蚂蚁、宏光 MINI EV、长安深蓝 SL03、小鹏 G9（后驱版）等车型采用电机后置后轮驱动布置形式；小鹏系列四驱版、比亚迪纯电动系列四驱版等大部分车型则采用前后双电机的四轮驱动布置形式。

2）分布驱动式

相比集中驱动式，分布驱动式具有结构紧凑、质量小、传动效率高等优点，从而提升了纯电动汽车的动力性及续驶里程等。分布驱动式电动汽车按照动力系统的组织构型不同可分为两种形式：电机与减速器组合驱动式，轮边电机或轮毂电机驱动式。

（1）电机与减速器组合驱动式。

在电机与减速器组合驱动式中，电机与固定速比减速器连接，通过半轴实现对应侧车轮的驱动。由于电机和减速器布置在车架上，因此只需在现有车身结构的基础上稍加改动即可推广应用。该驱动式如图 2-7 所示，差速器被两个独立的牵引电机代替，实现了无差速器传动。

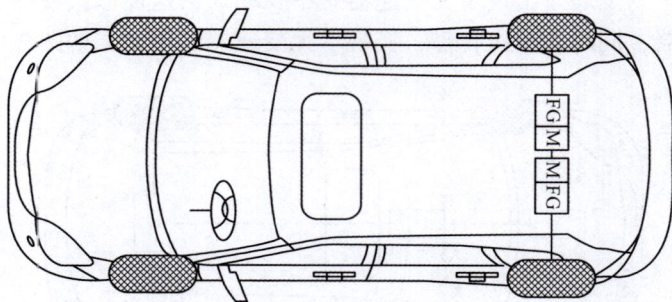

图 2-7　电机与减速器组合驱动式

M—电机；FG—固定速比减速器

（2）轮边电机或轮毂电机驱动式。

轮边电机驱动式是将驱动电机安装于副车架上，驱动轮从其对应侧的输出轴获取驱动力，如图 2-8 所示。该驱动式取消了牵引电机与车轮之间传统的传动轴，由电机直接驱动车轮前进，同时使用一个单排的行星齿轮来减小转速和增强转矩，以满足不同工况的要求。

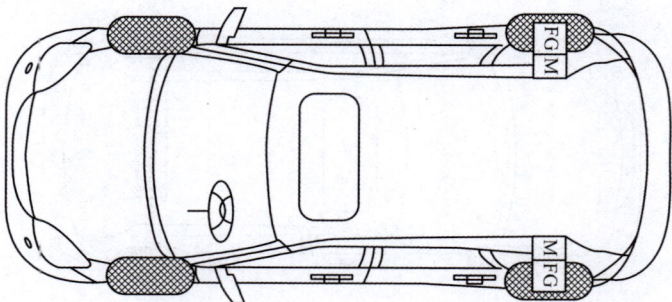

图 2-8　轮边电机驱动式

M—电机；FG—固定速比减速器

轮毂电机驱动式是将电机和减速机构直接布置在轮辋中，取消了半轴、万向节、差速器、变速器等传动部件，如图2-9所示。轮毂电机驱动式完全舍弃了电机和驱动轮之间的机械传动装置，轮毂电机的外转子直接连接在驱动轮上，电机转速控制与车轮控制融为一体，构成了所谓的双轮毂电机，使车速控制变得简单。

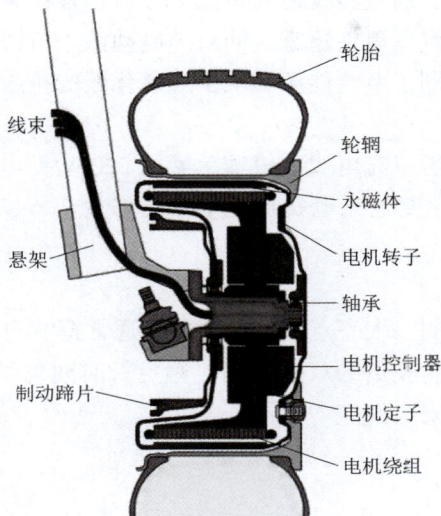

图2-9　轮毂电机驱动式

小提示

　　轮毂电机驱动式具有显著优势，不仅可以节省大量空间，还可以提高传输效率。然而，这种驱动方式也存在一些缺点，例如，车轮的工作环境过于复杂，耐用性得不到保证，存在高速振动、噪声，以及刹车和悬架的优化等问题。

轮边电机驱动式或轮毂电机驱动式均具有结构紧凑、车身内部空间利用率高、整车重心低、行驶稳定性好等优点。这种布置形式适合于前轮驱动、后轮驱动或四轮驱动，在四轮驱动应用中更具广阔前景。

三、纯电动汽车的特点

1. 优点

1）无污染、噪声小

内燃机汽车废气中的氮氧化物、碳氢化合物、一氧化碳和颗粒物等污染物会形成酸雨、酸雾及光化学烟雾。纯电动汽车采用动力蓄电池及电机驱动，没有内燃机汽车工作时产生的废气，不产生排气污染，几乎是"零污染"。

微课　纯电动汽车的特点

另外，内燃机汽车会产生噪声，噪声会对人的听觉和神经等系统产生危害，而纯电动汽车几乎没有内燃机产生的噪声。

2）结构简单，维修方便

纯电动汽车较内燃机汽车结构简单，其运转和传动部件少，维修保养工作量小。当采用交流感应电机时，电机不需要保养维护，同时电动汽车也更易操纵。

3）能量转化效率高

纯电动汽车的能源效率已超过传统内燃机汽车，特别是在城市运行工况下，车辆走走停停，行驶速度不高，纯电动汽车更加适宜。同时纯电动汽车可回收制动和下坡时的能量，提高能量的利用效率，因此有利于节约能源和减少二氧化碳的排放。

4）用车经济

因为电费比油费便宜，所以充电成本较低。家用 220 V 充电枪充电时一度①电的电费为 0.5 元。如果外出时充电，一度电充电费加充电服务费为 1.6 ~ 1.8 元，总体而言，相比油费更加便宜。

5）智能网联配置高

辅助驾驶是纯电动汽车的一大亮点，纯电动汽车通常搭载自动巡航跟车、自动变道、加速超车等常用功能，解放了驾驶员的双手双脚，避免长时间驾驶疲劳，尤其在高速行驶时，可以在一定程度上提高驾驶安全性。

2. 缺点

1）续驶里程短

目前动力蓄电池的单位质量能够储存的能量较少，单次充电后可续驶里程有限。特别是在气温低、高速、大风量使用空调及车辆载重很大的情况下，续航会显著缩减。

> **小思考**
>
> 目前自主品牌的纯电动汽车续驶里程最大的为多少？在世界纯电动汽车品牌中属于什么水平？

2）充电时间长

单次充电完成需要 6 ~ 10 h，虽然有快速充电设备，可采用大电流充电，但一般也需要 10 ~ 20 min，才可充到电量的 70% 左右，而且快速充电有损电池的使用寿命。

3）充电难

纯电动汽车需要充电桩进行充电，但目前充电桩还不能和加油站一样普及，需要加大配套基础设施的建设。

4）电池成本高且安全性有待提高

由于锂电池相对较高的价格，直接导致纯电动车的售价高于同档次的内燃机车辆。在电池效率大幅降低需要更换时，更换成本也高。另外由于提高动力蓄电池的能量密度是一项增加纯电动汽车续驶里程的有效手段，因此导致电池热失控的风险也大幅增加，这极易导致起火爆炸。

5）保值率低

动力蓄电池的衰减会导致纯电动汽车的保值率低，尤其低于同级别的燃油车。虽然国家

---

① 1 度电 = 1 kW·h。

规定动力蓄电池的质保期是 8 年 12 万 km，有的车企提供 8 年 15 万 km，甚至电芯终身质保的政策，但纯电动汽车的保值率依然不如同级别的燃油车。

单元二　纯电动汽车的结构与驱动原理

❋ 一、纯电动汽车的结构

动画　电力驱动
控制系统的组成

传统内燃机汽车主要由发动机、底盘、车身、电气设备四大部分组成，主要由发动机提供动力。纯电动汽车与传统内燃机汽车相比，用电力驱动控制系统取代了发动机，用电子输入装置取代了节气门，用动力蓄电池取代了油箱。由于驱动方式不同，部分部件已经简化或取消，因此纯电动汽车由新的四大部分组成，分别为：电力驱动控制系统、底盘、车身和辅助系统，如图 2 – 10 所示。

图 2 – 10　纯电动汽车

底盘、车身和辅助系统与内燃机汽车基本一致，而电力驱动控制系统是纯电动汽车的核心。它将电机、动力蓄电池和其他辅助系统互相连接并且加以控制。电力驱动控制系统可划分为车载电源模块、电力驱动主模块和辅助模块三大部分，如图 2 – 11 所示。

> **小知识**
>
> 　　三合一电驱动总成是纯电动汽车电驱动总成市场主流产品，但为了进一步有效降低电驱动系统的体积和质量，弗迪动力、长安新能源、华为等国产企业自主研发，先后推出多合一总成。

纯电动汽车行驶时，由动力蓄电池输出电能（电流）通过控制器驱动电机运转，电机输出的转矩经传动系统带动车轮前进或后退。

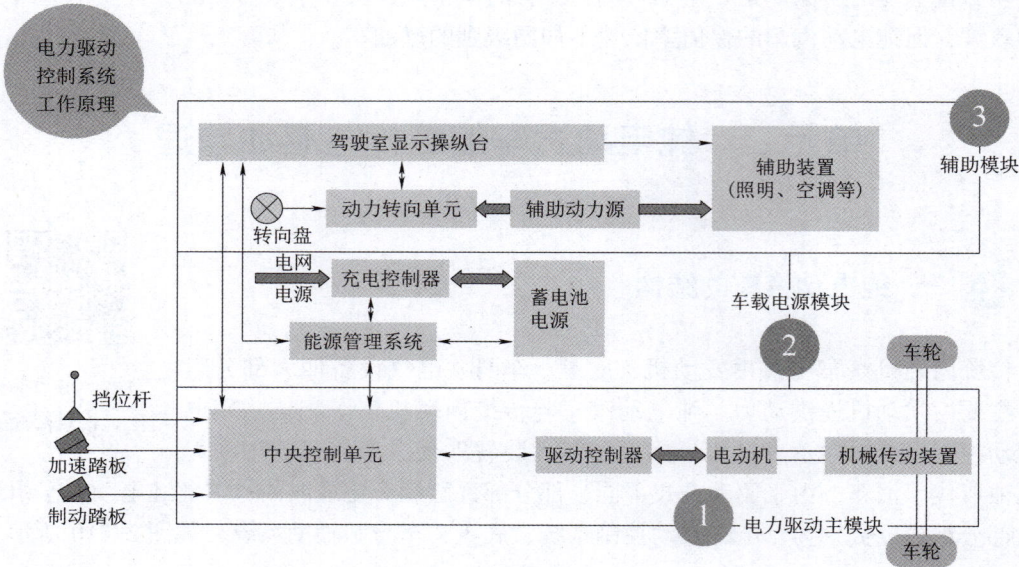

图 2－11　电力驱动控制系统
──▶ 控制信号流向；　━━▶ 动力电源流向；　══ 机械方式连接

1. 车载电源模块

车载电源模块主要由蓄电池电源、能源管理系统和充电控制器三部分组成，它的作用是向电机提供驱动电能、监测电源使用情况及控制充电机向动力蓄电池充电。

1）蓄电池电源

动力蓄电池是纯电动汽车的唯一能源，通常分为低压电源和高压电源。当前，低压电源主要是铅酸蓄电池，为低压用电设备供电，如灯光照明、信号系统、音响等。高压电源有钠硫电池、镍氢电池、锂电池、燃料电池等新型电源，主要为电力驱动主模块、空调驱动系统等提供电能。

> **小提示**
>
> 在纯电动汽车上，低压电源的电能补充来自高压电源。由于动力蓄电池输出的是高压直流电，不能直接为低压电源充电，因此需要通过 DC－DC 转换器进行降压。

2）能源管理系统

能源管理系统主要是指电池管理系统（Battery Management System，BMS），一般集成在动力蓄电池内部，其作用是在汽车行驶过程中过程进行能源分配，协调各功能模块的能量管理，使有限资源得到最大利用。BMS 具有集成化程度高和功能稳定的特点。BMS 电池组控制器还起着连接电池本体和整车控制器的桥梁作用。

3）充电控制器

充电控制器又称车载充电机，其最主要的功能就是把 220 V 的家用交流电转化为直流高压电，再通过高压控制盒到达电池，并按要求控制其充电电流。

2. 电力驱动主模块

电力驱动主模块是纯电动汽车的心脏，主要由中央控制单元、驱动控制器、驱动电机、机械传动装置等组成，它的作用是将存储在蓄电池电源中的电能高效地转化为车轮的动能，并在车辆进行减速制动时，将车轮的动能转化为电能充入动力蓄电池中。

1）中央控制单元

中央控制单元可以理解为车辆的电脑。中央控制单元不仅是电力驱动主模块的控制中心，还负责整辆电动汽车的控制协调。它根据加速踏板与制动踏板的输入信号，向驱动控制器发出相应的控制指令，对电机进行启动、加速、降速、制动控制。在纯电动汽车降速和下坡滑行时，中央控制单元配合车载电源模块的能源管理系统进行发电回馈，即向动力蓄电池反向充电。

2）驱动控制器

驱动控制器又称电机控制器，其功能是按中央控制单元的指令、电机的速度和电流反馈信号，对电机的速度、驱动转矩和旋转方向进行控制。驱动控制器与电机必须配合使用。目前，大部分车型的驱动控制器已与其他控制单元集成一体。

3）驱动电机

驱动电机在纯电动汽车中承担着电动和发电的双重功能，即在正常行驶时发挥其主要的电动机功能，将电能转化为机械能；而在降速和下坡滑行时进行发电，将车轮的动能转换为电能。电机与驱动控制器所组成的驱动系统是纯电动汽车中最为关键的部件，纯电动汽车的运行性能主要取决于驱动系统的类型和性能，它直接影响着车辆的各项性能指标。

4）机械传动装置

纯电动汽车机械传动装置的作用是将电机的驱动转矩传输给车辆的驱动轴，从而带动车辆行驶。由于电机本身具有较好的调速特性，其变速机构可被大幅简化，因此，通常为放大电机的输出转矩仅采用一种固定的减速装置。又因为电机可带负载直接启动，所以省去了传统内燃机汽车的离合器。同时，由于电机可以轻松实现正反向旋转，因此也不需要通过变速器中的倒挡齿轮组来实现倒车。

3. 辅助模块

辅助模块包括辅助动力源、动力转向单元和驾驶室显示操纵台等。各个装置的功能与传统内燃机汽车上的基本相同，但其结构原理与纯电动汽车的特点有所不同。

1）辅助动力源

辅助动力源主要由辅助电源和DC - DC转换器组成，其功用是为纯电动汽车其他各种辅助装置提供所需的动力电源，一般为12 V或24 V的直流低压电源。这些辅助装置主要包括动力转向、制动力调节控制、照明、空调、电动门窗等。DC - DC转换器的功能是将动力蓄电池的高压直流电转化成低压直流电，为车辆低压用设备供电并为12 V蓄电池提供电力。

2）动力转向单元

转向装置是为实现汽车的转弯而设置的，它由方向盘、转向器、转向机构和转向轮等组成。作用在方向盘上的控制力，通过转向器和转向机构使转向轮偏转一定的角度，实现汽车的转向。为提高驾驶员的操控性，现代汽车都采用了动力转向，较理想的是采用电子控制动力转向（Electrical Power Steering，EPS）系统。

3）驾驶室显示操纵台

驾驶室显示操纵台类似传统内燃机汽车驾驶室的仪表盘，但其功能根据纯电动汽车驱动的控制特点有所增减。其信息指示通常选用数字或液晶屏幕显示。它与前述电力驱动主模块中的中央控制单元结合，用计算机进行控制。

二、纯电动汽车的驱动原理

纯电动汽车的驱动原理如图 2 – 12 所示。如图 2 – 12 中虚线框所示，当驾驶员把挡位换到 D 挡并踩加速踏板时，挡位信息和加速踏板的行程转化为电信号传递给中央控制单元，中央控制单元将驾驶员的操作意图以电信号的形式传递给驱动控制器，驱动控制器通过 DC – AC 转换器。将动力蓄电池提供的高压直流电 DC 转化为三相交流电 AC，驱动电机旋转输出转矩，并通过机械传动装置驱动车轮转动。

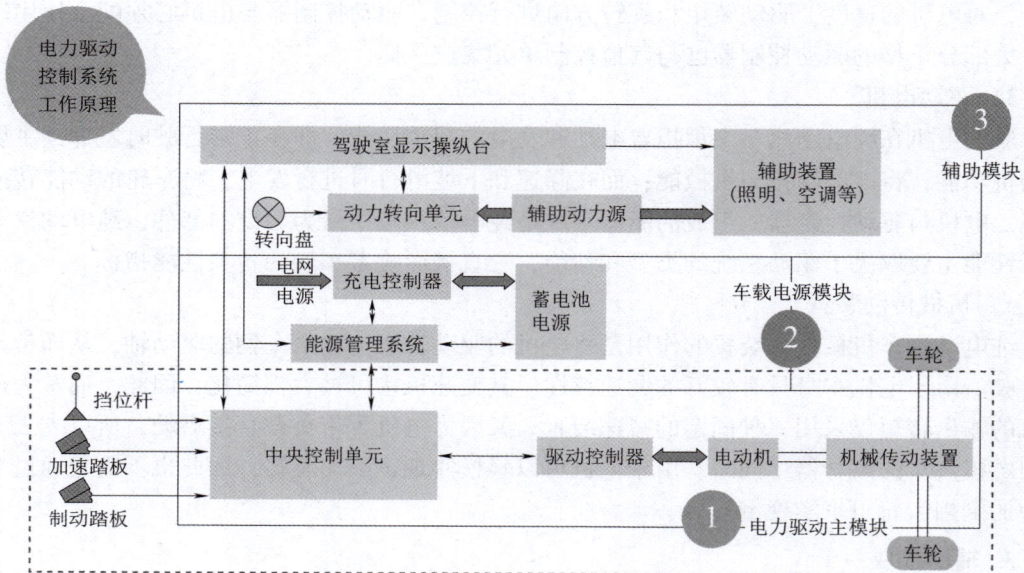

图 2 – 12　纯电动汽车的驱动原理

——→ 控制信号流向；　➡ 动力电源流向；　═══ 机械方式连接

随着加速踏板被踩的深度不断加大，电机的转矩随着电流的增加而增加。因此，起步时电机提供最大的转矩。当驾驶员松开加速踏板，变速系统根据加速踏板的位置和传感器的信息调节电机的转速，最终使纯电动汽车的速度下降。同时，电机控制器会通过电流传感器、电压传感器、温度传感器、电机旋转变压器等检测当前电机的电流、电压、转速、温度等信息，再把信息通过车载网络传递给中央控制单元和车内仪表。

当驾驶员挂倒挡时，驾驶员的请求信号会发送给中央控制单元，再通过车载网络传递给驱动控制器，驱动控制器结合当前转子位置信息，改变输出的三相交流电，从而控制电机反转，实现倒车。

当驾驶员松开加速踏板时，电机由于惯性仍在旋转。随着电机转速下降，电机反过来被车辆拖动，此时驱动电机变为发电机，将汽车的部分动能回馈给动力蓄电池并对其充电，延长纯电动汽车的续驶里程。

✳ 三、纯电动汽车的参数

纯电动汽车动力传动系统的设计应该满足车辆对动力性能和续驶里程的要求。车辆行驶的动力性能可以用以下 4 个指标来评价。

1. 起步加速性能
车辆在设定时间内由静止加速到额定车速，或行驶预定距离的能力。

> **小思考**
> 号称中国境内加速最快的量产纯电车型极氪001 FR，它的加速数值是多少呢？

2. 以额定车速稳定行驶的能力
对纯电动汽车来说，动力蓄电池和电机应该能够提供足够功率，使车辆以额定车速稳定行驶，并且根据我国的道路状况，至少应能克服坡度为 3% 的路面阻力。

3. 以最高车速稳定行驶的能力
在纯电动汽车上，电机发出的功率应该能够维持车辆以最高车速行驶。

4. 爬坡能力
纯电动汽车能以一定的速度行驶在一定坡度的路面上。另外，纯电动汽车的动力蓄电池所输出的电能和电量应该能够维持纯电动汽车在一定工况下行驶额定里程。

单元三　纯电动汽车的关键技术

微课　纯电动
汽车的关键技术

相对于传统内燃机汽车，纯电动汽车的核心技术主要包括三电，即电池、电机和电控，如图 2 – 13 所示。这些技术对整车的动力性、经济性、可靠性和安全性等有着重要影响。

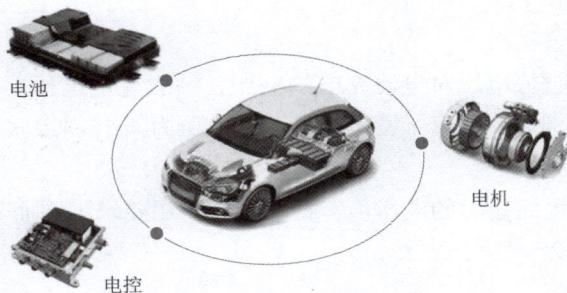

图 2 – 13　纯电动汽车三电

电池

电机

电控

🏵 一、动力蓄电池

国家标准《电动汽车术语》(GB/T 19596—2017) 中对动力蓄电池的定义是：为电动汽车动力系统提供能量的蓄电池。动力蓄电池是纯电动汽车的三大核心技术之一，作为纯电动汽车的能量储存装置，其性能的优劣直接影响纯电动汽车的市场应用和普通消费者的接受度，包括安全性、比能量、能量密度、比功率、寿命及成本等方面。

在三电系统中，动力蓄电池的研发与应用进程较慢是制约纯电动汽车快速发展的瓶颈。国内外大批电化学专家在动力蓄电池材料、内在质量、电化学特性、尤其是安全性方面的研发投入了大量的精力和财力。根据《新能源汽车产业发展规划（2021—2035年)》，2021—2035年我国将实施电池技术突破行动，推动动力蓄电池全价值链发展，建设动力蓄电池高效循环利用体系。目前，纯电动汽车主要采用锂离子蓄电池。

> **小知识**
>
> 2023年，我国动力蓄电池累计销量达616.3 GW·h，同比增长32.4%；累计装车量达387.7 GW·h，同比增长31.6%；累计出口达127.4 GW·h，同比增长87.1%。全球装车量前10名的动力蓄电池企业中，中国企业占据6席。得益于持续不断的技术创新、产业结构创新和商业模式创新，我国动力蓄电池产业市场规模连续7年全球领先，产业领先地位持续巩固。

1. 动力蓄电池的性能指标

1）电压

电压包括端电压、开路电压、额定电压、充电电压和放电终止电压。

（1）端电压。

端电压即电池正极和负极之间的电位差。

（2）开路电压。

开路电压即电池外部不接任何负载或电源时，正负极之间的电位差。

（3）额定电压。

额定电压即电池在标准规定条件下工作时应达到的电压，又称公称电压。例如，锂离子蓄电池的额定电压为3.6 V。

（4）充电电压。

充电电压即外电路直流电压对电池充电的电压，一般充电电压要大于电池的开路电压，通常在一定的范围内。例如，锂离子蓄电池的充电电压为4.1~4.2 V。

（5）放电终止电压。

放电终止电压即放电终止时的电压值，视负载和使用要求不同而异。例如，锂离子蓄电池的放电终止电压为4.25 V。

2）容量

电池充足电以后，在一定的放电条件下所能释放出的电量称为电池的容量，常用单位为A·h或mA·h，它等于放电电流与放电时间的乘积。例如，车内蓄电池标注16 A·h，表

微课　动力蓄电池
的性能指标

示其工作电流为 1 A 时，理论上可以使用 16 h。电池的容量可以分为理论容量、实际容量、标称容量和额定容量。

（1）理论容量。

理论容量即将活性物质的质量按法拉第定律进行计算，从而得到的理论最高电量值。为了比较不同系列的电池，常用比容量来评估，即单位体积或单位质量电池所能提供的理论电量，相应地称为体积比容量或质量比容量，单位为（A·h）/L 或（A·h）/kg。

（2）实际容量。

实际容量即动力蓄电池在一定条件下所能输出的电量，单位为 A·h。其值小于理论容量。

（3）标称容量。

标称容量是用来鉴别动力蓄电池的近似安时值。

（4）额定容量。

额定容量是按照国家或有关部门颁布的标准，确保电池在一定的放电条件下所能释放出的最低限度的容量。

3）能量

能量是指在一定放电条件下，电池所能输出的电能，单位是 W·h 或 kW·h，它直接影响纯电动汽车的行驶距离。能量分为理论能量、实际能量、能量密度和比能量。

（1）理论能量。

理论能量即动力蓄电池的理论容量与额定电压的乘积，是指一定标准所规定的放电条件下，动力蓄电池所输出的能量。

（2）实际能量。

实际能量即动力蓄电池实际容量与平均工作电压的乘积，表示在一般条件下动力蓄电池所能输出的能量。

（3）能量密度和比能量。

能量密度指单位体积或单位质量电池释放的能量。如果是单位体积，即体积能量密度 [（W·h）/L]，简称能量密度；如果是单位质量，就是质量能量密度 [（W·h）/kg]，又称比能量。能量密度是用来评价纯电动汽车的动力蓄电池是否满足设计续驶里程的重要指标。比能量影响纯电动汽车的整车质量和续驶里程，同时也影响到电池的体积及布置空间。

4）功率密度

将能量除以时间，便得到功率，单位为 W 或 kW。同理，功率密度是指单位质量或单位体积电池输出的功率（又称比功率），单位为 W/kg 或 W/L。比功率是评价动力蓄电池是否满足纯电动汽车加速性能和最高车速的重要指标。

> **小提示**
>
> 比能量高的动力蓄电池就像龟兔赛跑里的乌龟，耐力好，可以长时间工作，保证汽车的长续驶里程；比功率高的动力蓄电池就像龟兔赛跑里的兔子，速度快，可以提供很高的瞬间电流，保证汽车具有良好的加速性能。

5）电池放电 C 率

电池放电 C 率是指在规定时间内释放出其额定容量时所需要的电流值，它在数值上等于电池额定容量的倍数，是决定电池充放电快慢的主要参数。

对于容量为 24 A·h 电池来说，用 48 A 放电，其放电倍率为 2C，反之，使用 2C 放电，其放电电流为 48 A，0.5 h 放电完毕；用 12 A 充电，其充电倍率为 0.5C，反之，使用 0.5C 充电，其充电电流为 12 A，2 h 充电完毕。

6）荷电状态（%）

荷电状态（State Of Charge，SOC），也称剩余电量，代表电池在一定放电 C 率下，剩余容量与相同条件下额定容量的比值，它反映了电池容量的变化。

SOC 取值范围为 0 ~ 1，当 SOC = 0 时，表示电池完全放电；当 SOC = 1 时，表示电池完全充满。BMS 主要通过管理 SOC 来估算电池状态保证电池高效工作，因此 SOC 是电池管理的核心。

7）电池内阻

电池内阻是电流流过电池内部时所受到的阻力。在计算电池内阻时，通常使用电池电压除以短路电流。充电电池的内阻很小，不可能使用仪表直接短路电池来进行短路电流的测量，而是需要使用专用仪器才可以测量得到比较准确的结果。

8）寿命

电池的寿命通常用循环寿命表示。动力蓄电池经历一次充电和放电过程称为一个循环或一个周期，循环寿命指的是电池可以循环充放电的次数，即在理想的温湿度条件下，以额定的充放电电流进行充放电，电池容量衰减到 80% 时所经历的循环次数。电池在衰减到 80% 的容量后，一般都会进行回收。

2. 动力蓄电池的种类及组成

动力蓄电池从广义上主要可分为化学电池、物理电池和生物电池三大类，其中化学电池和物理电池已经应用于量产电动汽车中，而生物电池则被视为未来电动汽车动力蓄电池的重要发展方向之一。目前，低速电动汽车采用铅酸蓄电池较多，纯电动汽车上主要使用铅酸蓄电池，此外还出现了钠离子电池、燃料电池、超级电容器、飞轮电池等新的电池类型。

微课　电池的种类及应用范围

> **小提示**
>
> 　　由于单体蓄电池的电压和容量较低，不能满足纯电动汽车高电压、大电流放电的实际需要，因此在实际应用中，需要把单体蓄电池进行串并联。动力蓄电池从单体到并联串联成组、成包的过程称为 pack。每个车型具有不同的技术要求，因此需要根据具体车型配置不同容量的蓄电池组，进而确定串并联形式和电芯规格等。

1）铅酸蓄电池

（1）概述。

正极板活性物质使用二氧化铅，负极板活性物质使用铅，并以硫酸溶液作为电解质的蓄电池称为铅酸蓄电池，其广泛应用于燃油汽车的起动系统。铅酸蓄电池于 1859 年由法国科学家普兰特（Gaston Plante）发明，是商业化应用的第一种可充电电池。

铅酸蓄电池由正极板、负极板、隔板、电池盖、电解液、加液孔盖和电池外壳等组成，如图 2 - 14 所示。正负极板浸入稀硫酸电解液中成为单体电池。每个单体电池的标称电压为

2 V，因此，6 格单体电池串联起来成为 12 V 蓄电池。

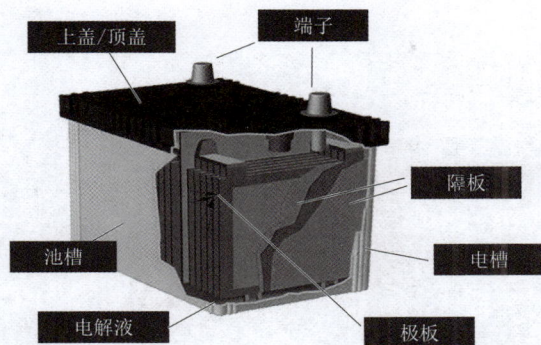

图 2－14 铅酸蓄电池的结构

纯电动汽车使用的铅酸动力蓄电池型号为 ××V－××A·h。例如，12 V－120 A·h，前面部分表示铅酸蓄电池的标称直流电压，后面部分表示铅酸蓄电池的标称容量。

（2）特点。

①优点。

电压高，单体电压为 2.0 V，在常用蓄电池中，仅次于锂离子蓄电池。

价格低廉。

可制成小至 1 A·h、大至几千安时的各种尺寸和结构的蓄电池。

高倍率放电性能良好，可用于发动机起动。

高低温性能良好，可在 －40～60 ℃条件下工作。

电能效率高，可达 60%。

易于浮充使用，没有记忆效应。

易于识别荷电状态。

②缺点。

比能量低，在电动汽车中所占的质量和体积较大，一次充电行驶里程短。

使用寿命短，使用成本高。

充电时间长。

存在铅污染。

（3）应用。

早期生产的电动汽车大多采用铅酸蓄电池，如五十铃 Eif Resort、大发 Hijet Van、铃本奥拓、富士 Samber EV 等。我国株洲时代集团公司研发的 TEG6120EV－2 型电动大客车采用铅酸蓄电池为动力电源，工作电压为 384 V。铅酸蓄电池由于其比能量和比功率较低，充放电循环寿命短，已不再作为电动汽车主流动力蓄电池使用，只有在低速电动车辆上仍存在应用。

2）镍氢蓄电池

（1）概述。

以镍化合物（通常为氢氧化镍）为正极板活性材料，以储氢合金为负极板材料（活性物质为氢），使用水溶性氢氧化钾和氢氧化锂的混合物作为电解质的电池称为镍氢蓄电池。镍氢蓄电池属于碱性电池的一种，多用于混合动力汽车，如丰田普锐斯采用的镍氢蓄电池，如图 2-15 所示。

图 2-15　丰田普锐斯采用的镍氢蓄电池

镍氢蓄电池的正极是由球状氢氧化镍粉末与添加剂（钴等金属）、树脂和黏合剂等混合成的涂膏制成，该涂膏通过自动涂膏机涂在正极板上，然后经过干燥处理，形成发泡的氢氧化镍正极板。

镍氢蓄电池负极的关键技术是储氢合金。储氢合金是一种允许氢原子进入或分离的多金属合金的晶格基块，是使用钛、钒、锆、镍、铬 5 种基本元素，并与钴、锰等金属元素烧结形成的合金。合金经过加氢、粉碎、成型烧结工艺，形成负极板。

> **小知识**
>
> 　　我国自行研制了稀土系的储氢合金，已达到世界先进水平，为我国推广镍氢蓄电池提供了有利条件。

（2）特点。

与铅酸蓄电池相比，镍氢蓄电池具有以下特点。

①比功率高。

镍氢蓄电池比功率可达到 200 W/kg，是铅酸电池的 2 倍，能够提高车辆的起动性能和加速性能。目前商业化的镍氢功率型蓄电池，其比功率已经达到 1 350 W/kg。

②比能量高。

镍氢蓄电池的标称电压为 1.2 V，比能量可达到 70~80（W·h）/kg，有助于延长电动汽车的行驶里程。

③寿命长。

在 80% 的放电深度下，镍氢蓄电池循环寿命可达到 1 000 次（或 10 年）以上，是铅酸蓄电池的 3 倍。在 100% 放电深度下其循环寿命也在 500 次以上，在混合动力汽车中可使用 5 年以上。

④无重金属污染。

镍氢蓄电池中没有铅和镉等重金属元素，不会对环境造成污染。

⑤耐过充过放。

镍氢蓄电池有高倍率的放电特性，短时间内可以实现3C放电，瞬时脉冲放电率很大。镍氢蓄电池的过充电和过放电性能好。

⑥可以快速充电。

镍氢蓄电池在15 min内可充60%的容量，在1 h内可以完全充满，其应急补充充电的时间短。

⑦无记忆效应。

因为镍氢蓄电池无记忆效应，故可以随充随放。

⑧使用温度范围宽。

镍氢蓄电池正常使用的温度范围为 – 30 ~ 55 ℃；存储温度范围为 – 40 ~ 70 ℃。

⑨安全性好。

镍氢蓄电池在短路、挤压、针刺、安全阀工作能力、跌落、加热、耐振动等安全可靠性试验中表现良好，无爆炸、燃烧现象。此外，其采用全封闭外壳，可以在真空环境中正常工作。

镍氢蓄电池的主要缺点是充电时发热量大，需采用有效的散热系统。

（3）应用。

松下电池公司用模拟混合动力汽车行驶工况对镍氢蓄电池进行仿真试验，证实镍氢蓄电池的特性几乎不发生变化。镍氢蓄电池用于混合动力汽车是比较合适的，但也有将其应用于纯电动汽车上的，如本田的EV Plus、丰田的RAV4 EV等。目前镍氢蓄电池正逐渐被锂离子蓄电池取代。

3）锂离子蓄电池

（1）概述。

利用锂离子作为导电离子，使其在阳极和阴极之间移动，通过化学能和电能相互转化实现充放电的电池称为锂离子蓄电池。

锂离子蓄电池主要由正极、负极、隔膜和电解液等组成，如图2-16所示。锂离子蓄电池一般使用锂合金金属氧化物为正极材料，石墨为负极材料，使用非水电解质。正负极及电解质材料上的不同和工艺上的差异，使锂离子蓄电池具有不同的性能，尤其是正极材料对锂离子蓄电池的性能影响最大。

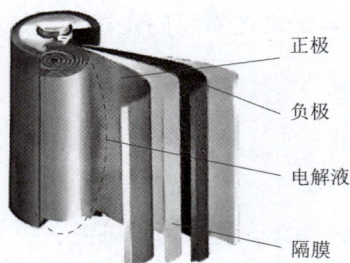

正极
负极
电解液
隔膜

微课 三元锂电池和
磷酸铁锂电池对比分析

图2-16 锂离子蓄电池的组成

根据锂离子蓄电池所用电解质材料的不同，锂离子蓄电池可分为液态锂电池和聚合物锂电池两大类。上述两种锂离子蓄电池的正负极材料相同，基本原理也相似。

根据锂离子蓄电池外观形态的不同，锂离子蓄电池可以分为方形电池和圆柱电池。

小思考

自 2019 年起，中国企业发挥电芯制造优势，厚积薄发，在电池结构上不断创新，目前我国都出现了哪些新型结构电池呢？

根据锂离子蓄电池所用正极材料的不同，锂离子蓄电池可以分为钴酸锂电池、锰酸锂电池、镍酸锂电池、各种三元锂电池、磷酸铁锂电池。

目前，纯电动汽车使用的动力蓄电池主要是采用磷酸铁锂（$LiFePO_4$）为正极材料的磷酸铁锂电池和主要采用镍钴锰酸锂（$LiNiCoMnO_2$ 或称 NCM）为正极材料的三元锂电池，如图 2-17 和图 2-18 所示。

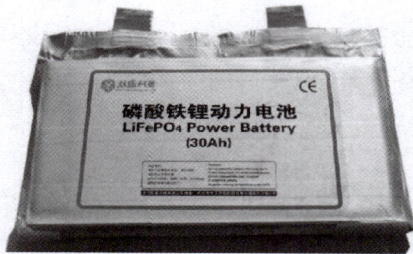

图 2-17 磷酸铁锂动力电池

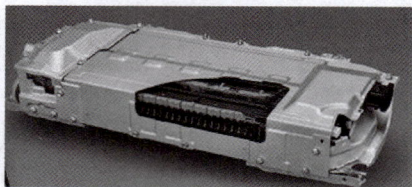

图 2-18 三元锂电池

三元锂电池虽然能量密度较高，动力特性好，但安全性较差，代表车型包括比亚迪唐 EV600、吉利帝豪车型、江淮 iEV、特斯拉 Model 3 的高性能全轮驱动版等。磷酸铁锂电池性能稳定，安全性较好，不受制于稀有金属，成本低，但其能量密度较低，对低温的耐受度相对较差，代表车型包括比亚迪宋 PLUS EV、比亚迪秦 EV，特斯拉 Model 3 和特斯拉 Model Y 的标准续航版等。

以磷酸铁锂电池为例，如图 2-19 所示，电池的正极材料为磷酸铁锂，由铝箔与电池正极连接。中间的聚合物隔膜将正负极隔开，允许锂离子（Li^+）通过但阻止电子（e^-）通过。负极材料为石墨，由铜箔与电池的负极连接。电池的上下端之间是电池的电解质，电池由金属外壳密闭封装。磷酸铁锂电池在充电时，正极中的锂离子通过聚合物隔膜向负极迁移；在放电过程中，负极中的锂离子通过隔膜向正极迁移。锂电池就是因锂离子在充/放电过程中来回迁移而得名的。

（2）特点。

①优点。

a. 工作电压高。

锂离子蓄电池的工作电压为 3.6 V，是镍镉蓄电池、镍氢蓄电池的 3 倍，是铅酸蓄电池的近 2 倍。

b. 比能量高。

锂离子蓄电池的比能量高达 150（W·h）/kg，是镍氢蓄电池的 2 倍，是铅酸蓄电池的 4 倍，

充电时,在锂化合物正极材料中的锂离子通过隔板移动到作为负极的炭精材料的层间,形成充电电流

放电时,在负极炭精材料层间的锂离子通过隔板移动到锂化合物正极材料中,形成放电电流

锂离子蓄电池的特点是充电、放电时,只是锂离子在两极之间移动,电解液不发生化学反应

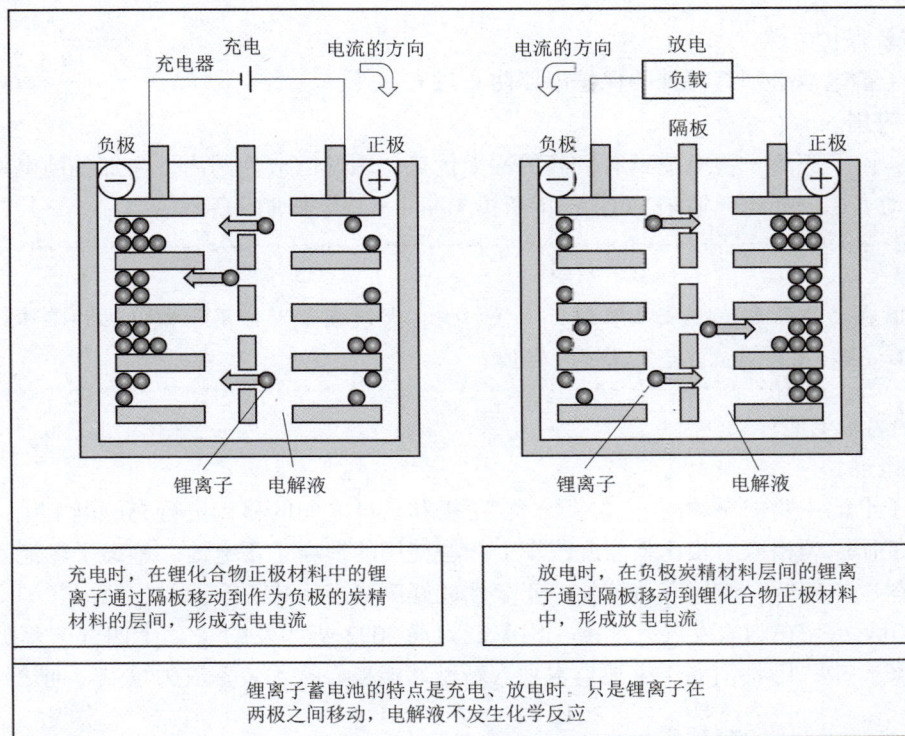

图 2 - 19　磷酸铁锂电池的工作原理

因此其质量是相同能量的铅酸蓄电池的 1/4 ~ 1/3;其体积小,能量密度高达 400 (W·h) /L,体积是铅酸蓄电池的 1/3 ~ 1/2。

c. 循环寿命长。

锂离子蓄电池的循环次数可达 1 000 次 (10 年以上或 20 万 km)。以容量保持 60% 计,电池组 100% 充/放电循环次数可达 600 次以上,使用年限可达 3 ~ 5 年,寿命为铅酸蓄电池的 2 ~ 3 倍。

d. 自放电率低。

锂离子蓄电池的每月自放电率仅为 6% ~ 8%,远低于其他类型的动力蓄电池。

e. 无记忆效应。

锂离子蓄电池可以随时随地进行充电。

f. 无污染。

锂离子蓄电池中不存在有毒物质,因此称为 "绿色电池"。

g. 质量小。

锂离子蓄电池提供了更合理的结构和更美观外形的设计条件、设计空间和可能性。

② 缺点。

a. 成本高。

锂离子蓄电池正极材料的价格高,但按单位瓦时的价格计算,只高于铅

文档　动力
蓄电池新发展

酸蓄电池。

b. 需要保护电路。

锂离子蓄电池必须有特殊的保护电路防止过充。

（3）应用。

目前，由于锂离子蓄电池具有极高的性能优势，因此已成为国内外大部分纯电动汽车采用的主要动力源，如比亚迪宋 PLUS、特斯拉 Model S、蔚来 ET5 等。

> **小知识**
>
> 我国在动力蓄电池领域技术创新步伐加快，大规模量产锂离子蓄电池的单体能量已达到 270（W·h）/kg，居全球领先地位。

4）钠离子电池

（1）概述。

钠离子电池主要依靠钠离子（Na^+）在正极和负极之间的移动进行充放电工作，与锂离子蓄电池工作原理相似。相比新能源汽车上普遍使用的锂离子蓄电池，钠离子电池具有资源丰富、材料成本较低、使用寿命较长、安全性较好等诸多优势。宁德时代第一代钠离子电池如图 2-20 所示。在国家发展改革委、国家能源局 2022 年印发的《"十四五"新型储能发展实施方案》中，已将钠离子电池技术列入新型储能核心技术装备攻关重点方向之一。

图 2-20　宁德时代第一代钠离子电池

钠离子电池的主要构成为正极、负极、隔膜、电解液和集流体，其中正极和负极材料的结构和性能决定着整个电池的储钠性能。钠离子电池正负极之间通过隔膜隔开防止短路，电解液作为离子流通的介质浸润正负极，集流体起到收集和传输电子的作用。充电时，钠离子从正极脱出经过电解液嵌入负极，同时电子的补偿电荷经过电路供给到负极，保证正负极电荷平衡。放电时则相反，钠离子从负极脱嵌，经过电解质嵌入正极，其工作原理如图 2-21 所示。

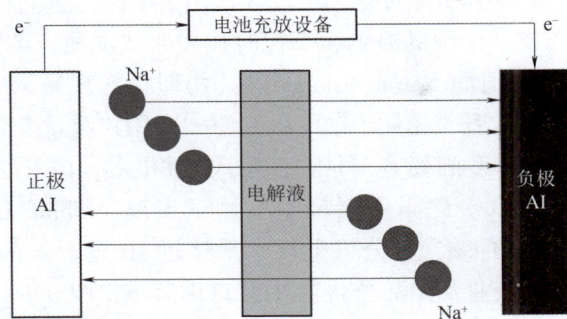

图 2-21　钠离子电池的工作原理

> **小知识**
>
> 　　我国电池企业宁德时代是全球动力蓄电池行业的龙头企业,钠离子电池就是其重点研发方向之一。目前,宁德时代研发的第一代钠离子电池单体电芯能量密度达到了160(W·h)/kg,略低于磷酸铁锂电池,但在低温性能和快速充电方面具有明显优势。常温下充电15 min,电量可达80%以上,在-20 ℃的低温环境中,能达到90%以上的放电保持率。

（2）特点。

①优点。

a. 储量丰富,成本低。

钠元素是地壳含量中第六高的元素,地壳丰度高达2.3%,是锂元素的数千倍,且全球各地分布均匀,价格低廉。此外集流体可使用廉价的铝箔,可进一步降低电池体系成本。

b. 性能优异。

相比于锂离子蓄电池,钠离子电池充电速度更快,在高低温条件下都能实现稳定充放电。

c. 安全,环保。

钠电池化学性质比锂电池稳定很多,安全性更高,不易自燃。在快充过程中,钠离子电池风险更小,可以适应更高充电功率。同时,钠离子电池中正负极都采用铝箔,电池的结构和组分更简单,也更易于回收再利用。

②缺点。

a. 能量密度低。

相较于锂离子,钠离子质量和半径更大,离子扩散速率较低,所以钠离子电池的能量密度略低于锂离子蓄电池。

b. 材料成本难以控制。

目前,钠离子电池电芯材料成本较理论更高,同磷酸铁锂电池成本相当。此外,钠离子电池原材料和正负极配套设施尚未进入规模化供应,材料成本难以控制,因此尚未开始量产。

（3）应用。

钠离子电池几乎与锂离子蓄电池同时问世于20世纪70年代,但由于难以找到合适的负极材料且研究条件有限，相关研究近乎停滞。直到 2010 年后，新的材料体系不断涌现，钠离子电池研究才进入快车道。中国的海钠、宁德时代和弗迪电池、英国的 Faradion、法国的 Tiamat、瑞典的 Northvolt、美国的 Natron Energy 等公司即将实现钠离子电池的商业化生产。2024 年，江淮钇为旗下纯电车型"花仙子钠电版"正式向用户批量交付，是全球首款搭载了钠离子电池的电动汽车。该车型搭载了 32140 钠离子圆柱电芯，该电芯单体容量为 12 A·h，能量密度 ≥140（W·h）/kg。该车中国轻型车测试工况（China Light-duty Vehicle Test Cycle，CLTC）续驶里程达 230 km，百公里电耗水平接近 10 度。工信部官网最新公布的第 372 批《道路机动车辆生产企业及产品公告》中，奇瑞牌 NEQ7000BEVJH11L（采用的钠离子电池来自宁德时代）和江铃牌羿驰 JX7001ESMBEV（采用的钠离子电池来自孚能科技）均搭载了钠离子电池。

5）超级电容器

（1）概述。

超级电容器（又称超级电容、超电容器）是一种介于电解电容器和可充电电池之间的大容量电容器，如图 2-22 所示。超级电容器发展于 20 世纪 60 年代，既拥有与传统电容器一样较高的放电功率，又拥有与电池一样较大的储存电荷的能力，是一种物理二次电源。由于其储能过程并不发生化学反应，因此这种储能过程是可逆的，故超级电容器可以反复充放电数十万次。

微课　超级电容器
的组成及应用

图 2-22　超级电容器

> **小思考**
>
> 　　超级电容器在 2016 年便已成为工业强基支持的核心基础零部件，又被《中国制造 2025》收录为轨道交通核心储能部件。超级电容器发展过程中有哪些问题呢？

超级电容器按储能原理可分为双电层电容器和法拉第电容器。

①双电层电容器。

双电层电容器的基本工作原理是利用隔膜将浸润了电解液的两电极分隔开。在充电时，正负电荷分别在两电极表面积累，两电极分别带正、负电，从而形成电容效应；放电时，电极表面积累的电荷又回到电解液中，在外电路产生放电电流，如图2-23所示。目前超级电容器研究和应用中使用较多的为碳材料，包括活性炭、石墨烯、碳纳米管、模板碳等。

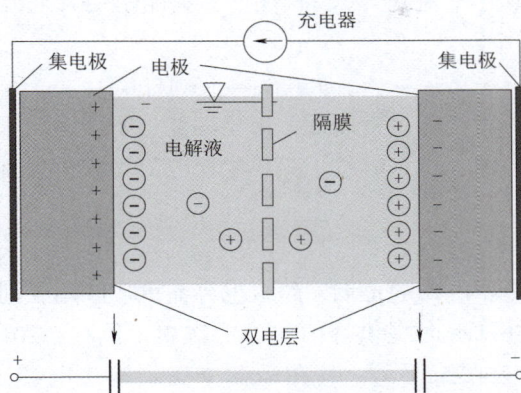

图2-23 双电层电容器

②法拉第准电容。

法拉第准电容，又称赝电容器，其主要以金属氧化物或导电聚合物作为电极。其基本工作原理为：充电时，在电极和电解液表面发生快速的氧化还原反应或法拉第过程，因电极材料的氧化还原电位发生改变，两电极之间产生电势差，形成赝电容效应；放电时，电极又与电解液发生与充电过程相反的逆反应，两电极间电势差降低，实现放电，如图2-24所示。

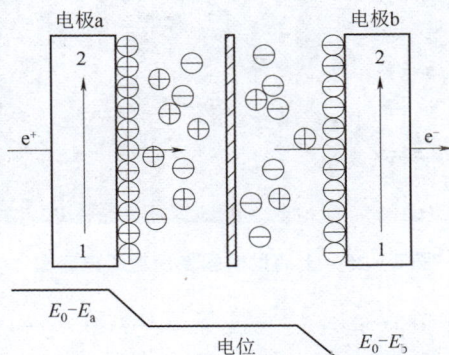

图2-24 法拉第准电容

注：E_0-E_a 为充电状态正极电位，E_0-E_b 为充电状态负极电位。

（2）特点。

①优点。

a. 功率密度高。

超级电容器可在短时间之内（几秒到几分钟）充满或释放电能，高功率密度通常能达到10 kW/kg以上，该特点主要由其储能原理决定。

b. 寿命长。

基于物理吸附的超级电容器的循环寿命一般为100万次以上，基于赝电容效应的超级电容器的循环寿命也能达到几万次以上。而一般的电池寿命仅有 2 000 ~ 4 000 次循环寿命。

c. 能量回收效率高。

因为超级电容器对大、小电流是"来者不拒",更能耐受大电流充电,所以对于制动能量回收非常有利。

②缺点。

超级电容器最大的缺点就是能量密度低,由于其能量密度远低于锂离子蓄电池,因此体积和质量远大于锂离子蓄电池,这也导致了其单次充电的行驶里程有限,制约了它在驱动汽车上的应用。

(3)应用。

甚于功率密度高、能量密度低的特点,超级电容器更多应用于列车或大型客车上,它可以将制动能量储存起来,在加速时提供峰值功率的输出。例如,2010 年在上海世博园运行的超级电容器客车,如图 2 – 25 所示,其在运营中无须连接电缆,只需在候客时间充电 30 s ~ 1 min,即可行驶 5 km 左右。

图 2 – 25　上海世博园专用超级电容车

小知识

世博零排放公交客车用超级电容器动力系统作为车辆的唯一主电源,具有超大容量、低内阻、长寿命、高可靠性、低成本、节能环保的特点,达到世界先进水平。产品采用超级电容高储能和快速充电机理,静电容量达 15 万 F,循环寿命高达 10 万次,车辆 30 s 完成充电,每年可减少排放一氧化碳 38.1 t,氮氧化合物 17.7 t,节能环保性能非常突出,综合效果显著,助力实现了零排放目标。

但由于单次充电行驶里程有限,目前超级电容器在新能源汽车上的应用,主要是与锂离子蓄电池搭配使用。在电动汽车蓄电池组中加入一组超级电容器,可提升电池储存电量,降低电量消耗速度。

6）飞轮电池

（1）概述。

飞轮电池是 20 世纪 90 年代提出的一种新概念电池，它突破了化学电池的局限，属于物理电池的一种。当飞轮以一定角速度旋转时，它就具有一定的动能，飞轮电池正是将其动能转换成电能，如图 2-26 所示。高技术型的飞轮用于储存电能类似于标准电池。

飞轮储能电池系统包括三个核心部分：一个飞轮，电动机-发电机和电力电子变换装置，如图 2-27 所示。

图 2-26　飞轮电池

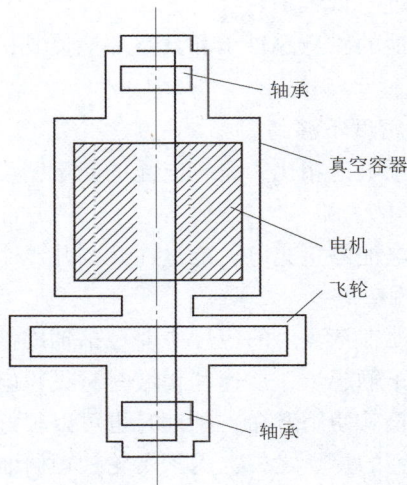

轴承
真空容器
电机
飞轮
轴承

图 2-27　飞轮储能电池的组成

由于输入、输出是彼此独立的，因此设计时常将电动机和发电机用一台电机来实现，输入、输出变换器也合并成一个，这样就可以大幅减小系统的尺寸和质量。充电时该电机以电动机形式运转，在电力电子变换装置的驱动下，电机带动飞轮高速旋转，即用电给飞轮电池充电，增加了飞轮的转速从而增大其功能；放电时，电机则以发电机状态运转，在飞轮的带动下对外输出电能，完成机械能（动能）到电能的转换。当飞轮电池发电时，飞轮转速逐渐下降。飞轮电池的飞轮是在真空环境下运转的，转速极高。飞轮电池的工作原理如图 2-28 所示。

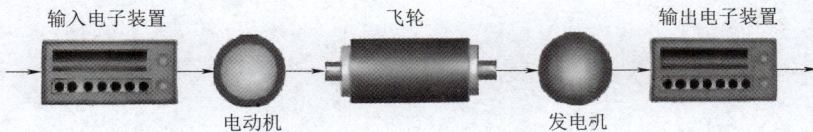

输入电子装置　　　　　飞轮　　　　　输出电子装置
电动机　　　　　　　发电机

图 2-28　飞轮电池的工作原理

（2）特点。

①优点。

a. 比功率大。

飞轮电池可以在短时间内输出很大的功率，远大于化学电池。

b. 能量转换效率高。

飞轮电池的能量转换效率高达90%。

c. 体积小、质量小。

飞轮直径20多厘米，总重为十几千克。

d. 工作温度宽。

飞轮电池对环境温度没有严格要求。

e. 使用寿命长。

飞轮电池不受重复深度放电影响，能够循环几百万次运行，预期寿命20年以上。

f. 低损耗、低维护。

飞轮电池的磁悬浮轴承和真空环境使其机械损耗可以忽略，系统维护周期长。

②缺点。

a. 能量密度不够高。

与锂离子电池相比，飞轮电池的能量密度相对较低。

b. 自放电率高。

如飞轮电池停止充电，能量在几到几十个小时内就会自行耗尽。

（3）应用。

飞轮电池在汽车上的应用主要包括辅助储能装置和主要储能装置。用作汽车的辅助储能装置时，在车辆起步、加速和爬坡时，飞轮电池可以提高电动汽车的动力性，协助动力蓄电池供电和延长其使用寿命；制动时也可以很好地回收能量。而用作主要储能装置的飞轮电池也是行业研究的热点之一，美国飞轮公司研制的飞轮电池汽车由0 km/h加速到96 km/h仅需6.5 s，续驶里程高达600 km。在2010年10月美国勒芒系列赛最后一轮中，保时捷911 GT3混合动力赛车就首次正式使用飞轮电池技术，如图2-29所示。尽管飞轮电池在新能源汽车的应用上具有显著优势，但由于其技术还未完全成熟等原因，现阶段仍未得以大规模应用。但可以预测，当一些技术难点被攻克之后，飞轮电池技术可为纯电动汽车发展添加新的动力。

图2-29　保时捷911 GT3

3. 纯电动汽车对动力蓄电池的要求

纯电动汽车作为一种交通工具，其续驶里程、加速性能、爬坡能力、安全性能等是关注的重点，这些方面的性能主要取决于动力蓄电池的性能，对纯电动汽车动力蓄电池性能的要求主要有以下几点。

1）比能量高

为了提高纯电动汽车的续驶里程，要求纯电动汽车上的动力蓄电池尽可能多地存储能量。但纯电动汽车又不能太重，其安装电池的空间也有限，这就要求电池单位质量所能输出的电量更高，也就是要求动力蓄电池具有高的比能量。

> **小提示**
> 比能量是用来评价纯电动汽车的动力蓄电池是否满足续驶里程要求的重要指标。

2）比功率大

为了能使纯电动汽车在加速行驶、爬坡和负载行驶等方面能与燃油汽车相竞争，要求动力蓄电池单位质量（或单位体积）电池输出的功率高，即具有高的比功率。

3）均匀一致性好

单体动力蓄电池的均匀一致性是指一组单体动力蓄电池的重要特征参数的趋同性。这是一个相对概念，没有最一致，只有更一致。均匀一致性对于纯电动汽车而言是极为重要的。动力蓄电池组的工作电压大多都要达到数百伏，这就要求动力蓄电池组有上百只单体动力蓄电池进行串联。某一只单体动力蓄电池的问题可能会影响整个动力蓄电池组，从而导致纯电动汽车出现能量损失增加、续驶里程缩短等问题。

4）循环寿命长

循环寿命是动力蓄电池充电到放电循环一周的次数，是衡量动力蓄电池寿命的重要指标。充放电循环寿命越长，动力蓄电池的性能越好。动力蓄电池的充放电循环寿命与放电深度、温度、充放电制式等条件有关，所谓放电深度是指动力蓄电池放出的容量占额定容量的百分比。减少动力蓄电池的放电深度（即"浅放电"），可以大幅延长动力蓄电池的充放电循环寿命。

5）高低温性能好、环境适应性强

纯电动汽车作为交通工具，要求动力蓄电池在冬季极寒环境和夏季高温环境下长期稳定工作。在最恶劣的气候条件下，动力蓄电池的工作温度可能为 –40~60 ℃，甚至达到80 ℃。因此，动力蓄电池必须具有良好的高低温特性。

6）安全性好

中小容量动力蓄电池的产业化已经非常成功，但大容量、高功率动力蓄电池的安全性问题还未得到有效解决。而动力蓄电池容量愈大，其一旦失控所造成的危害就愈大。在动力蓄电池安全性方面，需在电气安全、机械安全和热安全的基础上开展动力蓄电池系统的安全性整体方案设计研究，针对动力蓄电池系统开展故障诊断预测、热安全监测预警和防控等关键技术的研究。

7）价格低廉

动力蓄电池作为新能源汽车的核心部件，关乎车辆的成本。近年来，受限于动力蓄电池原材料价格上涨的影响，动力蓄电池价格一路走高。选择价格低廉的原材料，通过技术降低动力蓄电池成本，都有助于提高纯电动汽车销量。

8）充放电效率高

动力蓄电池中能量的循环必须经过充电—放电—充电的循环。充电效率是指电池在充电过程中所消耗的电能转化成电池所能储存的化学能程度的量度。高的充放电效率对保证整车效率具有至关重要的作用，有助于节省能源及成本。

✹ 二、驱动电机

微课　驱动电机
简介及发展史

驱动电机的作用是将电源的电能转化为机械能，通过传动装置或直接驱动车轮，如图 2-30 所示。驱动电机是纯电动汽车驱动系统的核心部件，其性能好坏直接影响纯电动汽车驱动系统的性能。适用于电力驱动的电机可分为直流电机（将直流电能转化为机械能的电机）和交流电机（将交流电能转化为机械能的电机）两大类。目前在纯电动汽车上已应用的有直流电机、永磁同步电机、永磁无刷直流电机、交流异步电机、开关磁阻电机。

图 2-30　驱动电机

> **小思考**
> 　　比亚迪汉 EV 豪华版搭载了比亚迪自主研发的电机系统，这款电机应该从哪些方面进行评价呢？

1. 驱动电机的性能指标

驱动电机的主要性能参数有额定功率、额定电压、额定电流、额定频率、额定转速、额定效率、额定功率因数、绝缘等级、功率密度、过载能力等。

1）额定功率

额定功率是指电机在制造厂所规定的额定条件下运行时，其输出端的机械功率，单位一般为 kW。

2）额定电压

额定电压是指电机在额定条件下运行时，外加于定子绕组上的线电压，单位为 V。

　　3）额定电流

　　额定电流是指电机在额定电压和额定输出功率下，定子绕组的线电流，单位为 A。

　　4）额定频率

　　额定频率是指交流电动机输入的交流电频率。我国电力网的频率为 50 Hz，因此除外销产品外，国内用的交流电动机额定频率均为 50 Hz。

　　5）额定转速

　　额定转速是指电机在额定电压、额定频率下，输出端有额定功率输出时转子的转速，单位为 r/min。纯电动汽车所采用的感应电机的额定转速一般为 8 000 ~ 12 000 r/min。

　　6）额定效率

　　额定效率是指电机在额定条件下运行时的效率，是额定输出功率与额定输入功率的比值。电机在其他工况运行时的最大效率为峰值效率，峰值效率越高越好。纯电动汽车还需要在车辆减速和制动时实现能量回收，再生制动回收能量一般可达到总能量的 10% ~ 15%。

　　7）额定功率因数

　　对于交流电机，定子的相电流比相电压滞后一个角 ϕ，$\cos\phi$ 就是感应电机的功率因数。三相感应电机的功率因数较低，在额定负载时为 0.7 ~ 0.9，而在轻载和空载时更低。因此，必须正确选择电机的容量，防止出现"大马拉小车"的现象，并力求缩短空载时间。

　　8）绝缘等级

　　绝缘等级是指电机绕组绝缘能力达到的等级数。绝缘等级是按电机绕组所用的绝缘材料在使用时容许的极限温度来分级的。所谓极限温度，是指电机绝缘结构中最热点的最高容许温度。

　　9）功率密度

　　功率密度是指单位质量电机输出的功率，单位为 kW/kg，功率密度越大越好。

　　10）过载能力

　　过载能力是指电机在超过额定载荷（功率、转矩、电流等）条件下工作的能力。纯电动汽车驱动电机应具有较大的起动转矩和较大的调速性能，从而获得车辆所需要的起动、加速、行驶、减速、制动等的功率与转矩，使汽车具备良好的起动性和加速性。

　　11）其他指标

　　除了上述性能参数外，驱动电机还要求可靠性好、耐温和耐潮性好、运行噪声低、振动小、能够在较恶劣的环境下长时期工作、结构简单、适合大批量生产、使用维修方便、性价比高等。

項目二　纯电动汽车的认知

2. 驱动电机的种类及组成

1）直流电机

（1）概述。

直流电机是能将直流电能转换为机械能的电机，具有起动加速时驱动力大，调速控制简单、技术成熟等优点。

直流电机主要由机座、电枢绕组、励磁绕组、换向器、电刷、前后端盖等组成，如图2-31所示。

微课 驱动电机的种类及基本性能参数

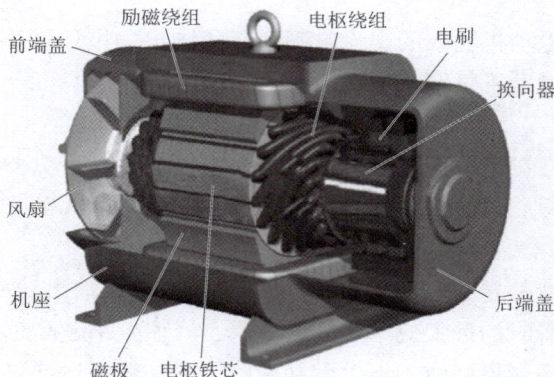

图2-31 直流电机组成

由于直流电机具有良好的调速性能，早期电动汽车上多采用直流电机，如铃木奥拓等。但由于电枢电流是通过电刷和换向器引入的，高速、大负荷运转时，在换向的同时换向器表面会产生电火花，导致换向器容易烧坏，电刷也容易磨损，需频繁更换，维护工作量大，因此，直流电机目前在纯电动汽车中应用较少。

（2）特点。

①调速性能好。

直流电机可以在重负载条件下，实现均匀、平滑的无级调速，且调速范围较宽。

②起动转矩大。

直流电机可以均匀而经济地实现转速调节，因此，凡是需要在重负载下起动或要求均匀调速的机械（如电动汽车）都可以使用直流电机驱动。

③控制比较简单。

直流电机一般用斩波器控制，它具有高效率、控制灵活、质量小、体积小、响应快等优点。

④有易损件。

由于直流电机存在电刷、换向器等易磨损器件，因此必须进行定期维护或更换。

2）永磁同步电机

（1）概述。

永磁同步电机就是采用永磁材料来替代励磁电机中励磁绕组（或转子绕组）的电机。永磁同步电机按照输入电机接线端的电流类型可分为

图片 永磁同步电机实物

永磁交流同步电机和永磁直流电机两种。对于交流感应电机，若采用永磁体取代其笼式感应转子，则相应的电机就称为永磁同步电机。

永磁同步电机的结构如图2-32所示，主要是由转子、端盖及定子等各部件组成。永磁同步电机的定子结构与普通感应电机的结构非常相似，而转子结构与普遍感应电机的最大不同是在转子上放置有高质量的永磁体磁极。根据在转子上安装永磁体位置的不同，永磁同步电机通常分为表面式转子结构和内置式转子结构。表面式转子的永磁体位于转子铁芯的外表面，这种转子结构简单，但产生的异步转矩很小，仅适合于起动要求不高的场合，因此很少应用。内置式转子的永磁体位于鼠笼导条和转轴之间的铁芯中，其起动性能好，目前的绝大多数永磁同步电机都采用这种结构。

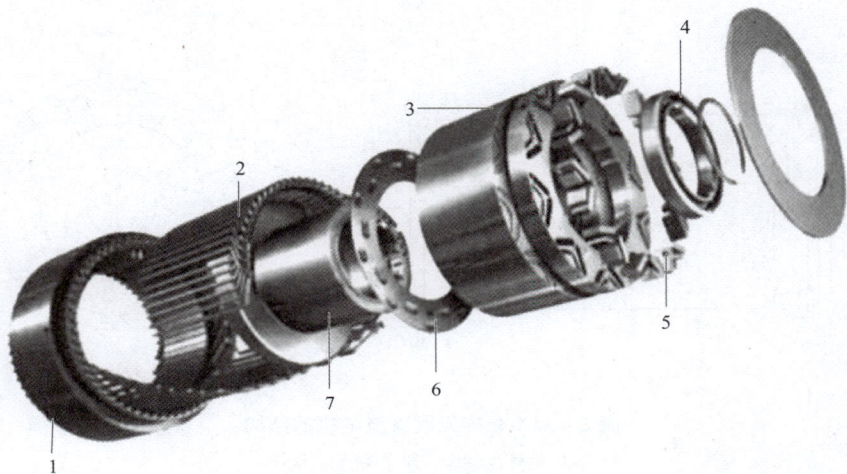

图2-32 永磁同步电机的结构

1—钢质定子铁芯；2—定子绕组；3—钢质转子铁芯；4—轴承；5—永磁体；6—钢质圆盘；7—转子轮轴

小知识

比亚迪2008年开始自研永磁同步电机，是目前国内唯一可完全自研该电机的主机厂。多年来比亚迪坚持"技术为王"的理念，深耕电机技术，从第一代F3DM车型，到宋Pro DM车型，电机的性能逐步提升，从永磁体的耐温、耐振动性能到电机的功率密度，以及效率都得到了大幅的提高。

（2）特点。

①优点。

永磁同步电机具有较高的功率/质量比，体积和质量更小，与其他类型电机相比其输出转矩更大，电机的极限转速和制动性能也比较优异。因此，永磁同步电机已成为现今电动汽车中应用最多的电机。

②缺点。

永磁材料在受到振动、高温和过载电流作用时，其导磁性能可能会下降，或发生退磁现象，有可能降低永磁同步电机的性能。另外，稀土式永磁同步电机要用到稀土材料，制造成本不稳定。

3）永磁无刷直流电机

（1）概述。

永磁无刷直流电机是具有直流电机特性的无刷直流电机，其反电动势波形和供电电流波形都是矩形波，所以又称矩形波同步电机。这类电机由直流电源供电，借助位置传感器来检测主转子的位置，使用所检测出的信号触发相应的电子换相线路以实现无接触式换相。这种无刷直流电机具有有刷直流电机的各种运行特性。

永磁无刷直流电机的结构如图2-33所示。三相对称定子绕组固定在定子上，转子上的电枢绕组用稀土永磁材料（衫钴、钕铁硼）取代。对于高速永磁无刷直流电机，还需要加装非磁性护环。

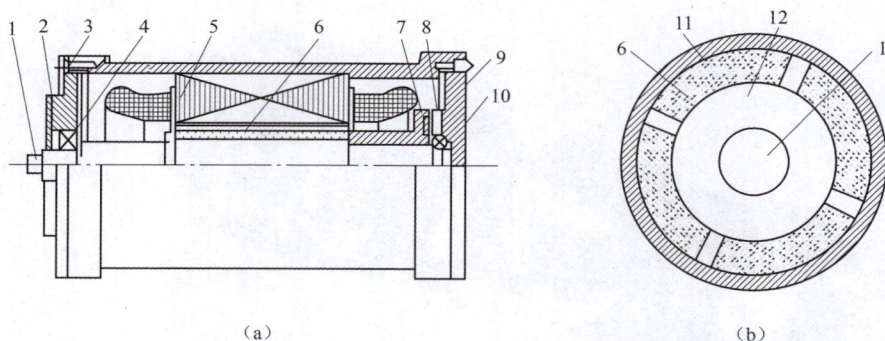

图2-33 永磁无刷直流电机的结构
（a）整体纵剖图；（b）转于横剖图
1—转轴；2—前端盖；3—螺钉；4—轴承；5—定子组件；6—永磁体；7—传感器转子；
8—传感器定子；9—后端盖；10—轴承；11—护环；12—转子轭

（2）特点。

①优点。

永磁无刷直流电机外特性好，尤其是具有低速大转矩特性，能够提供较大的起动转矩，满足新能源汽车的加速要求；可以在低、中、高宽速度范围内运行；效率高，尤其是在轻载车况下，仍能保持较高的效率；过载能力强，与交流电机相比可提高2倍以上过载能力，满足纯电动汽车的堵转工况需要；再生制动效果好，因永磁无刷直流电机转子具有很高的永久磁场，故在汽车下坡或制动时电机可完全进入发电机状态，在给电池充电的同时起到电制动作用，减轻机械制动负担；体积小、质量小、比功率大，可有效地减小质量、节省空间；无机械换向器，采用全封闭式结构，防止尘土进入电机内部，可靠性高；控制系统比感应电机简单。

②缺点。

永磁无刷直流电机的控制系统比较复杂，励磁不能控制，机械特性较硬；若输出波形不理想，会发生较大的脉动转矩波动和冲击力，影响电机的低速性能，同时加大电流损耗，产生较大噪声；永磁体性能在发热时容易发生退磁现象；磁铁材料价格较高，而且安装困难。

4）交流异步电机

（1）概述。

交流异步电机又称交流感应电机，是一种由定子绕组形成的旋转磁场与转子绕组中感应电流的磁场相互作用，而产生电磁转矩驱动转子旋转的交流电机。

交流异步电机的种类虽然很多，但基本结构相同。它们都由定子和转子这两大基本部分组成。定子包括励磁绕组、基座、磁极和端盖等装置，转子包括转子、轴和风扇等，如图2-34所示。在定子和转子之间具有一定的气隙。

图 2-34　交流异步电机

（2）特点。

①优点。

交流异步电机转子结构简单、坚固，容易做到高速和小型轻量化；弱磁控制与最大效率控制的同时使用可以实现高效率化的目的；价格低，可靠性好。

②缺点。

由于励磁电流是必要的，因此会引起功率因数的恶化，特别在低速区域功率因数恶化较为严重。另外，交流异步电机进行转矩控制的难度较大。

5）开关磁阻电机

（1）概述。

开关磁阻电机（Switched Reluctance Motor，SRM），又称可变磁阻电机（Variable Reluctance Motor，VRM）。与其他电机相比，开关磁阻电机结构简单，功率密度高，转矩—转速特性好，具有高起动转矩和低起动功率，效率也可以达到85%～93%，是一种具有发展潜力的新型电机。

开关磁阻电机主要由开关磁阻电机本体、电力电子功率变换器（简称功率变换器）、转子位置传感器（Position Sensor，PS）及控制器4部分组成，如图2-35所示。

项目二　纯电动汽车的认知

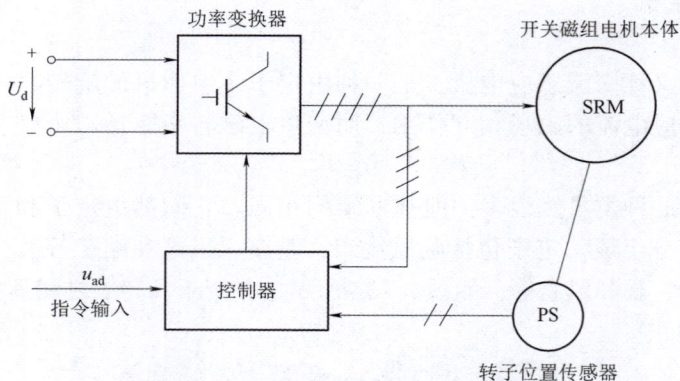

图 2-35　开关磁阻电机的组成

根据励磁方式不同，开关磁阻电机可分为励磁式开关磁阻电机和永磁式开关磁阻电机两种。

励磁式开关磁阻电机本体采用定、转子双凸极结构，单边励磁，即仅定子凸极采用集中绕组励磁，而转子凸极上既无绕组也无永磁体；定、转子均由硅钢片叠压而成；定子绕组径向相对的极串联，构成一相。其结构原理如图 2-36 所示。

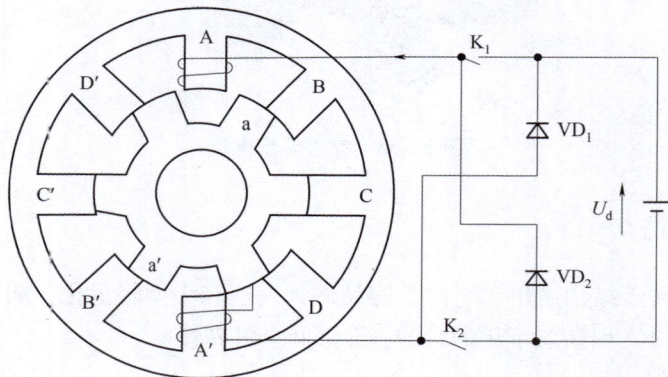

图 2-36　开关磁阻电机的结构原理

（2）特点。

①优点。

a. 结构简单。

开关磁阻电机结构简单、成本低，可用于高速运转。其突出的优点是转子机械强度极高，可以用于超高速运转（如每分钟上万转）。在定子方面，它只有几个集中绕组，因此制造简便、绝缘结构简单。

b. 起动优点。

开关磁阻电机起动转矩大，起动电流小。控制器从电源侧吸收较少的电流即可得到较大动转矩是本系统的一大特点。起动电流小而转矩大的优点还可以延伸到低速运行段，因此该系统十分适合需要重载起动和较长时间低速重载运行的机械。

c. 频繁起停。

开关磁阻电机适用于频繁起停及正反向转换运行的工况。开关磁阻电机具有的高起动转矩、低起动电流的特点，使之在起动过程中电流冲击小，电机和控制器发热较连续额定运行时还要小。其多参数设计使其在制动运行和电动运行工况具有同样优良的转矩输出能力和工作特性。两者综合作用结果必然使开关磁阻电机适用于频繁起停及正反向转换运行，次数可达 1 000 次/h。

d. 性能好。

开关磁阻电机可控参数多，调速性能好，可以根据对电机的运行要求和电机的情况，采用不同的控制方法和参数值，使之运行于最佳状态（如出力最大、效率最高等）。此外，开关磁阻电机还可使用各种不同功能的特定曲线，如使电机具有完全相同的四象限运行能力，并具有最高起动转矩和串励电机的负载能力曲线。

e. 效率高损耗小。

开关磁阻电机绕组无铜损且可控参数多，控制灵活方便，易于在宽转速范围和不同负载下实现高效优化控制，可通过机电的统一协调设计满足各种特殊使用要求。

②缺点。

开关磁阻电机转矩脉冲大、噪声大、相对于永磁电机而言，其功率密度和效率偏低。

3. 纯电动汽车对驱动电机的要求

（1）驱动电机的运行特性要满足纯电动汽车的要求。在恒转矩区，要求低速运行时具有大转矩，以满足纯电动汽车起动和爬坡的要求；在恒功率区，要求低转矩时具有高速度，以满足纯电动汽车在平坦的路面高速行驶的要求。

微课　电动汽车用驱动
电机的选择与匹配

（2）驱动电机应具有瞬时功率大、带负载起动性能好、过载能力强、加速性能好、使用寿命长的特点。

（3）驱动电机应在整个运行范围内具有很高的效率，以提高单次充电的续驶里程。

（4）驱动电机应能够在汽车减速时实现再生制动，将能量回收并反馈给动力蓄电池，使纯电动汽车具有更佳的能量利用率。

（5）驱动电机应可靠性好，能够在较恶劣的环境下长期工作。

（6）驱动电机应体积小，质量小，一般为工业用电机的 1/3 ~ 1/2。

（7）驱动电机的结构要简单坚固，适合批量生产，便于使用和维护。

（8）驱动电机应价格便宜，从而能够减少纯电动汽车整车价格，提高性价比。

（9）驱动电机运行时应噪声低并减少污染。

> **小提示**
>
> 纯电动汽车对驱动电机提出要求是为了提高整车的能源利用效率、延长电池续驶里程、提升驾驶体验和保障车辆的安全性，满足起步、加速、爬坡、下坡、高速、低速、滑行、降速、制动和停车等各种行驶工况的要求。

三、整车控制技术

整车控制技术是纯电动汽车研究的重要领域，其主要过程是：汽车传感器对行驶速度、温度、油门踏板等信息进行监测和采集后，经整车控制系统处理反馈给车辆的电力系统和动力控制系统，进而对车辆传达相应的调控指令。整车控制系统主要包括整车控制器、电机控制器、蓄电池管理系统、制动能量回收系统等。各系统之间采用 CAN 总线通信连接，这样不仅能够大幅提升控制的效率和稳定性，而且能实现数字控制。

1. 整车控制器

整车控制器（Vehicle Control Unit，VCU）是纯电动汽车各个电控子系统的调控中枢，是电动汽车"大脑中的大脑"，它协调和管理整个电动汽车的运行状态，其作用类似于燃油车的发动机控制器。

VCU 主要由外壳、硬件电路、应用层软件和底层软件组成，如图 2-37 所示。硬件电路、应用层软件和底层软件是 VCU 的核心技术。

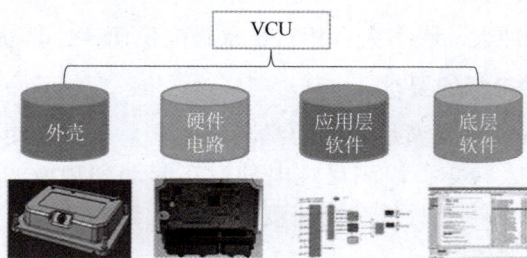

图 2-37　VCU 的组成

VCU 的主要功能包括以下几方面。

1）行驶控制

纯电动汽车的驱动电机必须根据驾驶员的意图提供驱动力或制动力。当驾驶员踩下加速踏板或制动踏板时，驱动电机需要输出相应的驱动功率或再生制动功率。踏板的踩下程度越大，驱动电机输出的功率就越大。因此，整车控制器需要有效地解读驾驶员的操作意图，接收来自整车各个子系统的反馈信息，为驾驶员提供决策反馈，并向整车各个子系统发送控制指令，以确保车辆的正常行驶。

2）附件管理

附件管理指对 DC-DC 转换器、车载充电机、水泵、空调压缩机等进行控制管理。

3）能量管理

在纯电动汽车中，电池不仅为动力电机提供电力，还要为电动附件供电。因此，为了最大限度地提高续驶里程，整车控制器需要负责管理整车的能量，以提高能源利用效率。当电池的荷电状态较低时，整车控制器会发出指令，限制电动附件的功率输出，以增加续驶里程。

在纯电动汽车中，电机是驱动转矩的输出装置。电机具备回馈制动功能，当汽车制动时，电机可以充当发电机，利用制动能量将电力转化为电能，并将其存储在储能装置中。一旦充电条件满足，能量可以被反向传输回动力蓄电池组进行充电。在这个过程中，整车控制器根据加速踏板和制动踏板的开度以及动力蓄电池的荷电状态值来确定是否可以回馈制动能量。如果条件允许，整车控制器会向电机控制器发送制动指令，以回收部分能量。

4）故障处理

整车控制器负责实时监测车辆状态，并通过传感器和 CAN 总线获取各个子系统的信息。这些信息会被发送给车载信息显示系统，通过驱动仪表显示出来。显示内容包括电机转速、车速、电池电量、故障信息等。

整车控制器还持续监测整车电控系统，进行故障诊断。故障指示灯会指示出故障的类型和部分故障码。根据故障的内容，系统会及时采取相应的安全保护措施。对于较轻微的故障，车辆可以在低速状态下行驶至附近的维修站进行检修。

5）信息交互

整车控制器负责将动力系统中的关键数据，如电机、电池、高压系统和空调系统的状态信息，以及故障状态传输到仪表板上。同时，整车控制器也接收驾驶员的控制信息。

此外，整车控制器还承担充放电管理等功能。某些车辆制造商还将部分热管理功能整合到整车控制器中，用于控制水泵、风扇、空调控制阀、热交换器等组件的操作。

2. 电机控制器

电机控制器（Motor Control Unit，MCU）是电动汽车特有的核心功率电子单元。它通过接收整车控制器的行驶控制指令，控制电机输出指定的转矩和转速，驱动车辆行驶。同时，电机控制器也能把动力蓄电池的直流电转换为电机所需要的三相高压交流电，驱动电机输出机械能，电机控制器还具有电机系统诊断保护和储存的功能。

电机控制器的结构主要由外壳及冷却系统、功率电子单元、控制电路、底层软件和控制算法软件组成，如图 2-38 所示。电机控制器的硬件电路采用模块化和平台化设计理念，在软件方面，电机控制器底层软件遵循 AUTOSAR 开放式系统架构标准，以实现电子控制单元（Electronic Control Unit，ECU）开发共同平台的目标。

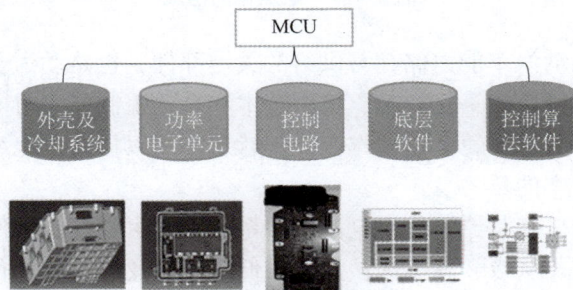

图 2-38 电机控制器的组成

电机控制器主要具有运行速度控制和运行方向控制两个方面的功能。

1）运行速度控制

电机控制器采用脉冲宽度调制（Pulse Width Modulation，PWM）控制，改变逆变器输出三相交流电的电压和频率，就可以改变电机的转速，从而对汽车进行调速。

> **小提示**
>
> PWM 也称开关驱动装置。采用 PWM 对逆变电路中的开关器件绝缘栅双极型晶体管（Insulated Gate Bipolar Transistor, IGBT）的通（开）和断（关）进行控制，输出端可以得到一系列幅值相等的脉冲。这些脉冲可以代替正弦波或其他需要的波形。按照一定规则对各脉冲的宽度进行调制，便可改变逆变器输出电压的大小和频率。电机控制的主要内容是通过 PWM 的控制，改变逆变器输出三相交流电的电压、频率和相序，从而对电机的转速和方向进行控制。

2）运行方向控制

电机控制器通过改变逆变器中 IGBT 的导通顺序改变输出三相交流电的相序，可以使电机实现反转，从而改变汽车的运行方向。

3. 电池管理系统

动力蓄电池主要使用金属材质的壳体包络构成电池包主体。其模块化的结构设计实现了电芯的集成，并通过热管理设计与仿真，优化电池包热管理性能。如图 2 – 39 所示，电池包一般是由电芯、模块、热管理系统、电池管理系统（BMS）、电气系统及箱体结构组成。

微课　动力蓄电池
能量管理系统简介

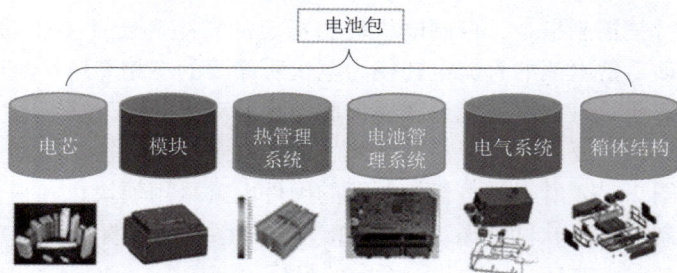

图 2 – 39　电池包的组成

电池管理系统是电动汽车能力储存与供给的关键部件，也是动力蓄电池系统必不可少的一部分。电池管理是基于微计算机技术、检测技术和自动控制技术对电池组运行状态的动态监控、精确测量、安全保护，使电池工作在最佳状态，用以提高电池组的可靠性，达到延长使用寿命，降低运行成本的目的。

与整车控制器和电机控制器类似，电池管理系统主要由硬件和软件两部分组成。电池管理系统硬件一般由主板、从板、高压保护盒、高低压接口及连接各部件的线束组成。从板安装于模组内部，用于检测单体电压、电流和均衡控制；主板安装位置比较灵活，用于继电器控制、荷电状态值估计和电气伤害保护等。

电池管理系统作为电动汽车能量的控制核心，具备实时监测电池信息、准确估算荷电状态、实现多项安全保护、提供良好人机交互及与整车控制器的信息快速传递等功能。一般来说，电动汽车电池管理系统主要包含以下几个功能。

1）电池信息采集

电池管理系统由采集板上的传感器采集电池组工作电压、充放电电流、环境温度等信息，借助总线传递给主控芯片。

2）剩余电量估算

电池管理系统根据采集到的电池信息，由主控芯片依据某类算法完成对动力蓄电池组剩余电量的估算，为驾驶者提供续驶里程参考。

3）电气控制管理

电动汽车在充放电过程中，动力蓄电池有可能会发生过充、过放、电池间电量不均衡等问题，大幅影响电池的使用寿命和工作效率。当上述情况发生时，电池管理系统应能迅速作出反应，有效执行预定措施，如切断充放电回路等，从而保证电池组的正常、安全使用。对于不同电池间电量不一致的问题，在排除电池固有差异外，可以通过搭建均衡电路配合控制算法来实现各单体电池之间的均衡。

4）电池安全保护

安全管理主要负责监控电池在工作过程中是否出现工作异常，一旦发现异常，系统应能及时作出处理，保证电池组的正常运行，防止发生爆炸等危险。

5）数据通信显示

收集到的电池信息首先被送往电池管理系统，由主控芯片进行电量估算与均衡控制等处理，再将处理结果通过 CAN 总线发送给其他设备使用。同时，电池管理系统通过串口通信将信息显示在上位机上，以便驾驶员及维修人员对车辆信息有清晰的掌握和判断。

4. 制动能量回收系统

制动能量回收是指电动汽车在减速制动时将汽车的部分能量转化为电能，并将转化的电能储存在储存装置中，如各种蓄电池、超级电容器和飞轮电池等，最终增加电动汽车的续驶里程。如果储能装置已经被完全充满，再生制动就不能实现，所需的制动力就只能由常规的制动系统提供。研究表明，在行驶工况变化比较频繁的路段，采用制动能量回收可增加续驶里程约20%。

动画　制动能量回收
系统结构及工作过程

根据储能机理不同，电动汽车制动能量回收的方法也不同，主要有 3 种，即飞轮储能、液压储能和电化学储能。

1）飞轮储能

飞轮储能是利用高速旋转的飞轮来储存和释放能量，其工作过程如图 2-40 所示。当汽车制动或减速时，先将汽车在制动或减速过程中的动能转换成飞轮高速旋转的动能；当汽车再次起动或加速时，高速旋转的飞轮又将储存的动能通过传动装置转化为汽车行驶的驱动力。

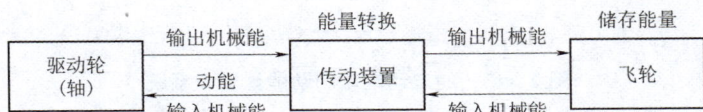

图 2-40　飞轮储能工作过程

2）液压储能

液压储能工作过程如图 2-41 所示。它是先将汽车在制动或减速过程中的动能转换成液压能，并将液压能储存在液压蓄能器中；当汽车再次起动或加速时，储能系统将蓄能器中的液压能以机械能的形式反作用于汽车，以增加汽车的驱动力。

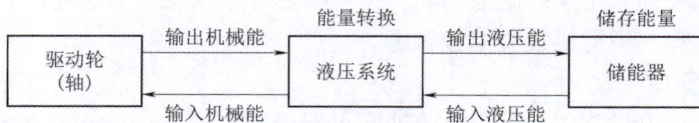

图 2-41　液压储能工作过程

3）电化学储能

电化学储能工作过程如图 2-42 所示。它是先将汽车在制动或减速过程中的动能，通过发电机转化为电能并以化学能的形式储存在储能装置中；当汽车再次起动或加速时，再将储能器中的化学能通过电动机转化为汽车行驶的动能。储能装置可采用蓄电池或超级电容器，由发电机/电动机实现机械能和电能之间的转换。系统还包括一个控制单元，用来控制蓄电池或超级电容器的充放电状态，并保证蓄电池的剩余电量在规定的范围内。

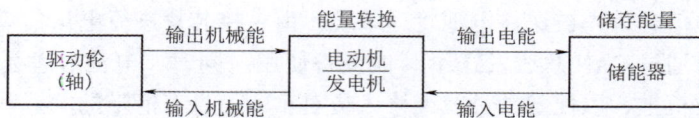

图 2-42　电化学储能工作过程

纯电动汽车制动能量回收系统主要由整车控制器、电池、高压控制盒、电机控制器、电机、传动装置等部分组成，如图 2-43 所示。整车控制器通过 CAN 总线给电池管理系统和电机控制器发送信号，动力蓄电池组为整个系统提供能量并回收能量，电机控制器控制驱动电机工作于驱动与发电模式，实现对汽车的正常行驶与制动。

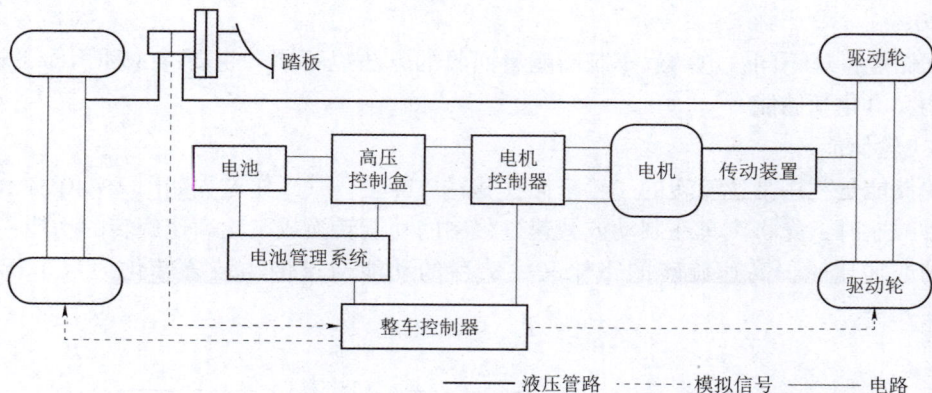

图 2-43　纯电动汽车制动能量回收系统

制动能量回收的基本原理是先将汽车制动或减速时的一部分机械能（动能）经再生系统转换（或转移）为其他形式的能量（旋转动能、液压能、化学能等），并储存在储能装置中，同时产生一定的负荷阻力使汽车减速制动；当汽车再次起动或加速时，再生系统又将储存在储能装置中的能量转换为汽车行驶所需要的动能（驱动力）。

单元四　典型纯电动汽车车型

随着科技的飞速发展和环保理念的深入人心，纯电动汽车已经逐渐成为中国乃至全球汽车市场的新宠。而在这一新兴领域中，中国品牌展现出了强大的实力和创新能力。从产业化、市场化到规模化、全球化，中国纯电动汽车突飞猛进，涌现出了比亚迪、奇瑞、吉利、蔚来等众多自主品牌。以下介绍典型的纯电动汽车车型及技术迭代发展过程。

一、小鹏 P7i

小鹏汽车是互联网电动汽车品牌，成立于 2014 年。小鹏汽车旗下车系覆盖了轿车和 SUV 领域，轿车领域中布局了 P5、P7 两款车型。小鹏 P7 定位为一款中型纯电动轿跑车，作为小鹏汽车旗下最卖座的车型之一，P7 自 2020 年上市以来，已经多次荣登小鹏旗下交付量最高的车型。2023 年 3 月，小鹏 P7 的中期改款车型——小鹏 P7i 正式上市，如图 2 - 44 所示。新车共推出 4 款车型，官方指导价为 24.99 万 ~ 33.99 万元。P7i 的变化主要体现在配置和功能升级、三电升级、操控性能升级，更重要的是智能平台的整体升级换代。此外，新车除了增加两个激光雷达之外，对整车的底层架构、域控制器、芯片、摄像头、雷达、算法都进行了全面升级。

图 2 - 44　小鹏 P7i

项目二　纯电动汽车的认知

1. 电池方面

2023 款 P7i 搭载三元锂电池，电池厚度是 110 mm，电池容量提升至 86 kW·h，充电速度可以达到 175 kW 功率，支持 AC 220 V 放电，可以获得更长的续航。新的电池使用了气凝胶隔热材料，这种材料可抗 1 200 ℃ 高温，是宇航服和排爆服的应用材料，可以达到热失控永久不明火。

电池包壳体材料升级：上壳体改为钣金，下壳体增加钢板，在遭受碰撞时更安全；电池包内增加气压传感器：增加冗余，比电压电流等传感器，可更快检测出电池异常。

2. 动力方面

旧款 P7 只有后置电机一种驱动形式，其最大功率为 196 kW（267 ps[①]）、最大转矩为 390 N·m，P7i 则提供了后驱版和四驱版可选。其中，后驱版拥有最大功率 203 kW、最大转矩 440 N·m 的输出，比旧款提升了 7 kW 和 50 N·m；四驱版拥有 348 kW 的最大功率、757 N·m 的最大转矩，提升非常明显，因此其百公里加速时间[②]也提高到了 3.9 s（旧款为 6.7 s、性能版为 4.3 s）、最高时速也达到 200 km/h。

3. 热管理方面

全车热量采用统一收集及管理，最大减少能量损失。对热泵、PTC[③]、散热器、空调压缩机、电机、车驱、电控、域控制器、自动驾驶计算机、电池、车内环境等几乎所有的发热及制冷元件的热量进行了全量收集及统一管理，将热量优先转运给最需要热量的元件。另外，标配的热泵使采暖能效比提升 2 倍，冬季续航提升 15%；制冷量达到 8.5 kW，提升 88.9%；电池散热能力提升 1 倍，充电功率提升 90%；车内控制器集成液冷散热，也有助于改善车内 NVH[④]。

4. 智能化方面

全系最入门车型 702 Pro 版本已经标配了 XPILOT 智能辅助驾驶系统，搭载了一颗 Orin - X 辅助驾驶芯片，能够提供高速智能导航辅助驾驶、增强版遥控泊车、超级智能泊车辅助以及停车场记忆泊车等高阶辅助驾驶功能。

在智能座舱方面，在高通 8155 芯片的支持之下，P7i 所搭载的 Xmart OS 4.0 车载智能系统除了能提供全场景语音 2.0、车道级导航以外，在娱乐影音方面还标配了 20 扬声器的 Xopera 音响，能提供 7.1.4 杜比全景声音效，如图 2 - 45 所示。

❄ 二、比亚迪纯电动汽车

比亚迪作为中国新能源汽车领域的领军者，凭借其深厚的技术积累和卓越的产品性能，始终在市场上占据着重要地位。比亚迪的新能源汽

微课 比亚迪元
EV360 简介

---

① 1 ps≈735.5 W。

② 百公里加速时间，指的是 0 到 100 km/h 加速时间。

③ PTC：汽车上的 PTC 指的是正温度系数热敏电阻加热器。PTC 是正温度系数（Positive Temperature Coefficient, PTC）的英文缩写。

④ NVH：噪声（Noise）、振动（Vibration）和声振粗糙度（Harshness）的英文缩写。

图 2-45　智能化配置

车系列涵盖了纯电动和插电式混合动力等多种类型。2023年8月9日，其生产的第500万辆新能源汽车下线，成为全球首家达成这一里程碑的车企。仅纯电动汽车这一品类，比亚迪2023年销量就超过了特斯拉，成为全球最大的电动汽车销售商。海豚（见图2-46）、元PLUS EV等车型更是连续创下销量佳绩。

图 2-46　比亚迪"海豚"

作为新能源汽车主导力量的重要成员，比亚迪历时5年、耗资百亿推出了100%原生纯电的e平台3.0，并在2021年发布之后，基于此陆续打造了多款重磅产品。既有小型车全品类销冠的"海豚"，也有堪称"Model 3杀手"的"海豹"和腾势N7，如图2-47所示。

1. e平台1.0

比亚迪在对第一代纯电动汽车平台进行研发时也采用了模块化设计，并于2009年正式推出首款纯电平台，命名为e平台。e平台力争采用模块化和平台化方向，重点聚焦三电技术，在高压架构、电机以及电池等方面进行突破。在2010年，由e平台打造的比亚迪E6纯电动出租车在深圳投入运营，e平台跨出了自己的第一步。

图 2-47　e 平台的发展

2. e 平台 2.0

2016 年，e 平台 2.0 的诞生，标志着比亚迪具备了集成式融合创新能力，实现了纯电动汽车关键系统的平台化。作为比亚迪在纯电市场强势崛起的重要支撑，e 平台 2.0 让比亚迪迅速推出一系列混动/纯电双生路线的产品，实现了累销 100 万辆的历史性突破。基于此打造的汉 EV、唐 EV、秦 EV 等车型在 2018 年之后集中推出，均采用了 33111 概念。

> **小提示**
>
> 　　比亚迪提出的 33111 概念，第一个 3 指的是驱动三合一，囊括了电机、电机控制器及减速器。第二个 3 指的是高压三合一，包括高压系统的 DC-DC 转换器、车载充电器及高压配电箱。后面的三个 1 则分别指的是高度集成的印制线路板、智慧屏幕及高性能安全电池。

3. e 平台 3.0

2021 年，比亚迪正式发布了 e 平台 3.0，相较于前面两代平台，e 平台 3.0 实现了混动与纯电的彻底分割，真正做到纯电专属。集合了多项领先于市场的先进技术，如电池车身一体化技术、八合一电动力总成、智能转矩控制系统等。

1）电池车身一体化技术

电池车身一体化技术是在"海豹"上率先使用，依靠这项技术，"海豹"实现了超过 40 000 N·m/（°）的高扭转刚度，大幅提升了整车动态响应，赋能操控性能，具有多项优势。

（1）电池车身一体化技术在蜂窝中找到灵感，结合刀片电池独有的长方体结构和超级强度，衍生出"类蜂窝铝"结构，如图 2-48 所示，为电池成组技术带来了里程碑式的革新。通过将刀片电池包与车身刚性连接，将二者合而为一形成完整体，并取消传统的车身地板设计，将地板（电芯上盖）—电芯—托盘三者与车身集成，形成高强度的"整车三明治"结构。

（2）电池车身一体化技术采用车身地板纯平设计，宽体电池包两侧直接装配在门槛梁上，极大提升侧碰能量传递和车身结构的稳定性。基于纯电专属平台独有的特性，对安全传力路径进行重新设计，通过上中下三条传力路径实现力的分流，快速分散碰撞能量，坚固保

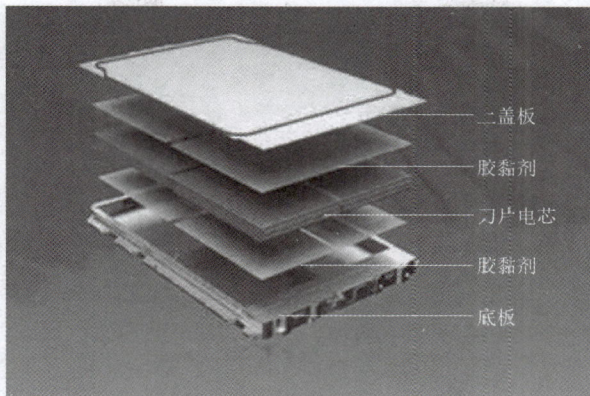

图 2 - 48　电池车身一体化技术

护乘员舱安全。

同时，由于电池车身一体化技术采用全扁平结构的车身一体化设计，两者高度集成，相较于电芯到电池包（Cell To Pack，CTP）技术，电池车身一体化技术下电池能量密度、体积利用率均实现显著提升，对提升续驶里程带来实质性突破。"海豹"车型作为全球首款搭载量产电池车身一体化技术的车型，在电池安全、整车安全、电池容量上有了大幅提升。

（3）高扭转刚度媲美百万级豪车。扭转刚度与整车操控性和舒适性成正比，扭转刚度越大，在弯道行驶时，整车后轴跟随越快，甩尾越小，车辆操控性越好；扭转刚度越大，在过减速带时，产生的形变越小，车辆舒适性越好。

在电池车身一体化技术加持下，刀片电池包与车身集成后，宽包电池作为刚性体结构件加强了车身环形结构，同时优化电池包边框结构设计，电池上盖、电芯和边框参与整车传力，进一步加固底盘结构，平衡整车重心，使整车强度大幅提高，整车扭转刚度超过40 000（N·m）/（°），媲美百万级豪华旗舰车型。

2）八合一电动力总成

汽车的动力部件深度集成，可以有效减小系统质量和体积，减少占用空间，降低损耗。同时缩减系统零部件数量，提升 NVH 性能。

八合一电动力总成是比亚迪独立自主开发，全球首款量产的纯电动力系统总成。总成集成了驱动总成（电机和变速器）、电机控制器、电源分配单元、DC - DC 转换器、车载充电器（On-Board Charger，OBC）、VCU、BMS，如图 2 - 49 所示。通过功能模块的系统高度集成，达到提高空间利用率、减小质量等目的，具备高度集成、高功率密度和高效率的特点。

高度集成化八合一电动力总成，电机峰值功率为 270 kW，峰值转矩为 360 N·m，最大转速可实现 16 000 r/min，但系统噪声低于 76 dB。功率密度可提升 20%，综合工况效率高达 89%。搭载于"海豹"车型的八合一电动力总成，电机峰值功率为 230 kW，峰值转矩为 360 N·m，四驱版本车型由 0 km/h 到 100 km/h 加速时间为 3.8 s。

3）智能转矩控制系统

智能转矩控制系统是针对电动车特性打造的车辆转矩控制系统，与传统电子车身稳定控制系统相比，其系统响应速度更快。

采用智能转矩控制系统技术后，电动车上所采用的电机则可以更快采集轮端信息。智能

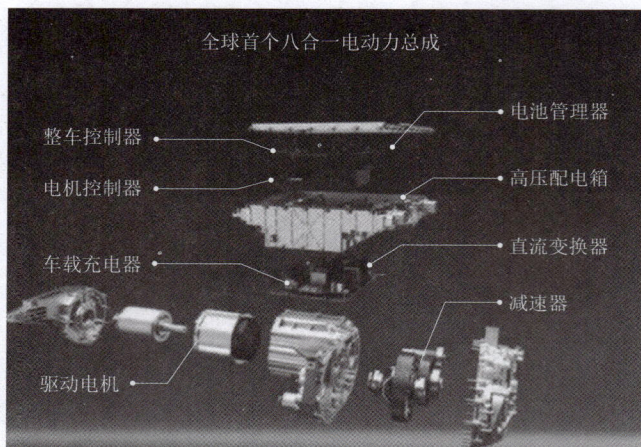

图 2 – 49　八合一电动力总成

转矩控制系统在提前预判的基础上，针对电机响应速度快、转速调整更精确的特点，提供了转移转矩、适当降低转矩和输出负转矩等多种方式。在车辆即将发生打滑时，智能转矩控制系统可以将低附着车轮转矩全部或部分转移到有抓地力的车轮上，使车辆恢复稳定，从而不触发或者减少触发车身稳定控制系统的功能，提升驾驶稳定性，做到车辆安全性能提升的同时，提升驾乘舒适性和驾驶极限，如图 2 – 50 所示。

图 2 – 50　智能转矩控制系统

✿ 三、特斯拉 Model Y

特斯拉作为电动汽车领域的领军企业，一直致力于推动电动汽车技术的发展与创新。其中，特斯拉 Model Y 作为一款电动 SUV，凭借其卓越的性能、先进的科技及出色的续驶里程，成了市场上备受瞩目的车型，如图 2 – 51 所示。

微课　特斯拉
Model Y 简介

图 2－51　特斯拉 Model Y

1. 电池方面

特斯拉 Model Y 后轮驱动版搭载的一组能量为 60 kW·h 的磷酸铁锂电池，提供 8 年或 16 万 km 的电池组质保；长续航全能驱动版和高性能全轮驱动版搭载一组能量为 78.4 kW·h 的三元锂电池，提供 8 年或 19.2 万 km 的质保。特斯拉 Model Y 的电池技术采用了硅碳负极，能量密度将达到 300（W·h）/kg，对比 18650 电池的 233（W·h）/kg，其能量密度提高了近 20%。特斯拉自主研发了较为出色的电池管理系统，可以更大程度地提升电池充电速度和使用寿命。

特斯拉 Model Y 后轮驱动版 CLTC 纯电续驶里程为 545 km，长续航全轮驱动版 NEDC 纯电续驶里程为 640 km，高性能全轮驱动版 NEDC 纯电续驶里程为 566 km。

2. 动力方面

特斯拉第四代电驱系统更改了逆变器的断面，使其从不规则形状变化为正方形，如图 2－52 所示；新车型导入了两个红外温度传感器；并且在电驱系统的输出部分加入融丝和抗电弧设计，增加了碰撞后的安全性，优化了输出三相电气连接的电气保护，Gate Drive 驱动的电路也同时得到了优化。特斯拉第四代系统的壳体采用四段式设计，减速箱壳、控制器箱体、电机壳体、控制盖板均由螺栓进行连接。相较于集成亿壳体、这种分体设计思路更符合机械结构设计的大原则，即可装配、可拆卸、可维修。

图 2－52　特斯拉第四代电驱系统

特斯拉 Model Y 入门版搭载一台永磁同步电机，采用后置电机布局，后电机最大功率为

202 kW，峰值转矩为 404 N·m，官方百公里加速时间仅为 6.9 s，赶超同级别大部分车型。Model Y 长续航全能驱动版、高性能全轮驱动版车型均采用前置＋后置的电机布局，电机类型为前感应异步电机和后永磁同步电机，官方公布的百公里加速时间分别为 5 s 和 3.7 s。

3. 热管理方面

特斯拉 Model Y 在热管理系统上引入了一个非常重要的热管理方式——热泵，如图 2−53 所示。热泵并不产生热量，它只是热量的搬运工。根据热传导现象，热量可以很容易地从高温部件传递到低温部件，但逆向传递却不行。特斯拉研发的热泵技术，能从车辆的动力系统中吸取多余的热量，将热量从低温部件搬运到高温部件，在冬季提升加热效率。热泵吸收的这一部分热量可用于座舱加热、降低电耗及提高整体续航。

图 2−53　Model Y 热管理核心部分

4. 智能化方面

特斯拉 Model Y 拥有较高程度的自动驾驶技术，通过拨杆向下拨动两下就可以开启其自主研发的自动辅助驾驶功能。在驾驶辅助硬件上，特斯拉 Model Y 配备了代号为 HW3.0 的硬件，拥有 9 个摄像头、1 个毫米波雷达、12 个超声波雷达和 2 块完全智能驾驶（Full Self−Driving, FSD）芯片。

智能座舱系统的中控是搭载了一块 15 in[①] 的中控屏，车机系统基于 Linux 底层系统打造，配备 AMD 锐龙芯片。

> **小思考**
> 智能座舱是未来汽车重点发展方向之一，也是最能体现智慧汽车价值的一项功能。目前，国内外多家车厂和供应商已开始布局智能座舱系统。有哪些车型搭载了智能座舱呢？

---

① 　1 in = 2.54 cm。

一、项目分组

按照班级学生数量分为若干小组，并明确每人任务，完成下表。

学生任务分配表					
班级		组号		指导老师	
组长		学号			
组员	姓名：	学号：		姓名：	学号：
	姓名：	学号：		姓名：	学号：
	姓名：	学号：		姓名：	学号：

二、项目准备

纯电动汽车车辆及其相关技术资料、多媒体设备等。

三、项目实战

（1）观察实车，查阅车型相关技术资料，在教师现场安全指导下完成下表相关信息的填写。

纯电动汽车的认知					
组长		组员		班级	组号
一、纯电动汽车性能参数					
登记车辆基本信息			品牌：　　车型：　　VIN 码：		
驱动布置形式			□前驱　　□后驱　　□四驱		
驱动电机类型及参数					
动力蓄电池类型及参数					
整车主要性能参数					
续驶里程					
二、纯电动汽车的结构认知					
1. 外观认知					
是否有 EV 字样			EV 字样位置（若无，填无）		
充电端口位置			充电端口端子数		

续表

2. 前机舱认知
绘制前机舱各高压部件位置分布图，并标注各部件名称

3. 车内配置认知

1）仪表板
写出仪表板上所有的标识或指示灯的名称及其含义

标识或指示灯名称	含义

2）操作机构
认识转向、加速、换挡、制动、门窗、刮水器、灯光等操作机构，写下与传统汽车的不同

三、纯电动汽车工作原理
绘制纯电动汽车动力流动路线

（2）各组进行组内模拟，介绍实训车辆的参数、结构和工作原理。要求介绍内容准确、信息丰富、表达流畅，汇报时间控制在 5 min 之内。

（3）各组派代表进行汇报展示，介绍实训车辆的参数、结构和工作原理。

（4）完成小组自评、小组互评和教师评价。

项目评价

评价项目		评价标准	分值	得分
小组评价	项目分组	小组成员分工明确且合理，全员参与	10	
	项目实施	能够准确写出纯电动汽车的性能参数	10	
		能够准确查找充电口位置及端子数目	10	
		能够准确指出前机舱各部件位置及名称	10	
		能够准确描述纯电动汽车动力传递路线	10	
		汇报展示内容准确、信息丰富、表达流畅	20	
	工作态度	认真严谨、积极主动、绿色环保	10	
	团结合作	能够与小组成员、同学之间合作交流、协调工作	10	
	5S 管理	能够规范进行 5S 现场管理	10	
		小计	100	
教师评价	课堂纪律	不出现无故迟到、早退、旷课现象，遵守课堂纪律	10	
	项目实施	严格遵守项目实施流程，按要求完成项目	20	
	信息查询	能够合理利用信息化手段及提供的资料，查找车辆相关信息并准确记录	20	
	团队协作	项目实施过程互相配合，协作度高	10	
	工作态度	严谨细致，认真负责	20	
	汇报展示	表达流畅准确，总结到位，具有创新意识	20	
		小计	100	
综合评分		小组评分 × 50% + 教师评分 × 50%		

项目小结

本项目主要介绍纯电动汽车的分类、组成、工作原理、关键技术及典型纯电动汽车车型。通过学习让学生掌握纯电动汽车的基本组成及关键技术等，更好地了解纯电动汽车未来的发展趋势。

拓展阅读

100 min 可充 400 km，宁德时代发布神行超充电池

习近平总书记指出，"现在，我国经济社会发展和民生改善比过去任何时候都更加需要科学技术解决方案，都更加需要增强创新这个第一动力。"

宁德时代神行超充电池是全球首款磷酸铁锂 4C 超充电池，神行超充电池的发布不仅满足了用户的需求，也为电动汽车的普及和发展带来了更多可能性。它不仅是一个产品，更是一个象征，象征着动力蓄电池技术正在引领人们进入更加绿色、更加智能的出行时代。

2023 年 8 月 16 日，宁德时代正式发布旗下全新神行超充电池，如图 2－54 所示，该电池是全球首款磷酸铁锂 4C 超充电池，能够在 10 min 内完成充电，同时续驶里程可达 400 km。2023 年 12 月 15 日，经过 31 国评委的严格评测，神行超充电池成为全球动力蓄电池行业首个获得 AUTOBEST 最佳技术（TECHNOBEST）奖的产品，该奖项只颁发给汽车行业最具突破性且普通消费者可享受的技术创新，宁德时代成为首个且唯一获得该奖项的中国企业。

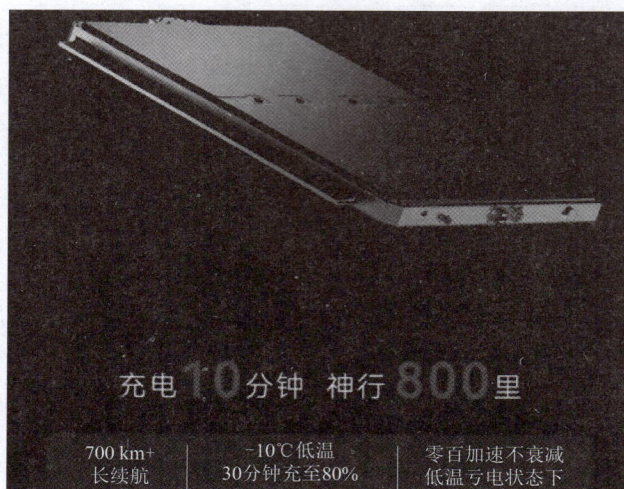

图 2－54　宁德时代神行超充电池

目前，超充技术大致分为两个技术方向，一个是大电流直流超充，另一个是高压电直流超充。通过提升电流或电压来提高充电倍率，而用来衡量动力蓄电池充放电倍率大小的单位就是常看到的 C。目前各家车企的主流充电速率通常在 1～2C。简单来讲，1C 就是指可以在 60 min 将电池系统电量充满，2C 充电指在 30 min 内充满，3C 充电指在 20 min 内充满，4C 代表 15 min 内即可将电量充满。

此次宁德时代发布的神行超充电池就属于 4C 电池，为了实现磷酸铁锂快充，宁德时代在正负极、电解液等材料及材料系统，以及系统结构上进行了创新。在正极提速方面，神行超充电池使用了超电子网正极技术，采用充分纳米化的磷酸铁锂作为正极材料，并搭建超电子网，降低锂离子脱出阻力，实现充电信号快速响应。宁德时代还通过智能算法对全局温场进行管控，目前在安全标准方面已达到 PPB 级别（十亿分之一的故障率）。据官方表示，神行超充电池搭载的电车续驶里程可以达到 700 km，媲美燃油车的行驶能力，并且性能不会衰减。在低温亏电情况下，车辆百公里加速性能依旧稳定。除了神行超充电池外，宁德时代还拥有第三代麒麟电池、钠离子电池、M3P 电池等。

宁德时代此次神行超充电池的发布是一次技术创新和技术变革，将进一步引领电动汽车全方位的普及。

一、选择题（每题 5 分，共 25 分）

1. 纯电动汽车是指以车载电源为动力源，用（　　　）驱动车轮行驶，符合道路交通、安全法规各项要求的车辆。

A. 蓄电池　　　　　　B. 电机　　　　　　C. 变速器　　　　　　D. 发动机

2. 不属于纯电动汽车的部件是（　　　）。

A. 动力蓄电池　　　　　　　　　B. 电机

C. 增程器　　　　　　　　　　　D. 电机控制器

3. 属于纯电动汽车高压系统的部件是（　　　）。

A. 仪表　　　　　B. 灯光　　　　　C. 电机控制器　　　　　D. 电动车窗

4. 下列不属于纯电动汽车的常用蓄电池的是（　　　）。

A. 镍镉蓄电池　　　　　　　　　B. 锰酸钾电池

C. 镍氢蓄电池　　　　　　　　　D. 锂离子蓄电池

5. 通过风机将空气引入动力蓄电池箱体内部，将电池产生的热量散入环境空气中的冷却方式是动力蓄电池的（　　　）冷却方式。

A. 自然风冷　　　　B. 强制风冷　　　　C. 液冷系统　　　　D. 直冷系统

二、判断题（每题 5 分，共 25 分）

1. 电驱动系统是以电机作为动力能源的驱动系统。（　　　）

2. 电池能量密度影响电动汽车的整车质量和续驶里程，同时也影响到电池的体积及布置空间。（　　　）

3. 麒麟电池为我国自主品牌宁德时代推出的电池。（　　　）

4. 目前国内新能源汽车搭载的主流电机是直流电机。（　　　）

5. 制动能量回收是指电动汽车在减速制动时将汽车的部分能量转化为电能储存在储存装置中，最终增加电动汽车的续驶里程。（　　　）

三、简答题（每题 10 分，共 50 分）

1. 纯电动汽车为何成为新能源汽车推广的主要方向？它有什么特点？

2. 特斯拉 Model Y 2023 款的后轮驱动版和长续航全轮驱动版分别采用磷酸铁锂电池和三元锂电池，这两种电池分别有什么特点？

3. 制动能量回收系统是如何工作的？

4. 截至目前比亚迪是全球唯一一家能够开发且量产八合一电动力总成的车企，请简述比亚迪八合一电动力技术的特点。

5. 如果让你在特斯拉 Model Y、理想 ONE、比亚迪元等电动汽车中选择，你会购买哪一台车？为什么？

项目二　纯电动汽车的认知

项目三

······ 混合动力汽车的认知 ······

🏁 学习目标

知识目标

1. 掌握混合动力汽车的定义和分类。
2. 了解混合动力汽车的优点和缺点。
3. 掌握混合动力汽车的结构组成及工作原理。
4. 熟悉混合动力汽车的关键技术。
5. 了解与混合动力汽车相关的核心技术。
6. 了解混合动力汽车的典型车型。

能力目标

1. 能够从多途径的信息源中查找车型的基本参数。
2. 能够独立指出混合动力汽车的各组成部分。
3. 能够分析混合动力汽车的动力传递路线。
4. 能够区分不同类型的混合动力汽车。
5. 能够通过收集资料对比各种类型混合动力汽车的结构特点。

素质目标

1. 结合国产混合动力汽车品牌，激发学生的爱国主义情怀和自主创新意识。
2. 结合混合动力汽车的分类，培养学生理论联系实际、举一反三的辩证思维能力。
3. 培养学生团队协作、爱岗敬业的精神，形成良好的职业素养。

🏁 项目描述

2022 年 6 月 10 日，我国生态环境部等七部委在印发的《减污降碳协同增效实施方案》中称，要加快新能源汽车发展，到 2030 年，大气污染防治重点区域新能源汽车新车销售量达到汽车新车销售量的 50% 左右。为应对全球气候变暖、环境污染等环保问题，在汽车产业中大力推行节能减排、低碳环保的理念已深入民心。新能源汽车产业在我国蓬勃发展，市场占有率稳步提升。

听说混合动力汽车节油环保，李先生想要购买一辆混合动力汽车，正值比亚迪 4S 店推出"清凉一夏，优惠出行"的活动，李先生在参观车展的过程中发现，有的混合动力汽车有充电插口，而有的混合动力汽车没有充电插口，于是准备咨询销售顾问。假如你是4S店的一名销售顾问，你会如何利用所学知识给李先生讲解混合动力汽车与传统燃油汽车的不同，又会如何快速说明插电式混合动力汽车和非插电式混合动力汽车的区别呢？要求以小组为单位，首先进行组内模拟，再进行小组汇报展示。所介绍内容要求准确、丰富，表达流畅，汇报时间控制在5 min以内。

知识链接

单元一　混合动力汽车的概述

一、混合动力汽车的发展历史简介

混合动力汽车自诞生至今，已经有一百多年的历史了。世界上第一辆混合动力的车罗纳－保时捷（Lohner－Porsche）由斐迪南·保时捷在1899年制成，如图3-1所示。

微课　混合动力汽车的发展历史简介

图3-1　世界上第一辆混合动力车罗纳-保时捷

1905年一位德国工程师亨利·皮珀（Henri Pieper）在美国提交了世界上第一个混合动力汽车设计专利申请，如图3-2所示。这个专利被亨利·皮珀称为汽车的混合驱动系统，他在申请这个专利的时候写道：这个发明由1个内燃机或者相似的引擎、1个与之相连的发电机和1个在电路内的蓄电池组成，这些系统可以协同工作。因此，发电机可以通过储存在蓄电池里的电能作为电动机来启动引擎或者提供一部分的动力，当蓄电池的电能不够时，也可以作为由引擎驱动的发电机使用。

从1899年到1914年，这期间出现了兼有并联和串联的其他形式的混合动力汽车。早期混合动力汽车的制造是为了辅助功率偏小的内燃机汽车，或是为了增进电动汽车的续驶里

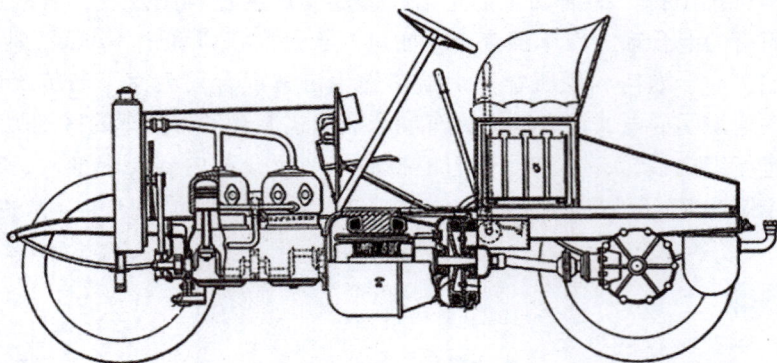

图 3 – 2　亨利·皮珀在美国提交的混合动力汽车设计专利申请

程。混合动力汽车利用了基本的电动汽车应用技术，且使之实用化。

1915 年的伍兹汽车生产了一台名为 Dual Power 的汽车，它由 4 缸发动机和电机同时驱动。这是首次出现并联驱动的混合动力汽车（见图 3 – 3），时速 15 mile[①] 以下时汽车由电机驱动，时速 15 mile 以上时由发动机驱动。不过，受限于当时低下的控制水平和制造水平，Dual Power 只销售了 600 台就宣告停止。

图 3 – 3　首次出现并联驱动的混合动力汽车

随着变速箱技术、发动机技术的发展，以及战争的影响，混合动力汽车进入了四五十年的沉默期。第二次世界大战以后，强烈的经济复苏和大量的军工剩余产能，导致汽车业快速迅猛地发展，混合动力汽车方面的研究一直处于比较边缘的地位。维克托·沃克（Victor Wouk）博士被公认为是推进混合动力汽车的近代研究者（见图 3 – 4）。1960 年，他与同事们一起制造了一辆 Buick（别克）Skylark（云雀）并联式混合动力汽车。该车发动机是马自达旋转式发动机，它与手动变速器配合，并由 1 台固定于传动装置前端的 11.19 kW 的他励直流电机予以辅助，使用 8 个 12 V 的汽车蓄电池组用于能量的储存，最高速度可达 129 km/h，从 0 km/h 到 96 km/h 的加速时间约为 16 s。

1973 年和 1978 年的两次石油危机及不断增加的环境问题，并没有促使混合动力汽车成功地进入市场。当时的研究工作主要集中在纯电动汽车，许多纯电动汽车的原型在 20 世纪

①　1 mile = 1.609 344 km。

图 3-4　维克托·沃克博士

80 年代制成。其间，由于实用电子技术、现代电机和蓄电池应用技术的欠缺，导致了对混合动力汽车研究兴趣的不足。

20 世纪 90 年代，当纯电动汽车难以达到实用化目标的事实变得很明朗时，人们对混合动力汽车的概念产生了极大的兴趣。混合动力汽车在沉寂数十年后，终于迎来了曙光，各大厂商纷纷加大力度投入到混合动力汽车的研发中。德国的奥迪公司、宝马公司、奔驰公司，美国的克莱斯勒公司、福特公司、通用公司，日本的本田公司、三菱公司、日产公司、丰田公司，以及意大利的菲亚特公司、瑞典的沃尔沃公司、法国的标志公司等都先后开发研制了混合动力汽车。例如，1991 年奥迪基于 A100 旅行版发布了第二代 Duo，配备了 21 kW 电机，并且使用一个托森差速器联通前后轴；1992 年，宝马推出了一台 518i EV Prototype，这款车基于 E34 平台 5 系制造，采用了机械无级变速器（Continuously Variable Transmission，CVT）混动技术，这与 1997 年的世界首款混合动力汽车普锐斯的设计思路非常一致，可惜这款车并没有量产，但这项技术催生了宝马的 ActiveHybrid 车型的产生；1992 年沃尔沃推出了最早的混合动力技术——沃尔沃环境概念车（Environmental Concept Car，ECC），虽然现在沃尔沃的混合动力汽车做得非常有特色，但当时的沃尔沃采用了 14 年前丰田公司的模式，采用燃气轮机发电；1997 年，奥迪推出了第三代 Duo，基于 B5 的 A4 打造，并正式进行了量产。

在这期间，需要特别强调对混合动力汽车具有划时代意义的一件事：1997 年年底，由日本丰田公司推出了第一代普锐斯车型，它开创了大规模生产混合动力汽车的先河。在丰田公司持续性地投入研发中，丰田普锐斯自第一代诞生以来，至今已经发展到了第五代，如图 3-5 所示。2004 年一汽集团和丰田汽车公司签订合作协议，双方在 2005 年共同生产普锐斯，一汽丰田普锐斯也是中国第一款国产混合动力汽车。

图 3-5　第五代丰田普锐斯车型

受政策影响，国内的各大自主汽车品牌公司和相关院校也都开展了混合动力汽车的研究，很多车型纷纷投入市场，部分车型市场反应良好。在 2006 年第九届北京国际车展上，奇瑞汽车展出了中国第一辆自主品牌混合动力汽车——奇瑞 A5 ISG，如图 3-6 所示。这是继丰田、奔驰等国际品牌后，国内自主品牌首次展出的可以量产的混合动力车型。

图 3-6　中国第一辆自主品牌混合动力汽车——奇瑞 A5 ISG

小知识

　　中国第一辆自主品牌混合动力汽车奇瑞 A5 ISG 的展出，不仅使奇瑞再次为自主品牌阵营争光，更使其在整个参展厂商阵营中成为技术创新、节能环保等方面的先锋。奇瑞 A5 ISG 的推出，在我国汽车工业史上具有划时代的意义，为我国其他自主品牌推出混合动力车型起到了科技引领和技术带头作用。

　　当前，中国最成功的混合动力车型来源于比亚迪。自主汽车品牌比亚迪在王朝系列车型上，搭载了具有自主知识产权的 DM 系统，深受市场追捧。

　　混合动力汽车技术的发展具有以下特征。

　　（1）轿车混合动力系统的模块化愈加明显，逐步推进汽车动力的电气化。

　　（2）城市客车混合动力系统出现平台化趋势。发电机组 + 驱动电机 + 储能装置构成了混合动力系统的基本技术平台。通过换用不同的发电机组，如内燃机、气体燃料发动机，形成各种不同的能源动力转化装置，形成油 - 电、气 - 电、电 - 电各种不同的混合动力系统，促进动力系统的平稳过渡与转型。

　　（3）插电式混合动力技术越来越引起人们的关注。

❋ 二、混合动力汽车的定义及特点

1. 混合动力汽车的定义

广义上说，混合动力汽车是指车辆驱动系统由两个或多个能同时运

动画　混合动力
汽车的定义

转的驱动系统联合组成的车辆。车辆的行驶功率依据实际车辆行驶状态，由单个驱动系统单独或多个驱动系统共同完成。

狭义上说，混合动力汽车一般是指油电混合动力汽车，它采用传统内燃机（柴油机或者汽油机）和电机作为动力源，共同组成油－电动力耦合驱动平台，取代传统的发动机动力驱动平台。

2. 混合动力汽车的特点

1）混合动力汽车的优点

（1）续驶里程可靠，没有里程焦虑和充电焦虑。

（2）可以十分方便地回收制动、下坡、怠速时的能量。

（3）在繁华的市区，可以关停内燃机，由电池、电机单独驱动，实现零油耗、零排放。

（4）有了内燃机，可以十分方便地解决电动汽车在空调、暖风、除霜等高能耗方面遇到的难题。

（5）可以让电池保持在良好的工作状态，不发生过充过放，延长其使用寿命，降低成本。

2）混合动力汽车的缺点

（1）结构复杂，技术较难。

（2）生产成本、价格均较高。

> **小思考**
>
> 目前混合动力车型在中国汽车市场上占有较为稳定的市场份额，深受广大消费者追捧。目前，国内流通的纯国产自主品牌混合动力车型有哪些，合资品牌混合动力车型有哪些，进口品牌混合动力车型有哪些？

❋ 三、混合动力汽车的分类

混合动力汽车发展至今，有多种分类方式，主要的分类方式概括如下。

微课 混合动力汽车的分类

1. 根据驱动系统能量流和功率流的配置结构关系分类

根据驱动系统能量流和功率流的配置结构关系分类，可以将混合动力汽车分为串联式混合动力汽车、并联式混合动力汽车和混联式混合动力汽车三类，三种类型的混合动力汽车驱动方式和结构如图 3－7 所示。

串联式混合动力汽车，车辆的驱动力只来源于电机，其特点是发动机带动发电机发电，其电能通过传输线路及控制器直接输送到电机，由电机产生驱动力矩驱动汽车。

并联式混合动力汽车，车辆的驱动力由电机和发动机同时或单独供给，其特点是可以单独使用发动机或电机作为动力源，也可以同时使用电机和发动机作为动力源驱动汽车行驶。

混联式混合动力汽车，其发动机输出的功率一部分通过机械传动输送给驱动桥，另一部分则驱动发电机发电，发电机输出的电能输送给电机或电池，电机产生的驱动转矩通过动力合成装置传送给驱动桥。

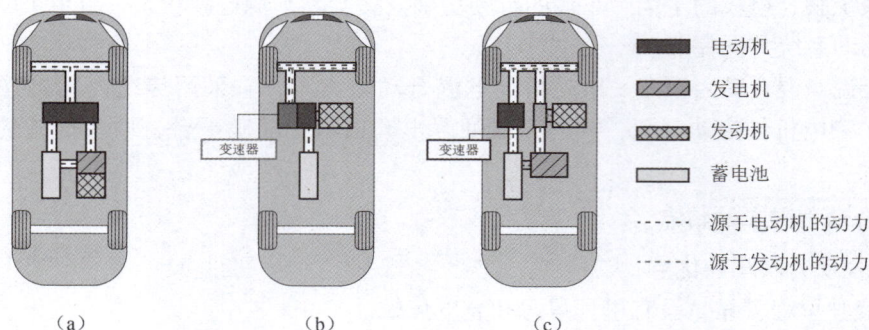

图例：
- 电动机
- 发电机
- 发动机
- 蓄电池
- ----- 源于电动机的动力
- ----- 源于发动机的动力

（a）　　　　　（b）　　　　　（c）

图 3 - 7　串联式、并联式和混联式混合动力汽车驱动方式结构图
（a）串联式混合动力汽车；（b）并联式混合动力汽车；（c）混联式混合动力汽车

2. 根据车辆的主要动力源及能量补充方式分类

根据车辆的主要动力源及能量补充方式分类，可以将混合动力汽车分为电量维持型混合动力汽车（也称内燃机主动型混合动力汽车）、电量消耗型混合动力汽车（也称电力主动型混合动力汽车）两类。

1）电量维持型混合动力汽车

在电量维持型混合动力汽车中，内燃机输出功率在整个系统功率中的占比较大，电机输出功率占比较小，蓄电池组仅提供车辆行驶时的峰值功率。且其蓄电池组容量一般较小，车辆行驶前后的蓄电池组荷电状态 SOC 主要依靠内燃机带动发电机发电或能量回收来维持，一般不需外界能量源给蓄电池组充电。

2）电量消耗型混合动力汽车

在电量消耗型混合动力汽车中，蓄电池容量较大，电机输出功率在整个系统功率中的占比较大，内燃机输出功率占比较小，不足以维持蓄电池组荷电状态 SOC。车辆行驶后的蓄电池组荷电状态 SOC 低于初始值，需要外界能量源给蓄电池组充电。

在前面第一种分类方式中，串联式混合动力汽车与并联式混合动力汽车既可以是电量维持型，也可以是电量消耗型。

3. 根据内燃机和电机的功率大小及混合程度分类

根据内燃机和电机的功率大小及混合程度分类，可以将混合动力汽车分为微度混合动力汽车、轻度混合动力汽车和深度混合动力汽车三类。其中，深度混合动力汽车又称重度混合动力汽车或强混合动力汽车。

1）微度混合动力汽车

在微度混合（Micro Hybrids）动力汽车中，电机仅作为内燃机的起动机或发电机使用，不为汽车行驶提供持续的动力，通常是在传统内燃机的曲轴输出端加装传动带驱动电动机。图 3 - 8 所示为微度混合动力汽车的皮带传动一体化起动/电动机（Belt - driven Starter Generator，BSG）系统。

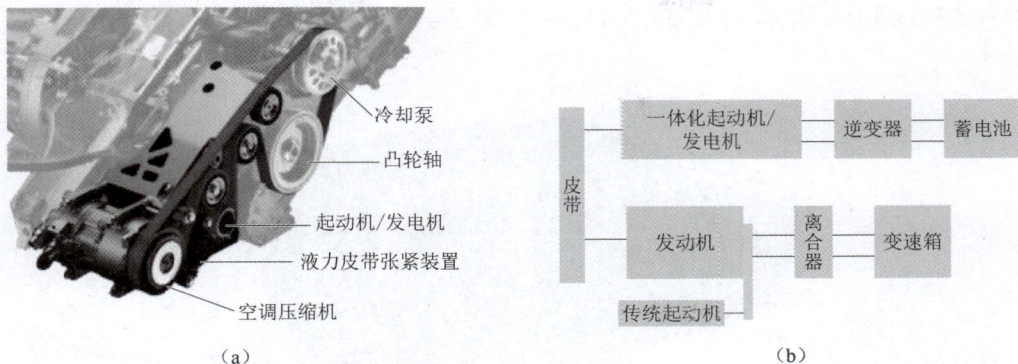

图 3 – 8　微度混合动力汽车的 BSG 系统

(a) 实物图；(b) 示意图

小提示

BSG 混合动力系统在发动机前端用皮带传递机构将一体化起动机/发电机与发动机相连接，取代了发动机原有的发电机。BSG 系统结构简单、质量小，对整车原有结构改动较小，成本略高于发动机起停技术。

2）轻度混合动力汽车

与微度混合动力汽车相比，轻度混合（Mild Hybrids）动力汽车在驱动车辆的两种动力源中，电池和电机输出功率所占的比例增大，而内燃机输出功率所占的比例相对减少。轻度混合动力汽车，辅助电机通常被安装在发动机和变速器之间，作为辅助动力源与主要动力相连，当行驶中需要更大的驱动力时，被用作电动机；当需要重新起动发动机时，被用作起动机；当减速制动，进行能量回收时，被用作发电机。图 3 – 9 所示为轻度混合动力汽车透视图。

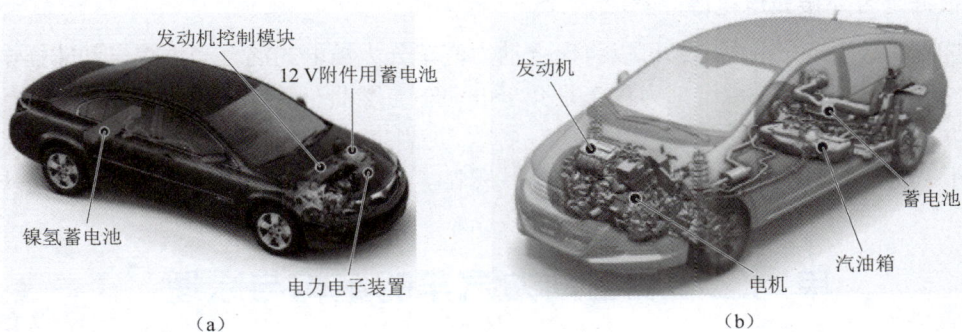

图 3 – 9　轻度混合动力汽车透视图

(a) 右前方位透视图；(b) 左前方位透视图

3）深度混合动力汽车

深度混合（Deep Hybrids）动力汽车通常采用大容量电池，以供给高功率电机采用纯电动模式运行，同时还具有动力切换装置，用于发动机、电机各自动力的耦合和分离。在起步、倒车、起步—停车、低速行驶等工况下，在急加速时车辆可以采用纯电动模式行驶，电机和内燃机一起驱动车辆，并具有制动能量回收能力。图3-10所示为深度混合动力汽车透视图。

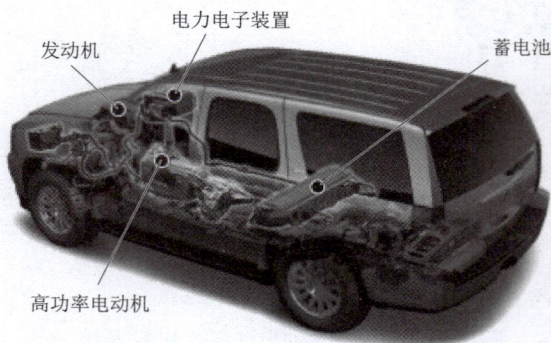

图3-10　深度混合动力汽车透视图

4. 根据所用动力蓄电池的不同分类

根据所用动力蓄电池的不同，可以将混合动力汽车分为铅酸蓄电池混合动力汽车、镍氢蓄电池混合动力汽车、锂离子蓄电池混合动力汽车、飞轮电池混合动力汽车、超级电容混合动力汽车等。

5. 根据所用驱动电机类型的不同分类

根据所用驱动电机类型的不同，可以将混合动力汽车分为直流电机混合动力汽车、交流异步电机混合动力汽车、永磁电机混合动力汽车、开关磁阻电机混合动力汽车等。

6. 根据所用发动机类型的不同分类

根据所用发动机类型的不同，可以将混合动力汽车分为汽油机混合动力汽车、涡轮机混合动力汽车、柴油机混合动力汽车、混合燃料混合动力汽车等。

7. 根据是否外接充电电源分类

根据是否能外接充电电源，可以将混合动力汽车分为插电式混合动力汽车和非插电式混合动力汽车两种。插电式混合动力汽车是介于电动车与燃油车两者之间的一种车，而非插电式混合动力汽车则必须加燃油。

此外，混合动力汽车还可以进一步按照其燃料类型、车辆用途等其他因素进行分类。

单元二　混合动力汽车的结构与原理

✳ 一、串联式混合动力汽车

1. 串联式混合动力汽车定义及组成

微课　串联式混合
动力汽车的定义

串联式混合动力汽车发动机和电机"串"在一条动力传输路径上，发动机在任何情况都不参与驱动汽车的工作，只带动发电机为电机提供电能。

串联式混合动力汽车一般由发动机、发电机、逆变器、蓄电池、驱动电机/发电机和驱动桥等组成。典型串联式混合动力汽车基本组成结构如图3-11所示。

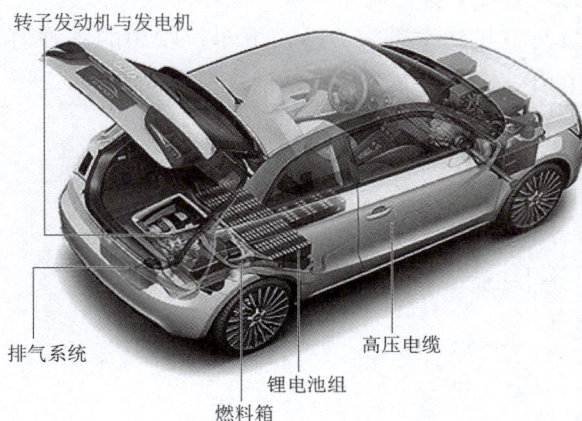

转子发动机与发电机

排气系统

燃料箱

锂电池组

高压电缆

图3-11　典型串联式混合动力汽车基本组成结构

2. 串联式混合动力汽车的三种基本工作模式

串联式混合动力汽车在工作时，机械能和电能的流动方向如图3-12所示，图中的箭头表示工作时机械能和电能的流动方向，其中，双向箭头表示能量可以双向流动，如电机/发电机和驱动桥之间的箭头表示电机可以驱动汽车行驶，汽车的动能也可以带动发电机发电。

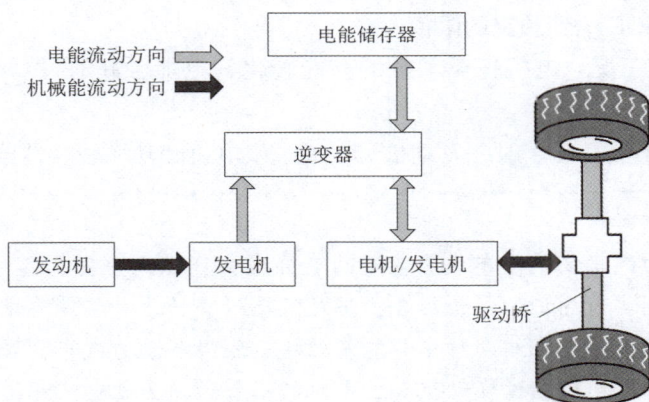

电能流动方向

机械能流动方向

电能储存器

逆变器

发动机

发电机

电机/发电机

驱动桥

图3-12　机械能和电能的流动方向

串联式混合动力汽车的工作模式通常有纯电动模式、纯发动机模式、混合模式三种。

（1）纯电动模式即发动机关闭，车辆行驶完全依靠电池组供电驱动。

（2）纯发动机模式则仅在发动机运行情况下驱动车辆，蓄电池电力充足时作为储备，蓄电池电力不足时，发动机同时为其充电。

（3）混合模式，即整车动力是通过发动机与电池组共同提供。

3. 串联式混合动力汽车的运行工况分析

串联式混合动力汽车功能部件分布如图3-13所示。串联式混合动力汽车有起步、正常行驶、加速、小负荷、减速、制动停车等几种运行工况，在串联式混合动力汽车运行过程中，电机是唯一的驱动装置，发动机的工作状态不受汽车行驶工况影响，始终在最佳工作区域稳定运转，控制器控制发电机向蓄电池充电或蓄电池向电机供电。也就是说，控制器通过蓄电池协调发电机发电量与电机功率需求，适应汽车行驶中的各种阻力变化。蓄电池的存在，使发动机工作在一个相对稳定的工况，使其排放得到改善。

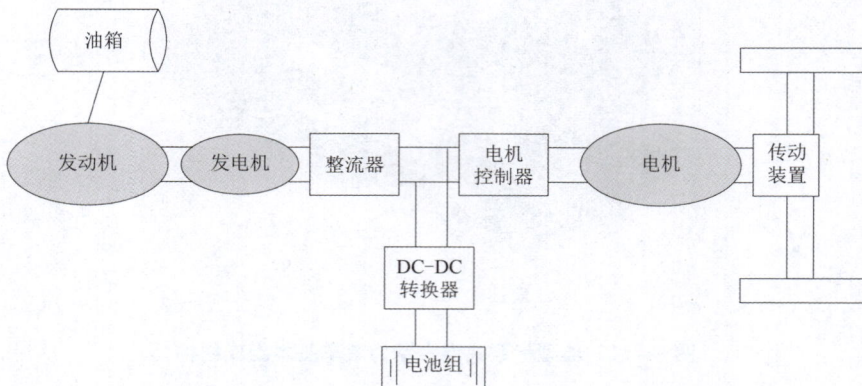

图 3 – 13   串联式混合动力汽车功能部件分布

（1）起动/正常行驶/加速运行工况：发动机通过发电机和蓄电池一起输出电能并传递给功率转换器，然后驱动电机，再通过机械传动装置驱动车轮。

（2）低负荷工况：发动机输出的功率大于车辆所需的功率，多余的能量通过发电机给蓄电池充电，直到 SOC 达到预定的限值。

（3）减速/制动工况：电机把驱动轮的动能转化为电能，并通过功率转换器给蓄电池充电。

（4）停车充电工况：停车时，发动机可以通过发电机和功率转换器给蓄电池充电。

> **小提示**
>
> 串联混合动力汽车实现了车载能量源的多样化，可以充分发挥各种能量源的优势，并通过适当的控制实现它们的最佳组合，满足汽车行驶的各种特殊要求。例如，采用发动机 – 发电机和动力蓄电池组两种车载能量源的串联混合动力汽车，即可满足汽车一定的零排放行驶里程，同时通过发动机 – 发电机的工作为动力蓄电池组进行补充充电，延长了汽车的有效续驶里程，为实现纯电动汽车的实用化提供了解决方案。

因此，串联式结构适用于城市内频繁起步和低速运行工况，主要用于客车。图 3 – 14 为国产纯自主品牌中通串联式混合动力电动公交客车。

4. 串联式混合动力汽车的优点与缺点

1）串联式混合动力汽车的优点

（1）在城市行驶时，可以只用电池组电能驱动车辆行驶，能够实现零排放行驶。

（2）发动机/发电机组的发动机能够保持在稳定、高效、低污染的状态下运转，将有害气体的排放控制在最低范围内。

图 3 – 14 国产纯自主品牌中通串联式混合动力电动公交客车

2）串联式混合动力汽车的缺点

（1）驱动电机等的选择难度大。为了能够克服汽车在行驶过程中的最大阻力，驱动电机的功率、外形尺寸、质量均要求较大；对动力蓄电池组的容量要求大，需要装置一个较大功率的发动机/发电机组。

（2）适用车型少。庞大的动力蓄电池组，外形尺寸和质量均较大，比较适合在大型客车上使用，在中型车、小型车上使用有一定困难。

（3）发动机由燃料的化学能转换的机械能必须先转换为电能，即必须经过燃料的化学能、热能、电能、机械能的能量转换过程，因而能量损失较大。另外，在动力蓄电池组的充放电过程中也存在能量损耗，不经常在满负荷状态下运转，总能量转换效率较小。

（4）发动机/发电机组与动力蓄电池组之间的匹配要求较严格，要求能够自动起动或关闭发动机/发电机组，以避免动力蓄电池组放电过量，这就需要更大的电池容量。

二、并联式混合动力汽车

1. 并联式混合动力汽车定义及组成

微课 并联式混合动力汽车的定义

并联式混合动力汽车是混合动力汽车的一种基本结构，其单个动力传动系统的联合是汽车动力或传动系环节的联合，通过对不同动力装置输出的驱动动能进行联合或耦合，并经过相应的传动系统输出到驱动轮，满足汽车的行驶要求。并联式混合动力汽车相当于在普通汽车上加装一套电能驱动系统，发动机和电机都能单独驱动车轮，也可以同时工作，共同驱动汽车，当动力蓄电池电量不足时，发动机能带动电机反转，为电池充电。

并联混合动力汽车主要由发动机、变速器、电机/发电机、逆变器、蓄电池组、驱动桥等部件组成，基本组成结构如图 3 – 15 所示。

2. 并联混合动力汽车工作时的功率流

并联混合动力汽车工作时，机械能和电能的流动方向如图 3 – 16 所示，双箭头表示能量可以向两个方向流动，如电机/发电机和电能储存器之间的双箭头，表示电机可以用电能驱动汽车行驶，也可以由汽车驱动电机/发电机发电并储存于电能储存器中。并联混合动力汽车的显著特点是它由发动机和电机两套独立驱动系统通过不同离合器驱动汽车行驶。

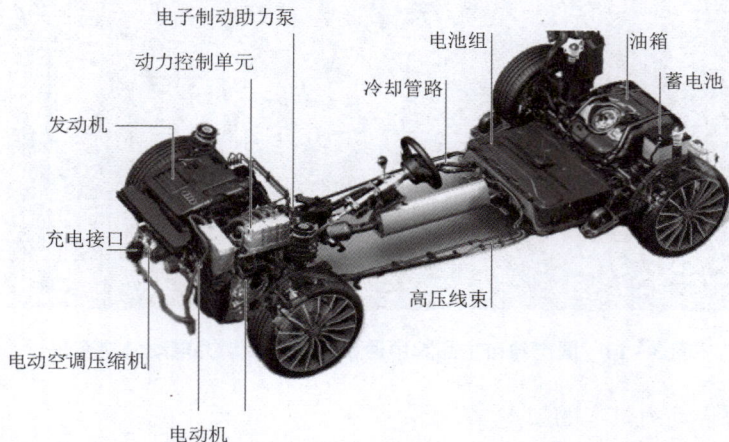

图 3－15　并联式混合动力汽车基本组成结构

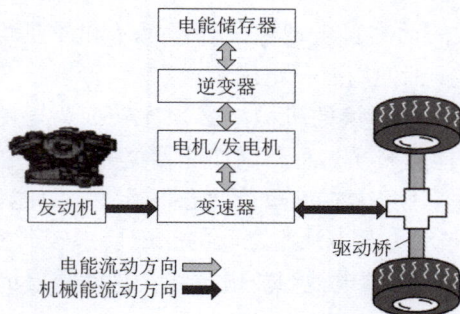

图 3－16　机械能和电能的流动方向

　　与串联式混合动力汽车不同的是，并联混合动力汽车采用发机和电机两套独立的驱动系统驱动车轮，发动机和电机可以分别独立地向汽车驱动系统提供动力，而需要大功率时，可以用发动机和二次电池共同提供动力，改进了串联系统最大功率不足的缺陷。并联混合动力汽车比较适合于经常在郊区和高速公路上行驶的汽车；当汽车在市区行驶时，可以使用二次电池，避免发动机的排气污染。

　　3. 并联式混合动力汽车的 4 种基本工作模式

　　并联式混合动力汽车的工作模式主要有 4 种：起动/加速模式、正常行驶模式、减速/制动模式、行驶中给蓄电池充电模式。

　　（1）起动/加速模式。起动/加速模式下，车辆起动或节气门全开加速时，发动机和电机共同工作，共同分担驱动车辆所需的动力。

　　（2）正常行驶模式。正常行驶模式下，车辆正常行驶时，电机关闭，仅由发动机工作，提供车辆行驶所需动力。

　　（3）减速/制动模式。减速/制动模式下，车辆减速行驶或制动时，电机工作与发电机模式进行再生制动，通过功率转换器给蓄电池充电。

　　（4）行驶中给蓄电池充电模式。行驶中给蓄电池充电模式下，当车辆轻载时，发动机输出功率驱动车辆行驶，同时发动机输出的多余功率驱动以发电状态工作的电机发电而向蓄电池充电。

4. 并联式混合动力汽车的优点与缺点

1）并联式混合动力汽车的优点

（1）发动机可以单独驱动汽车，发动机发出的机械能可以直接传到驱动桥，所以效率较高，燃油消耗也较低。

（2）与串联式混合动力汽车的传动系统相比，行驶里程更长。

（3）在较大功率要求的场合，两套系统可以同时驱动汽车，由电机提供额外功率，发动机工作处于理想工况区域。

（4）两套系统都可以单独工作，因而系统整体可靠性较高。

2）并联式混合动力汽车的缺点

（1）由于基本驱动模式是发动机驱动，故需要配备与内燃机汽车相同的传动系统，在总体布置上基本与内燃机汽车相同，动力性能接近内燃机汽车，发动机排放的有害气体高于串联式混合动力汽车。

（2）发动机驱动模式需要装置离合器、变速器、传动轴和驱动器等传动部件，另外还有驱动电机、动力蓄电池组及动力组合器等装置，因此寻致动力系统结构复杂，布置和控制也更加困难。

小思考

当前，受国家对新能源汽车产业的扶持政策影响，加之企业创新驱动引领，具有自主知识产权的混合动力汽车品牌及车型较多，哪些品牌的混合动力车型属于并联式混合动力汽车的范围呢？

❀ 三、混联式混合动力汽车

1. 混联式混合动力汽车的定义及组成

微课 混联式混合动力汽车的定义与组成

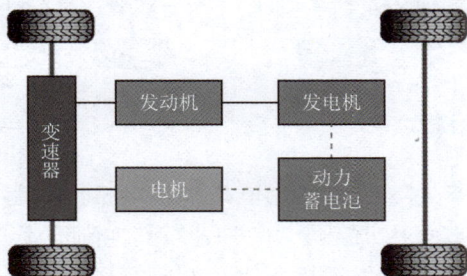

混联式驱动系统是串联式驱动系统与并联式驱动系统的综合，结构示意图如图 3－17 所示，其发动机发出的功率，一部分通过机械传动输送给驱动桥，另

图 3－17 混联式混合动力汽车结构示意图

—— 机械连接 ······ 电力连接

项目三 混合动力汽车的认知

一部分则驱动发电机发电，发电机发出的电能输送给电机或动力蓄电池，电机产生的驱动转矩通过动力复合装置传送给驱动桥。混联式驱动系统的控制策略是在汽车低速行驶时，驱动系统主要以串联方式工作；当汽车高速稳定行驶时，驱动系统则以并联工作方式为主。

混联式混合动力汽车由电机、发动机、动力蓄电池、发电机、逆变器、动力分配装置、电子控制单元、驱动桥等组成，其工作时机械能和电能的流动方向如图3-18所示。

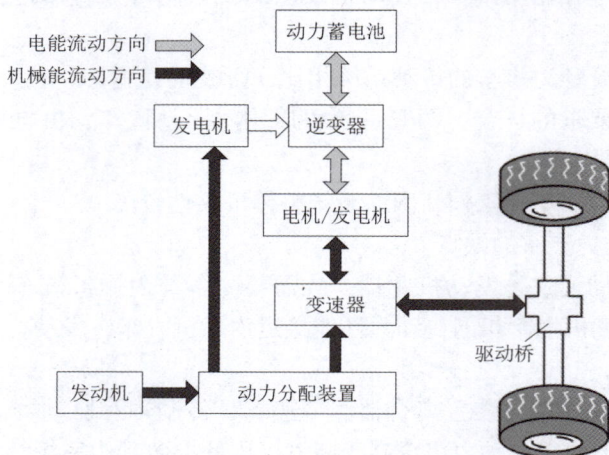

图3-18 混联式混合动力汽车工作时机械能和电能的流动方向

2. 混联式混合动力汽车的工作模式

混联式混合动力汽车的工作模式有纯电模式、纯油模式、混合模式、充电模式4种。

（1）纯电模式。纯电模式时，发动机关闭，电池为电机供电，驱动车辆行驶，如图3-19所示。该模式多用于中低车速，只有部分车型可以实现高速巡航。

（2）纯油模式。纯油模式时，发动机起动，驱动车辆行驶，并带动发动机发电，为动力蓄电池充电，如图3-20所示。

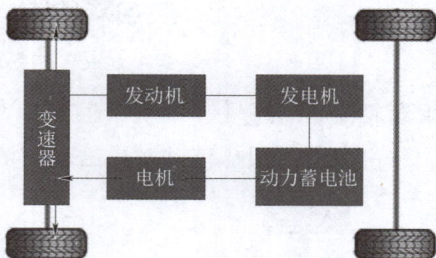

图3-19 纯电模式

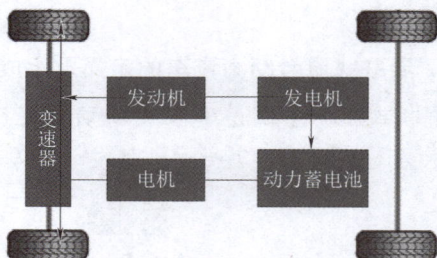

图3-20 纯油模式

（3）混合模式。混合模式时，发动机、电机和发电机同时起动，一边驱动车辆一边充电，如图3-21所示。该模式多用于爬坡、急加速及其他高负荷工况下。

（4）充电模式。充电模式时，发动机不驱动车辆行驶，仅仅带动发电机发电，此时车辆依靠电机驱动，相当于串联结构的车辆，如图3-22所示，当车速提高后，发动机开始介入，即进入混合模式。

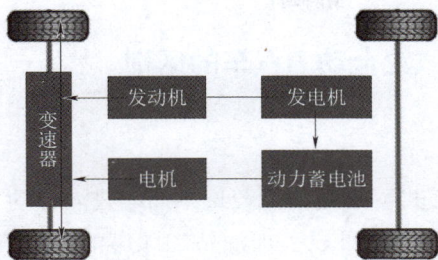

图 3 - 21　混合模式　　　　　　　　图 3 - 22　充电模式

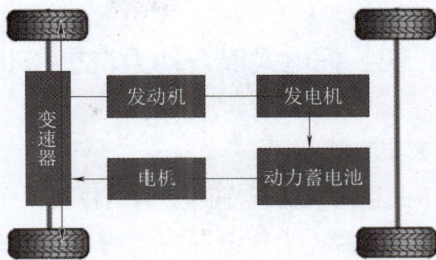

混联式混合动力汽车的主要结构特点是具有功率分配装置，它根据汽车行驶工况对发动机功率中用于直接驱动汽车的功率和用于发电的功率比例进行分配。汽车正常行驶时，发动机的功率全部用于直接驱动汽车行驶；在全负荷、加速行驶时，发动机与动力蓄电池共同提供动力驱动汽车行驶；在停车或滑行时，发动机的功率全部用于驱动发动机向动力蓄电池充电。

> **小提示**
>
> 　　与串联式和并联式混合动力汽车相比，混联式混合动力汽车的结构特点如下。
>
> 　　1. 将串联式和并联式混合动力汽车相结合，具有两者的优点。
>
> 　　2. 与串联式混合动力汽车相比，增加了机械动力的传递路线。
>
> 　　3. 与并联式混合动力汽车相比，增加了电能的传输路线。

3. 混联式混合动力汽车的优点与缺点

1）混联式混合动力汽车的优点

（1）与串联式混合动力汽车相比，结构更加紧凑，拥有更大总功率的同时，缩小了整体质量和体积。

（2）拥有多种工作模式，可以灵活利用发动机和电机的特性，使车辆达到最经济、节能、环保的状态。

（3）没有繁复的能量转化过程，发动机可以直接驱动车辆，也可以直接为动力蓄电池充电，能量转换的综合效率比燃油汽车更高。

（4）电机可以独立驱动车辆行驶。利用电机低速大转矩的特性，带动车辆起步，更加清洁环保。

2）混联式混合动力汽车的缺点

（1）需要配备两套驱动系统。发动机需要一套完整的传动系统，电机也需要配备减速器，两者之间需要一套高效可靠的动力合成装置。因此，总体结构复杂，布置比较困难。

（2）对整车控制系统要求高，需要更复杂的系统和逻辑去完成多工作模式的控制。

（3）混联式混合动力汽车更偏向于以发动机为主要动力源，造成的污染相比串联式和混联式混合动力汽车更高。

微课　串联式、并联式、混联式混合动力汽车的对比

四、插电式混合动力汽车和非插电式混合动力汽车的区别

1. 充电方式不同

插电式混合动力汽车由于电池较大，在纯电模式下续驶里程较长。插电式混合动力汽车可以通过充电口、外接电源为车辆动力蓄电池充电，也可以去加油站加注燃油，如图 3 - 23 所示。

充电口

图 3 - 23　插电式混合动力汽车

而非插电式混合动力汽车是不能通过外接电源为动力蓄电池单独充电的，只能去加油站加注燃油，如图 3 - 24 所示。

图 3 - 24　非插电式混合动力汽车

2. 牌照种类不同

插电式混合动力汽车和纯电动汽车一样，使用绿色的新能源牌照，如图 3 - 25 所示，而非插电式混合动力汽车只能使用蓝色的牌照。这主要因为，在我国，非插电式混合动力汽车没有纳入新能源汽车的范畴，因此在挂牌方面不能享受新能源汽车的待遇。

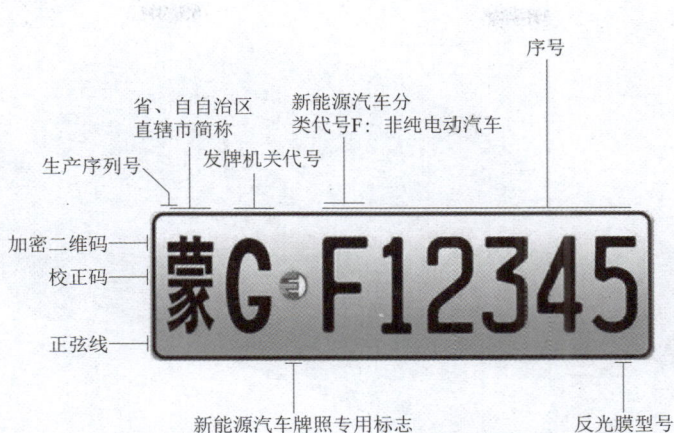

图 3 – 25　插电式混合动力汽车绿色新能源牌照示意图

> **小知识**
>
> 虽然非插电式混合动力汽车属于新能源汽车，能够实现节油的目的，从电动化的目标就是减少石油消耗的角度来说，其正面意义显著。但是，从政策驱动产业的角度来看，非插电式混合动力汽车不能激发充电需求，促进充电桩的普及，因而没必要作为新能源汽车而进行政策干预。正所谓"横看成岭侧成峰，远近高低各不同"，学会通过不同的角度看待问题，可以更好地帮助人们理解事物。

3. 性能及续驶里程和油耗不同

插电式混合动力汽车的性能更强，在纯电模式下续驶里程更长，并且油耗也更低。

4. 电机所提供的作用不同

非插电式混合动力汽车的电机大部分只是起到辅助发动机的作用，且混合动力汽车只在低速行驶或起步时才会使用电机提供动力。

5. 价格区间不同

虽然购买插电式混合动力汽车在我国能够享受新能源汽车优惠补贴，但即使减去补贴，一般的插电式混合动力汽车都比同级别的非插电式混合动力汽车贵。这主要是因为插电式混合动力汽车对比非插电式混合动力汽车，结构更复杂、造价成本更高。

因此，插电式混合动力汽车和非插电式混合动力汽车价格差异较大，在购买混合动力车型时，要根据自身需求理性选择插电式混合动力车型还是非插电式混合动力车型。

五、混合动力系统的主要部件

典型的混合动力汽车的混合动力系统主要由发动机、变速器/变速驱动桥、动力控制单元（Power Control Unit，PCU）、车辆控制单元（Vehicle Control Unit，VCU）、电机、动力蓄电池、高压电缆、冷却系统、制动系统和空调系统等组成。博世公司开发的一款混合动力汽车的混合动力系统的组成如图 3 – 26 所示。

微课　混合动力系统的主要组成

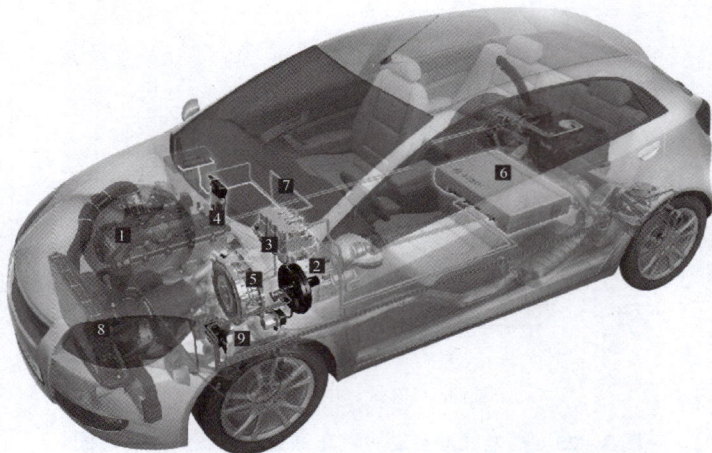

图 3 – 26　混合动力汽车的混合动力系统的组成
1—发动机；2—变速器；3—动力控制单元；4—车辆控制系统；5—电机/发电机；
6—动力蓄电池；7—高压电缆；8—冷却系统；9—制动系统

1. 发动机

　　内燃机是现今应用于汽车最主要的动力装置。在可预见的未来，它仍将是主要的汽车动力装置。在混合动力汽车中，内燃机也将是主要电源的第一选择。然而，混合动力汽车的工作与传统汽车有所不同，混合动力汽车中的发动机需要在较长时间内高功率运转，而不需要频繁地改变功率输出。到目前为止，专为混合动力汽车设计和控制的发动机还没有得到充分开发。

　　混合动力汽车可以广泛采用四冲程内燃机（包括汽油机和柴油机）、二冲程内燃机（包括汽油机和柴油机）、转子发动机、燃气轮机和斯特林发动机等。一般转子发动机和燃气轮机的燃烧效率比较高，排放也比较洁净，采用不同的发动机就可以组成不同的混合动力汽车。丰田和本田的混合动力系统一般配备阿特金森循环发动机，如图 3 – 27 所示。

（a）　　　　　　　　　　　（b）

图 3 – 27　阿特金森循环发动机
（a）左前方位展示；（b）右后方位展示

2. 变速器/变速驱动桥

混合动力汽车的变速器/变速驱动桥主要有两种形式，一是在传统汽车变速箱/变速驱动桥的基础上，也就是在发动机与变速箱/变速驱动桥之间加入电机（包括电动机和发电机），如图 3-28 所示；二是在传统汽车变速箱/变速驱动桥转矩输入端和发动机转矩输出端之间加入电机（包括电动机和发电机），与传统车辆上变速箱/变速驱动桥的区别不大，如图 3-29 所示。

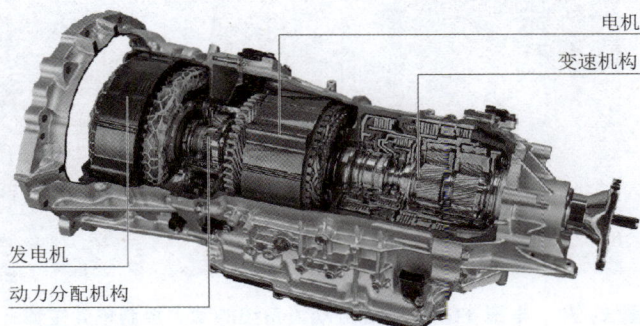

图 3-28 电机在变速箱/变速驱动桥内部

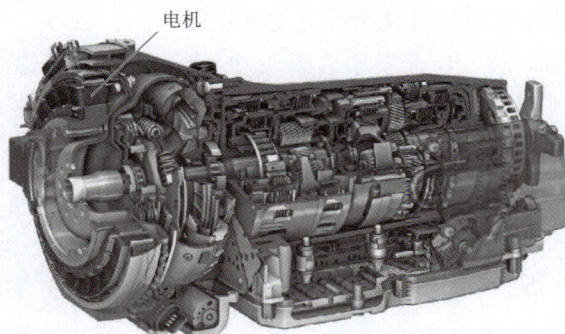

图 3-29 电机在变速箱/变速驱动桥转矩输入端和发动机转矩输出端之间

3. 动力控制单元

动力控制单元主要集成了电压转换器和逆变器，内部有冷却液管路。它主要用于升降电压、直流交流转换等。

图 3-30 所示为丰田 THS-Ⅱ 混合动力系统的动力控制单元主体，主要由集成电路控制面板、双面散热的功率半导体元件、层叠型冷却器及电容器等构成。功率控制单元内的功率半导体从两面进行冷却，以前采用的是单面冷却。

4. 车辆控制单元

车辆控制单元负责混合动力系统综合控制，主要包括发动机、电子控制无级变速器和高压蓄电池等。

例如，丰田 THS-Ⅱ 混合动力系统中的车辆控制单元主要实现以下几个功能。

项目三 混合动力汽车的认知

集成电路控制面板

壳体

冷却管路

电机/发电机接线端子

图 3-30　丰田 THS-II 混合动力系统的动力控制单元主体

（1）接收来自各传感器及 ECU（包括蓄电池电压传感器、防滑控制 ECU 和动力转向 ECU）的信息，并基于该信息，计算出所需转矩及输出功率。混合动力车辆控制单元将计算结果发送到带转换器的逆变器总成和防滑控制 ECU。

（2）根据目标发动机转速和所需发动机原动力，控制智能电子节气门控制系统。

（3）监视动力蓄电池的荷电状态。

（4）控制动力蓄电池的冷却风扇和 DC-DC 转换器的冷却风扇。

（5）控制 DC-DC 转换器。

5. 电机

电机（电动机/发电机）在混合动力系统中扮演了重要角色，图 3-31 所示为奥迪 Q7 e-tron 中的电机。当混合动力汽车需要利用电力辅助行驶时，电机（电动机/发电机）

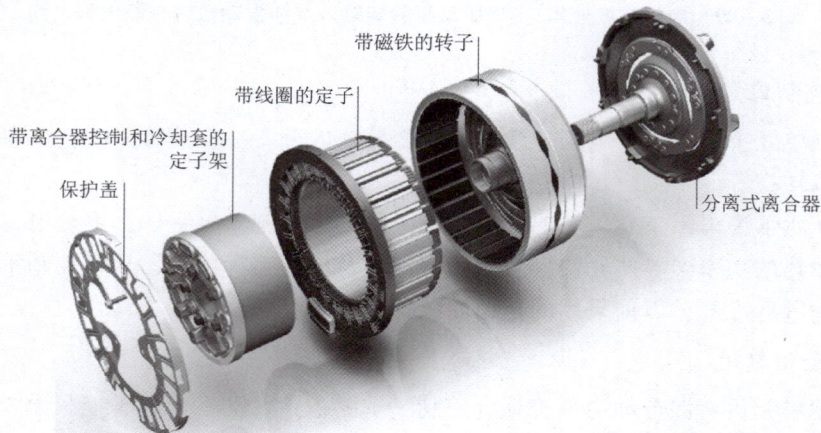

带磁铁的转子

带线圈的定子

带离合器控制和冷却套的
定子架

保护盖

分离式离合器

图 3-31　奥迪 Q7 e-tron 中的电机

就充当电动机的角色，将电能转化为机械能。电机（电动机/发电机）驱动作为辅助动力，来降低燃料的消耗和实现低污染排放，或在纯电动驱动模式时实现零污染。当混合动力汽车需要再生充电或补充充电时，电机就充当发电机的角色，将机械能转化为电能储存起来或给其他电器补充供电。

> **小提示**
>
> 　　混合动力汽车上的电机系统，其工作条件及其工作模式与传统的工业电动机相比，有很大的区别，这些区别使传统的工业电动机不适合在混合动力汽车上使用。混合动力汽车可以采用直流电机、交流感应电机、永磁电机和开关磁阻电机等。随着混合动力汽车的发展，直流电机已经很少使用，多数采用了感应电机和永磁电机，开关磁阻电机应用也得到重视，还可以采用特种电机作为混合动力汽车的驱动电机，采用不同的电机就可以组成不同的混合动力汽车。

6. 动力蓄电池

　　混合动力汽车具有两个蓄电池：一个是 12 V 蓄电池，也称辅助蓄电池，它主要是为车上常规的用电器提供电压；另一个是高压直流蓄电池，也称动力蓄电池（见图 3 - 32），它存储发电机所产生的电能，向电机供电，同时，经过 DC - DC 转换器降压转换器降压后，向车辆 12 V 蓄电池和车身电器等供电。高压直流蓄电池的容量和工作电压因混合动力系统的不同而有所差异。混合动力汽车的高压直流蓄电池从 36 V 到 600 V 不等，所有混合动力设计均采用串联连接的蓄电池以获取所需的直流电源电压。

图 3 - 32　动力蓄电池

7. 高压电缆

　　高压电缆主要用于混合动力汽车高压电路的连接，它的横截面积较大。高压电缆的颜色为橙色，如图 3 - 33 所示。

高压电缆

图 3-33　高压电缆

8. 冷却系统

混合动力汽车一般有动力冷却系统和发动机冷却系统，这是两个相互独立的冷却系统，起动发电机由发动机冷却系统进行冷却。奥迪 A3 e-tron 混合动力冷却系统如图 3-34 所示。

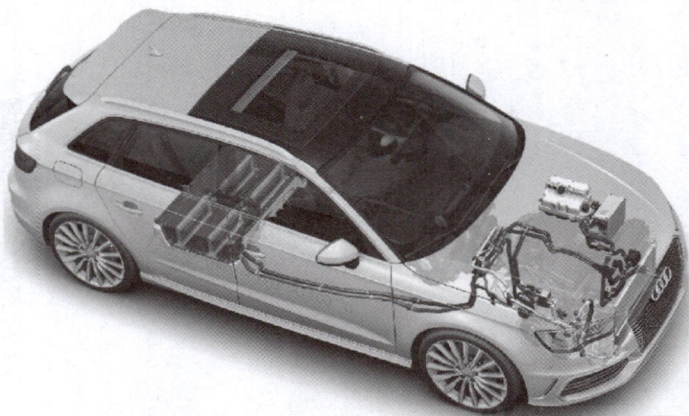

图 3-34　奥迪 A3 e-tron 混合动力冷却系统

9. 制动系统

混合动力汽车的制动系统除了执行制动控制外，还有另一个重要任务就是能量再生制动回收。图 3-35 所示为奥迪 Q5 混合动力车型采用的电动液压组合制动器系统。

微课　混合动力汽车
制动能量回收系统

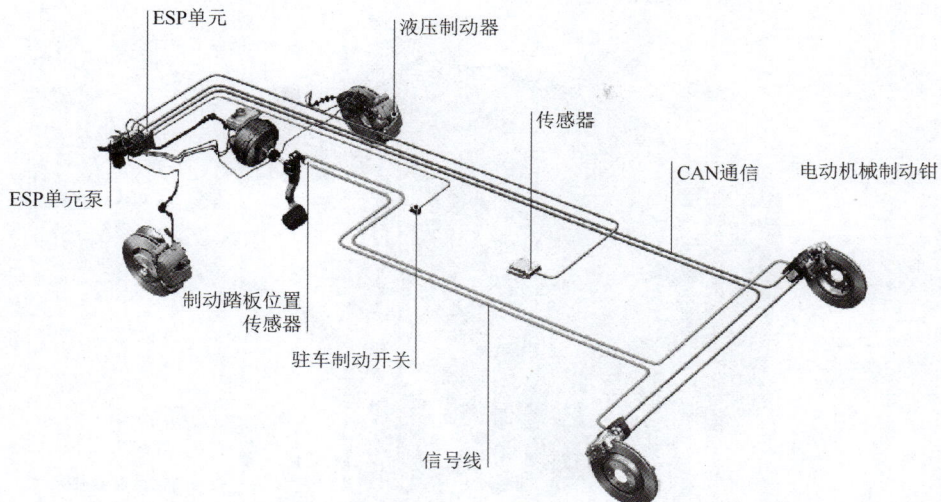

图 3 – 35　奥迪 Q5 混合动力车型采用的电动液压组合制动器系统

10. 空调系统

混合动力汽车暖风系统主要采用 PTC 加热，冷风系统的压缩机一般采用电动压缩机，PTC 和压缩机都由高压系统直接供电。图 3 – 36 所示为奥迪 Q7 e – tron 的空调系统。

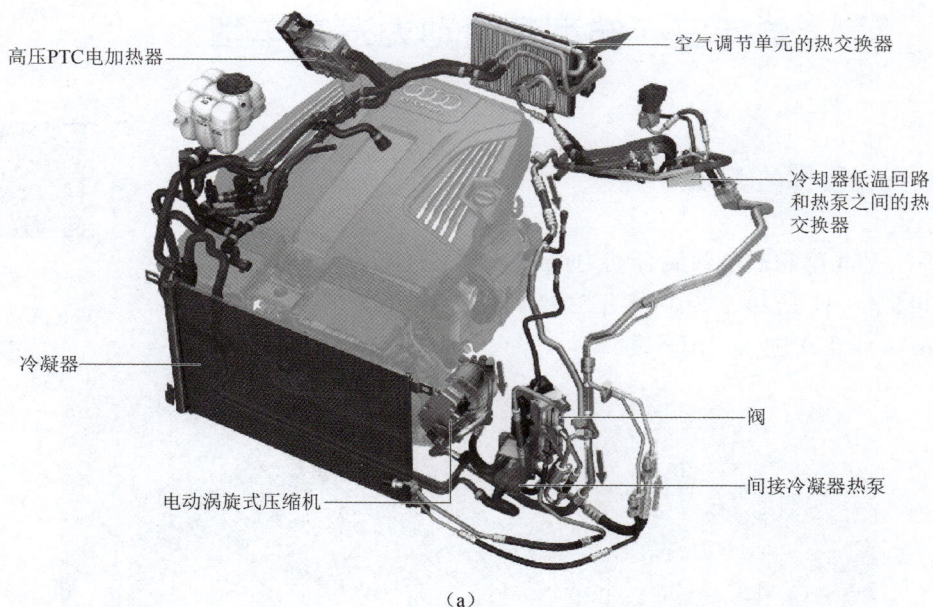

（a）

图 3 – 36　奥迪 Q7 e – tron 的空调系统

（a）暖风模式

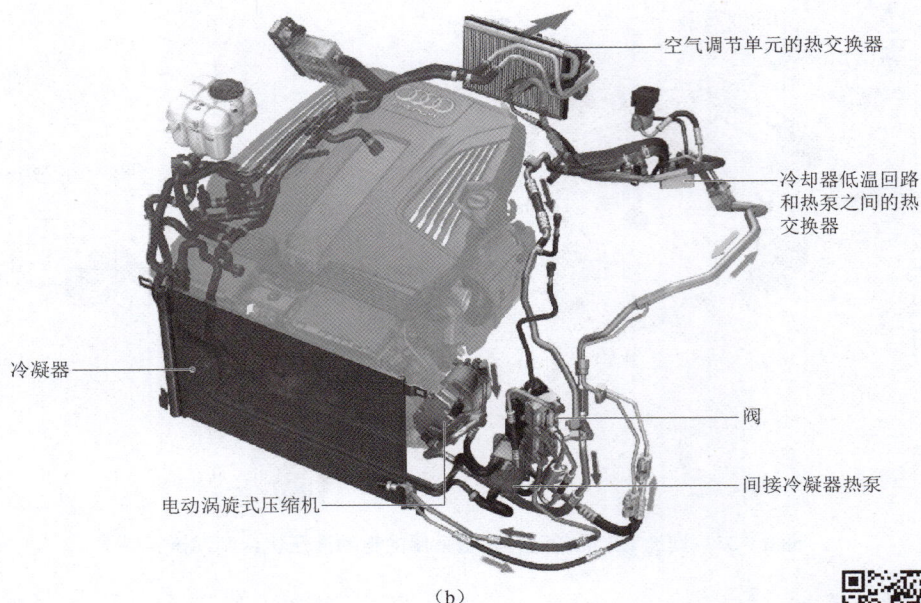

空气调节单元的热交换器

冷却器低温回路和热泵之间的热交换器

冷凝器

阀

间接冷凝器热泵

电动涡旋式压缩机

（b）

图 3 – 36　奥迪 Q7 e – tron 的空调系统（续）
（b）冷风模式

微课　混合动力汽车的技术难点

单元三　典型混合动力汽车车型

❋ 一、雪佛兰 Volt

　　雪佛兰 Volt 串联插电式混合动力汽车，通用汽车公司称为增程式电动车，如图 3 – 37 所示。2010 年年底雪佛兰 Volt 在美国批量生产并上市，在 2011 年正式进入中国。

微课　雪佛兰Volt 混动技术

图 3 – 37　2011 年雪佛兰 Volt 串联插电式混合动力汽车外观

1. 系统组成

雪佛兰 Volt 串联插电式混合动力系统的组成如图 3 – 38 所示，主要由发动机、动力控制单元、直流高压线缆、检修塞、燃油箱、动力蓄电池、充电插口、交流高压线缆、变速驱动桥等组成。

直流高压电缆
发动机
动力控制单元
检修塞
燃油箱
动力蓄电池
充电插口
交流高压线缆
变速驱动桥

图 3 – 38　2011 年雪佛兰 Volt 串联插电式混合动力系统组成

雪佛兰 Volt 串联插电式混合动力系统采用了超过 220 个锂离子蓄电池单元组成动力蓄电池，其能量为 16 kW·h。雪佛兰 Volt 电动系统可以产生 110 kW 功率、370 N·m 输出转矩，最高车速为 161 km/h，车速从 0 km/h 到 96 km/h 的加速时间为 9 s，纯电动模式下续驶里程可达 64 km。当行驶里程小于 64 km 时，它可以完全只依靠一个车载的 16 kW·h 锂离子蓄电池所储备的电力来驱动。当电池的电力耗尽时，雪佛兰 Volt 则可以通过一个车载的发电机发电为车辆提供动力，继续行驶数百千米。与传统的电池电动汽车不同的是，雪佛兰 Volt 增程式电动车彻底消除了人们的"里程焦虑"，它可以使驾驶者完全不用担心会出现由于电池电量耗尽而陷入困境。

（1）发动机。雪佛兰 Volt 采用了 1.4 L 小排量高效发动机，可以使用汽油或 E85 乙醇燃料，如图 3 – 39 所示。

图 3 – 39　雪佛兰 Volt 1.4 L 小排量高效发动机

（2）变速驱动桥。雪佛兰 Volt 搭载 4ET50 变速驱动桥，它是由 1 个扭转减振器、1 个液压泵总成、3 个离合器、2 个驱动电机总成（包含 1 个功率为 70 kW 的驱动电机，1 个功率为 53 kW 的发电机）、1 个行星齿轮组、1 个传动小齿轮总成和 1 个差速器支座总成组成，如图 3 - 40 所示。

图 3 - 40 4ET50 变速驱动桥

①发电机。发电机 A 是交流永磁同步电机，既可用于起动发动机，也可以由发动机驱动产生电能，在某些模式下，还可以驱动车辆行驶。

②驱动电机。驱动电机是交流永磁同步电机，主要用于车辆行驶。在再生制动过程中，驱动电机作为发电机，为车辆进行充电。

③行星齿轮组。行星齿轮组的驱动元件为太阳轮，太阳轮由驱动电机驱动。行星架将动力输出至差速器总成，行星架总成安装在差速器传动齿轮上。齿圈根据不同的工作模式，有时固定不动，有时由发动机或发电机驱动。

（3）动力蓄电池单元。雪佛兰 Volt 的动力蓄电池单元作为电机的驱动电池，由许多部件组成，包括高压接触器、电池包、管理系统等，如图 3 - 41 所示。

（4）动力控制单元。动力控制单元控制动力蓄电池与电机之间的电能传输，将高压直流电转变为三相交流电，为变速器内的三相交流电机提供电能。在再生制动及增程模式下，将交流电转变为直流电，如图 3 - 42 所示。

2. 系统工作模式

第一代雪佛兰 Volt 混合动力系统的基本组成结构如图 3 - 43 所示，4ET50 有 4 种主工作模式和 3 种附加工作模式。

图 3 – 41　雪佛兰 Volt 动力蓄电池结构

图 3 – 42　动力控制单元

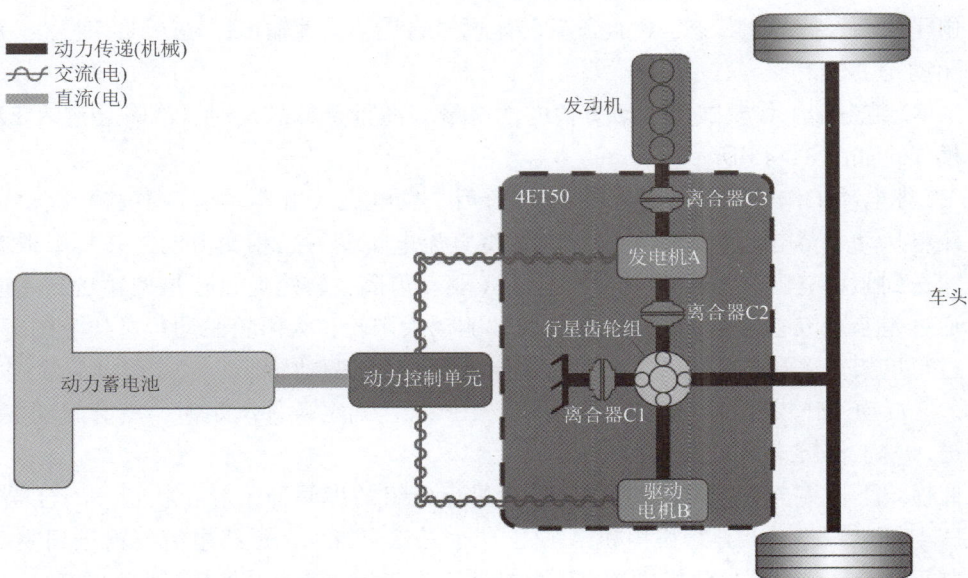

图 3 – 43　第一代雪佛兰 Volt 混合动力系统的基本组成结构

4 种主工作模式包括单电机运行（E1）纯电动工作模式、双电机运行（E2）纯电动工作模式、串联运行（S）混动工作模式、输出端动力分配模式（LS）混动工作模式。

3 种附加工作模式包括倒挡工作模式、再生制动模式和发动机起动模式。

（1）E1 纯电动工作模式。汽车电源接通后，变速器辅助液压泵开始工作，为变速器提供工作油液。释放制动踏板并踩下加速踏板后，汽车将会进入 E1 工作模式，如图 3 - 44 所示。

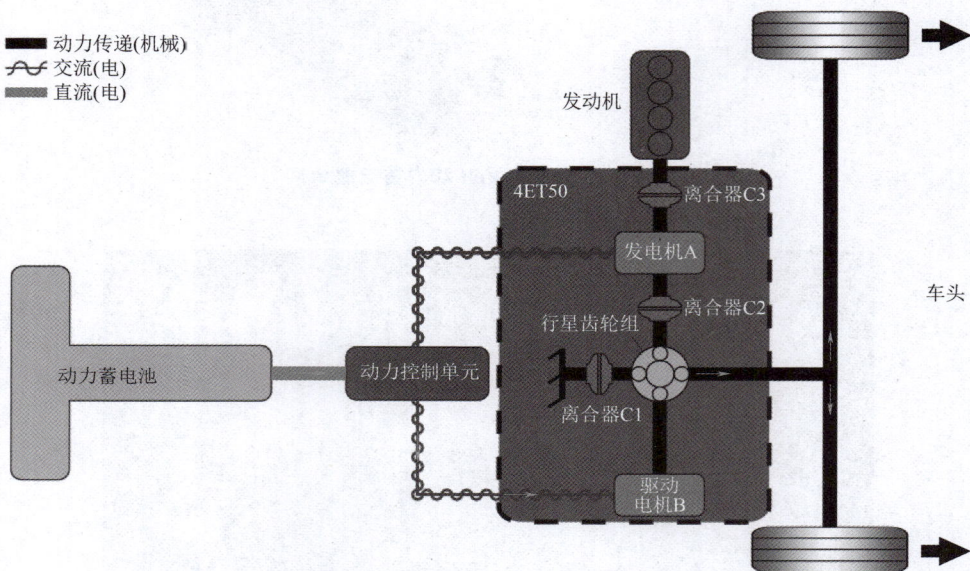

图 3 - 44　E1 纯电动工作模式

在 E1 纯电动工作模式下，车辆运行所需的电能来自动力蓄电池，由驱动电机 B 提供动力。离合器 C1 接合，以保持行星齿轮组的齿圈处于静止状态。

来自动力蓄电池的直流电逆变为三相交流电，为驱动电机 B 供电，驱动电机 B 驱动太阳轮。由于齿圈保持静止状态，因此旋转转矩通过行星架减速输出，输送到差速器，并最终传输到驱动轮上。

（2）E2 纯电动工作模式。当动力蓄电池电量较高且条件满足时，汽车会进入 E2 纯电动工作模式，如图 3 - 45 所示。

在 E2 纯电动工作模式下，离合器 C2 接合后，发电机 A 和驱动电机 B 将会提供输出转矩。直流电从动力蓄电池中流向 PCU，PCU 将直流电转变为三相交流电，并集中根据需要将电流输送到驱动电机 B/发电机 A。发电机 A 驱动齿圈，转矩通过行星架输送到差速器齿轮，并通过差速器传递至驱动轮。驱动电机 B 驱动太阳轮，太阳轮驱动行星架上的行星轮。转矩通过行星架输送到差速器齿轮，并通过差速器传递至驱动轮。

（3）S 混动工作模式。当混合动力模块（HPCM）确定条件满足时，就会起动发动机，汽车将进入 S 工作模式，如图 3 - 46 所示。

在此模式下，离合器 C1 运行时将保持行星齿轮组的齿圈处于静止状态。离合器 C3 将发电机 A 与扭转减振器相连。发电机 A 用于产生三相交流电，最终电流将输送到驱动电机 B 和动力蓄电池。动力蓄电池提供的直流电被转换为三相交流电并输送到驱动电机 B 中。驱

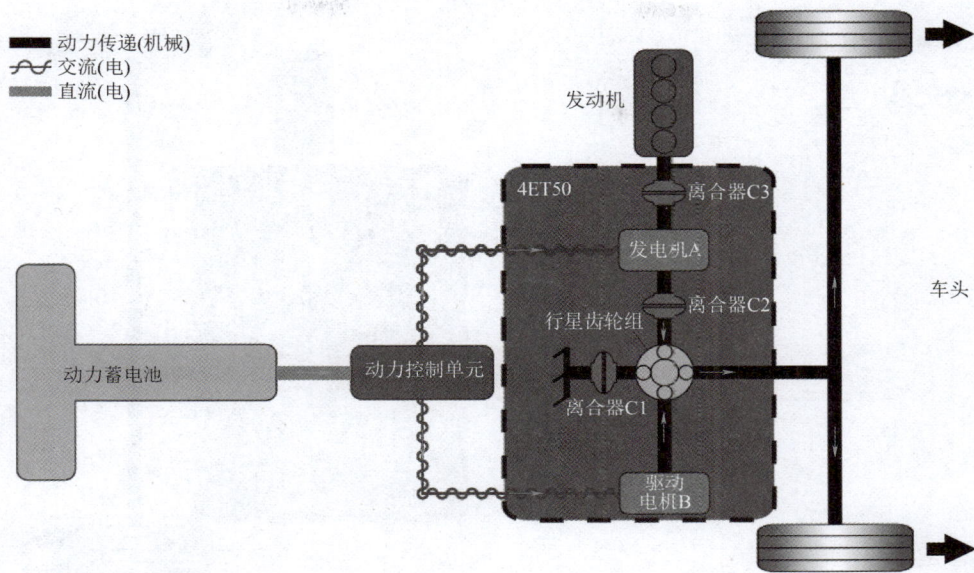

发动机

4ET50

离合器C3

发电机A

离合器C2

行星齿轮组

车头

动力蓄电池

动力控制单元

离合器C1

驱动
电机B

图3-45　E2纯电动工作模式

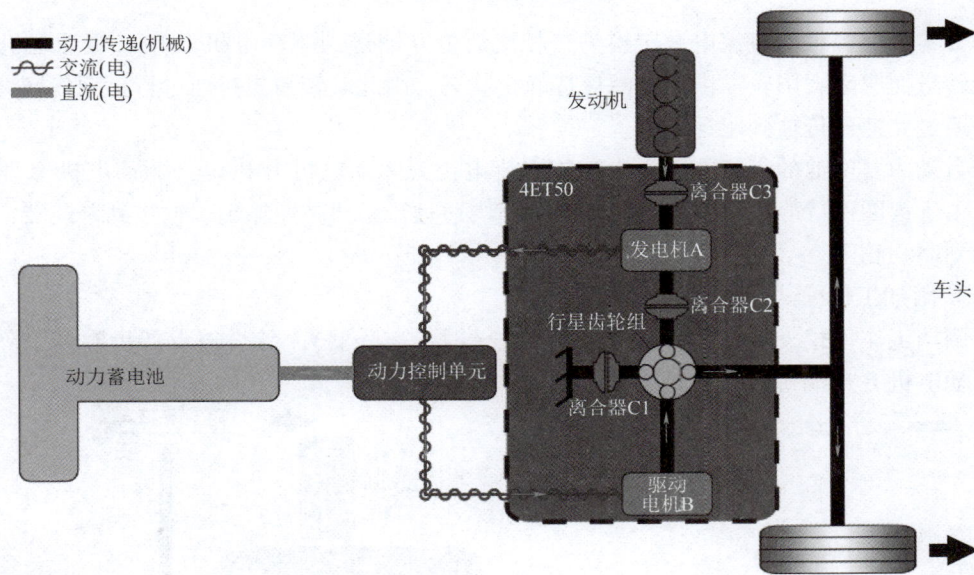

发动机

4ET50

离合器C3

发电机A

离合器C2

行星齿轮组

车头

动力蓄电池

动力控制单元

离合器C1

驱动
电机B

图3-46　S混动工作模式

动电机B的转子旋转进而驱动太阳轮。由于齿圈保持静止状态，因此旋转转矩通过行星架传输到差速器，并通过差速器传输到驱动轮上。

（4）LS混动工作模式。当混合动力汽车的动力控制单元确定条件满足时，就会起动发动机，汽车将进入LS工作模式，如图3-47所示。

在此模式下，离合器C1运行时将保持行星齿轮组的齿圈处于静止状态。离合器C3将发电机A与扭转减振器相连。发电机A用于产生三相交流电，最终电流将输送到驱动电机B和动力蓄电池。

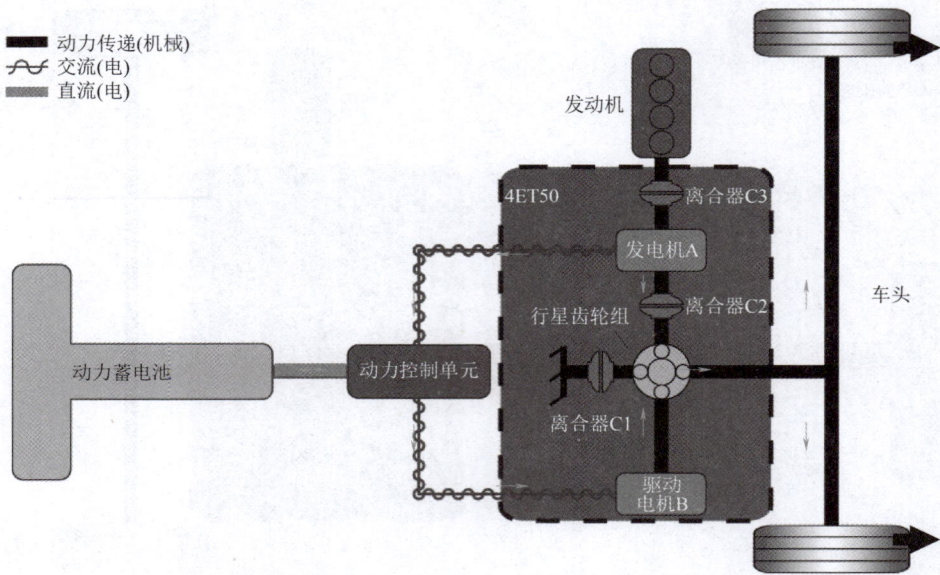

图 3 − 47　LS 混动工作模式

　　动力蓄电池提供的直流电被转换为三相交流电并输送到驱动电机 B 中。驱动电机 B 的转子旋转进而驱动太阳轮。由于齿圈保持静止状态，因此旋转转矩将通过行星架传输到差速器，并通过差速器传输到驱动轮上。

　　来自动力蓄电池的直流电逆变为三相交流电，为驱动电机 B 供电，驱动电机 B 驱动太阳轮。由于齿圈保持静止状态，因此旋转转矩则通过行星架减速输出，输送到差速器，并最终传输到驱动轮上。

　　（5）附加工作模式。

　　①倒挡工作模式。当变速杆切换到倒挡位 S 时，离合器 C1 接合以保持齿圈处于静止状态。驱动电机 B 反向旋转，实现倒挡，如图 3 − 48 所示。

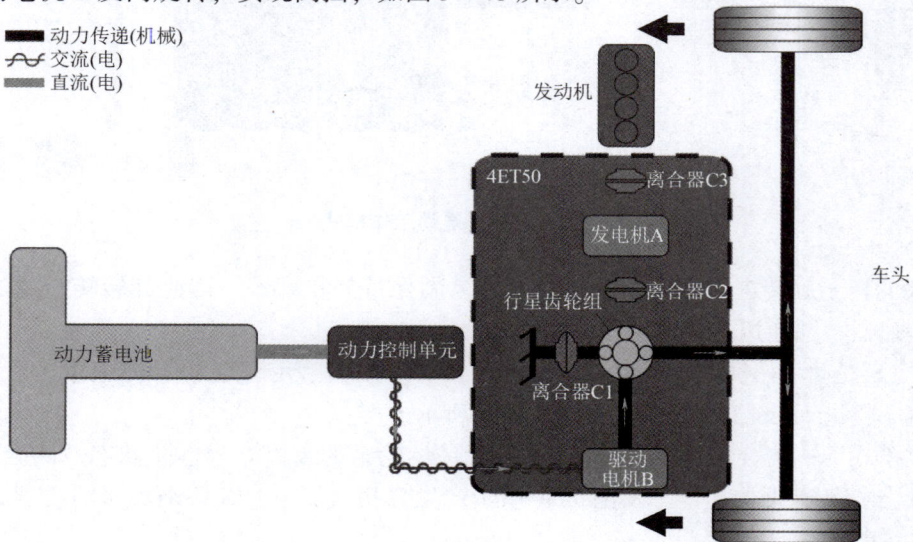

图 3 − 48　倒挡工作模式

②再生制动模式。释放加速踏板或者踩下制动踏板后，再生制动系统使汽车减速，汽车的惯性将会使驱动电机 B/发电机 A 运行。驱动电机 B/发电机 A 在驱动轮上施加反向力矩，从而产生电势，并将所产生的电势输送到动力蓄电池中，如图 3-49 所示。

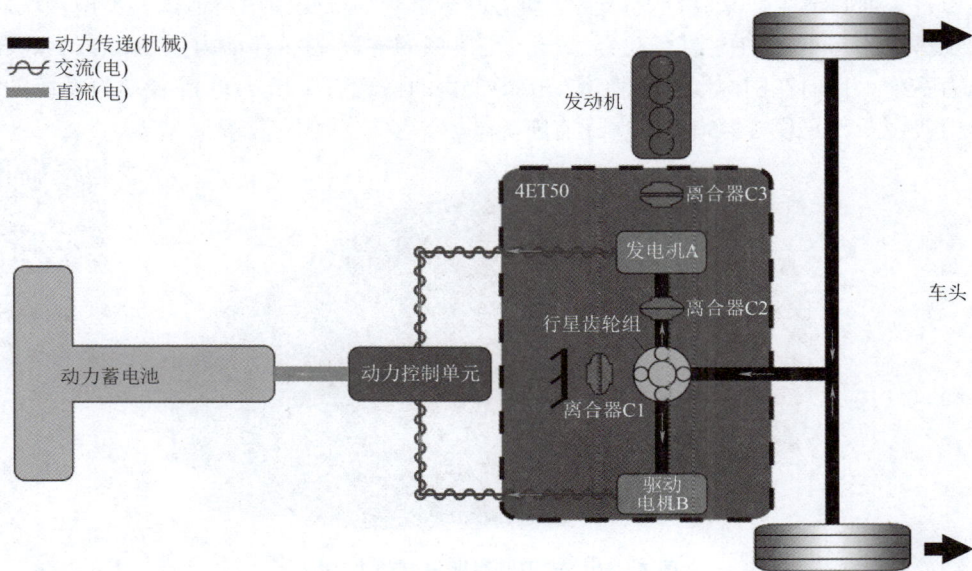

图 3-49　再生制动模式

③发动机起动模式。发动机起动模式分为发动机起动和发动机停止两个状态。

a. 发动机起动。当动力蓄电池的电压处于较低水平时，HPCM 向变速器控制模块发出激活扭转减振器内部的液压离合器的指令。

随后变速器控制模块将会使压力控制电磁阀通电，推动减振器内部的离合器阀来激活扭转减振器内部的液压离合器。当动力蓄电池的电量低于预设水平时，HPCM 将会利用发电机 A 来起动发动机。

发动机仅在 S 和 LS 工作模式下才会运行。当发动机处于运行状态后，发电机 A 为驱动电机 B 提供运行所需的电能，并为动力蓄电池充电。

离合器 C3 接合后，将连接扭转减振器与发电机 A 的转子。扭转减振器内部的液压离合器用于发动机的起动控制。发动机起动后，扭转减振器内部的液压离合器即进入释放状态。

b. 发动机停止。根据动力蓄电池实际的电量及汽车的运行工况，HPCM 可能会向发动机发出停机指令。比如，在怠速及减速过程中，发动机将会停机以改善燃油经济性能。

当 HPCM 确定发动机需要停机时，就会向变速器控制模块发送起动扭转减振器内部液压离合器的指令。

小思考

雪佛兰 Volt 混合动力汽车，根据驱动系统能量流和功率流的配置结构关系分类，属于哪一类混合动力汽车？根据内燃机和电机的功率大小及混合程度分类，又属于哪一类混合动力汽车？

✿ 二、丰田普锐斯

丰田普锐斯自诞生以来就在全球混合动力汽车市场领域受到用户追捧。丰田普锐斯混合动力系统搭载的是丰田 THS 混合动力系统，是典型的混联式混合动力系统，属于混联式强混合动力系统。目前在国内混合动力汽车市场销售的搭载有丰田 THS 混合动力系统的车型，除了丰田普锐斯（见图 3 – 50）外，还有凯美瑞、卡罗拉双擎和雷凌双擎等。

微课　丰田普锐斯
THS 混动技术

图 3 – 50　丰田普锐斯混合动力车型

1. 混合动力系统的组成

丰田普锐斯混合动力系统主要由阿特金森循环发动机、动力蓄电池、混合动力变速驱动桥（由行星齿轮动力分配机构、电动机、发电机等构成）及动力控制装置等组成，如图 3 – 51 所示。

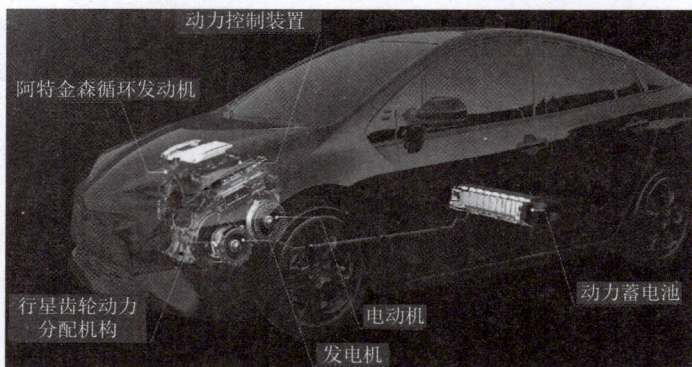

图 3 – 51　丰田普锐斯混合动力系统组成

（1）阿特金森循环发动机如图 3 – 52 所示。混合动力系统采用的发动机为了追求效率化，力争不浪费一滴油，往往会采用各种新技术。阿特金森循环就是为提高燃油效率而采用的一项技术。

（2）动力蓄电池。丰田的 HEV 上搭载的高输出功率镍氢蓄电池，输入输出功率密度高，质量小，如图 3 – 53 所示；并且不需要像插电式混合动力汽车和纯电动汽车那样由外部电源进行充电，也不需要定期更换。

图 3 – 52　阿特金森循环发动机

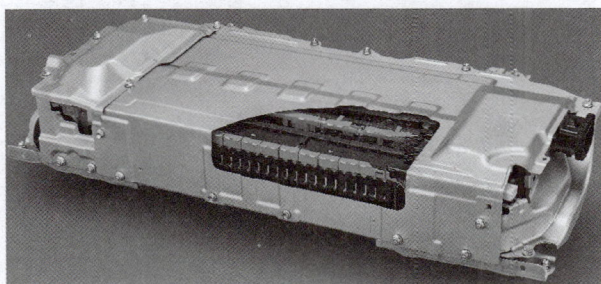

图 3 – 53　镍氢蓄电池

（3）混合动力变速驱动桥。丰田混合动力系统为了产生动力和发电，在混合动力变速驱动桥内安装了电机和发电机，如图 3 – 54 所示。

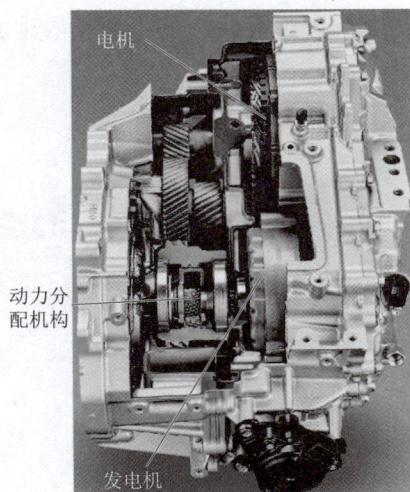

电机

动力分配机构

发电机

图 3 – 54　混合动力变速驱动桥

（4）动力控制装置。利用电机行驶的丰田 HEV 搭载了由逆变器、可变电压系统、DC - DC 转换器组成的动力控制装置，如图 3 - 55 所示。这一装置能够变换直流电与交流电，对电源电压进行恰当的调整。动力控制装置不仅使高输出功率电机发挥了最高的性能，而且还提高了车辆整体的效率。

图 3 - 55　动力控制装置

2. 系统的工作模式

丰田 THS 混合动力系统能根据驾驶情况，有效地使发动机和电机相互配合。在此，介绍一些典型行驶状况的系统动作。

（1）停车。停车时，发动机、电机、发电机会自动停止，不会在车辆怠速状态无谓地消耗能量，如图 3 - 56 所示。

（2）起步/低速行驶。起步/低速行驶时，THS 混合动力系统仅凭减速区间效率高的电机行驶，停止发动机工作。低速区间对发动机来说不是高效率的区间，而电机在低速区间效率高。因此，起步/低速区间的行驶利用混合动力的电力，依靠电机的动力行驶，如图 3 - 57 所示。

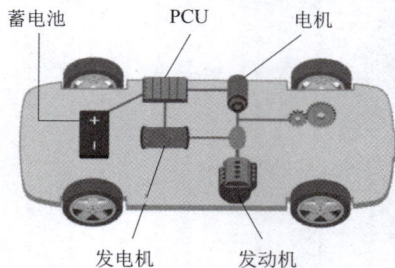

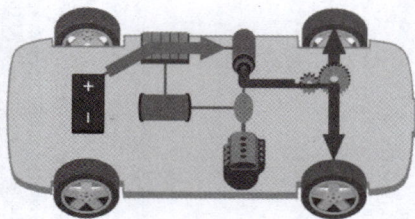

图 3 - 56　停车　　　　图 3 - 57　起步/低速行驶

（3）正常行驶。正常行驶时，THS 系统的动作分为以发动机为主动力的低油耗行驶和剩余的能量储存于动力蓄电池中两个状态。

①以发动机为主动力的低油耗行驶是指在发动机的高效率区间，主要使用发动机的动力行驶。发动机的动力直接驱动车轮的同时，根据行驶状况，向发电机分配动力。发电机发出的电驱动电机，辅助发动机的驱动力。

由于使用了发动机和电机这两个动力源，因此能够将发动机产生的能量毫不浪费地传到车轮，如图3-58所示。

②剩余的能量储存于动力蓄电池中。由于优先运转发动机，因此发动机产生的动力有时使用不完。当发动机产生剩余动力时，发动机将其转变为电力，毫不浪费地储存于动力蓄电池中，如图3-59所示。

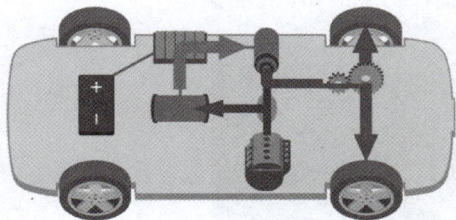 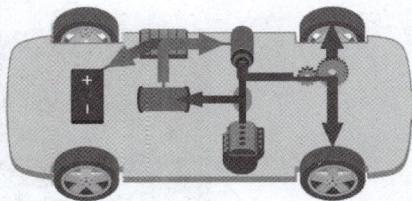

图3-58　以发动机为主动力的低油耗行驶　　图3-59　剩余的能量储存于动力蓄电池中

（4）加速。加速时，使用发动机和电机这两个动力，使加速到更高的挡位。动力蓄电池也提供电力，增加电机的输出功率。这两个动力合在一起，实现了与高等级汽油发动机车辆相同的动力和平顺的加速，如图3-60所示。

（5）减速。减速时，属于再生制动，能有效地将制动能量回收到动力蓄电池中。踩制动或松油门时，依靠车轮的旋转驱动电机，将其作为发电机使用，把通常作为热能浪费的减速能量变为电能，有效地回收到动力蓄电池中，以便重新使用，如图3-61所示。

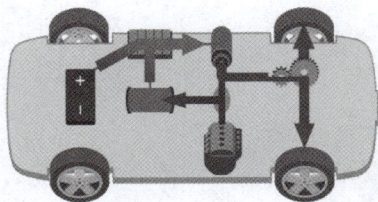 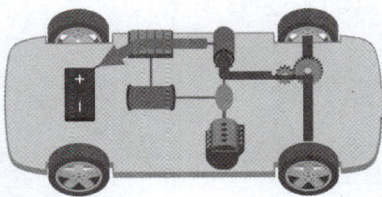

图3-60　加速　　　　　　　　　　　图3-61　减速

小思考

丰田普锐斯作为世界第一款量产且深受全球市场认可的混合动力车型，至今已发展到了第几代，截至当前，累计销量有多少？

❋ 三、本田雅阁

本田公司 2017 年生产的雅阁混合动力车型（见图 3 - 62），搭载的是本田最新研发的 Sport Hybrid i - MMD 系统，即双电机混合动力系统。雅阁混动车型上的这套 i - MMD 系统具有高效率的双电机混合动力系统，能提供强劲稳定的动力输出并具有优异的燃油经济性。i - MMD 系统与 IAM 系统差异较大，与丰田的 THS 系统大体相似，也属于混联式强混合动力系统。本田的 i - MMD 系统主要搭载在雅阁和讴歌的某些车型上。下面将重点围绕系统构成和系统工作模式来介绍本田 i - MMD 混动技术。

微课 本田 i - MMD
混动技术

图 3 - 62 本田雅阁混合动力车型

1. 系统构成

本田雅阁混合动力车型的 i - MMD 系统由 2.0 L 阿特金森循环的汽油发动机、发电机、驱动用电机和动力分离装置的变速驱动桥、动力控制单元、动力蓄电池和电动伺服制动系统等部分组成，如图 3 - 63 所示。

动力控制单元　　　　动力蓄电池
发动机
离合器
变速驱动桥　　　　　电动伺服制动系统

图 3 - 63 i - MMD 系统的组成

（1）发动机。i－MMD 系统搭载的发动机是 2.0 L 阿特金森循环汽油发动机，如图 3－64 所示。在 i－MMD 系统中，混合模式下起动汽油机主要是为了给电机充电，再让电机驱动车轮。汽油发动机只在汽油机驱动的模式下才真正驱动车轮。

图 3 –64　2.0 L 阿特金森循环汽油发动机

（2）变速驱动桥。i－MMD 系统搭载的是双电机 e－CVT。e－CVT 主要由离合器、发电机、电机和齿轮机构等组成，如图 3－65 所示。

图 3 –65　双电机 e –CVT

（3）动力蓄电池。i－MMD 系统配备的动力蓄电池单元主要由 DC－DC 转换器、电池控制单元、大容量锂离子电池等组成，如图 3－66 所示。

图 3－66　动力蓄电池

（4）动力控制单元。i－MMD 系统配备的动力控制单元内主要由逆变器、电压控制单元、电机控制单元等组成，如图 3－67 所示。

图 3－67　动力控制单元

2. 系统工作模式

i－MMD 系统结构是汽油发动机＋离合器＋驱动电机＋发电机＋动力控制单元＋动力蓄电池，如图 3－68 所示。该系统有三种运行模式，分为纯电动驱动模式（EV Drive Mode）、混合动力驱动模式（Hybrid Drive Mode）和发动机驱动模式（Engine Drive Mode）。

（1）纯电动驱动模式。在纯电动驱动模式下，i－MMD 系统内动力蓄电池、PCU、电机三者共同配合驱动车辆行驶，如图 3－69 所示。

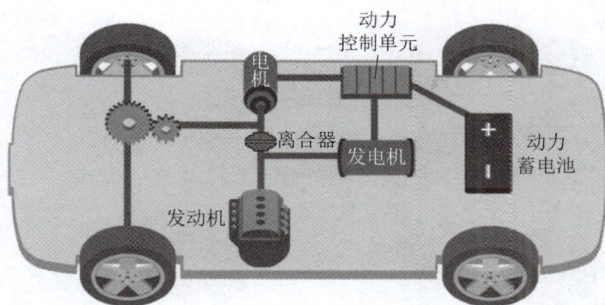

图 3 – 68　i – MMD 系统结构

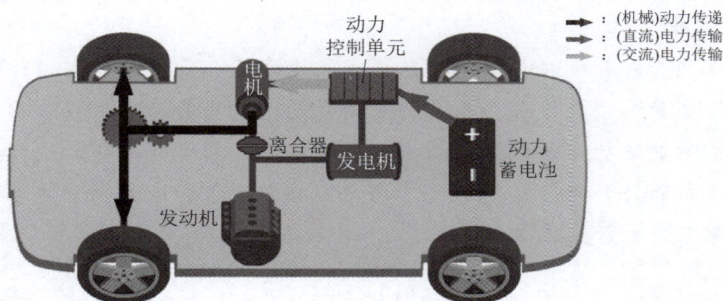

图 3 – 69　纯电动驱动模式

　　纯电动驱动模式一般比较适合城市堵车和低速条件下行驶。这个模式下车辆行驶全靠电机驱动，汽油发动机不起动，动力分离装置断开，驱动车辆行驶的能源直接来源于车载的动力蓄电池。动力蓄电池内储存的电能经由动力控制单元，提供给驱动电机，驱动两个前轮转动。如果电池电量不足，汽油发动机才会起动并带动发电机发电，提供电能给驱动电机。

　　当车辆在制动时，i – MMD 系统为动力蓄电池充电，这一情况也属于纯电动驱动模式，如图 3 – 70 所示。

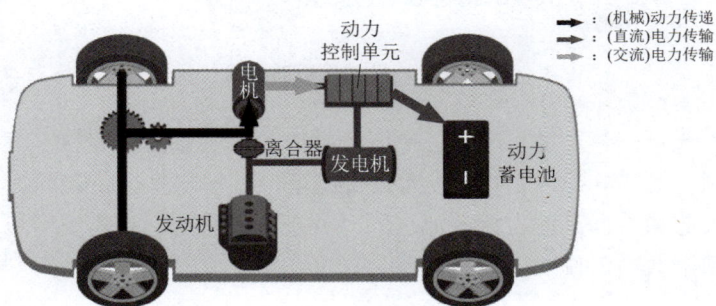

图 3 – 70　纯电动驱动模式充电

　　（2）混合动力驱动模式。在混合动力驱动模式下，i – MMD 系统内汽油发动机、发电机、动力控制单元、电机共同配合驱动车辆行驶，如图 3 – 71 所示。

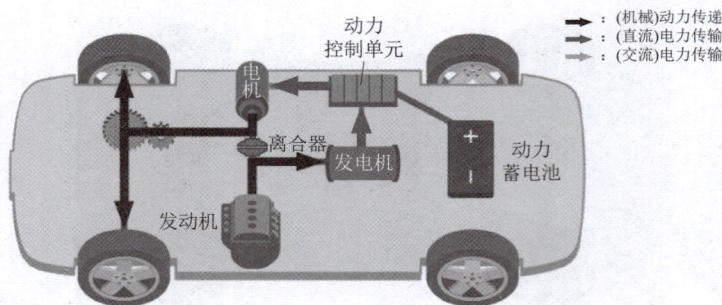

图 3 - 71　混合动力驱动模式

> **小提示**
>
> 　　本田雅阁 i - MMD 系统混合动力驱动模式，比较适合加速时使用。该模式下车辆并非由电机与汽油发动机合力推进，而是由汽油发动机全力带动发电机，再由发电机给电机供电。汽油发动机做功为电机提供动力，电机提供汽油发动机所无法提供的低转速高转矩的特性，让车辆的加速性能更强大。而当车辆需要急加速时，动力蓄电池可以提供额外电能，让电机瞬时产生最大转矩输出。

　　（3）发动机驱动模式。在发动机驱动模式下，i - MMD 系统内汽油发动机、离合器共同配合驱动车辆行驶，如图 3 - 72 所示。

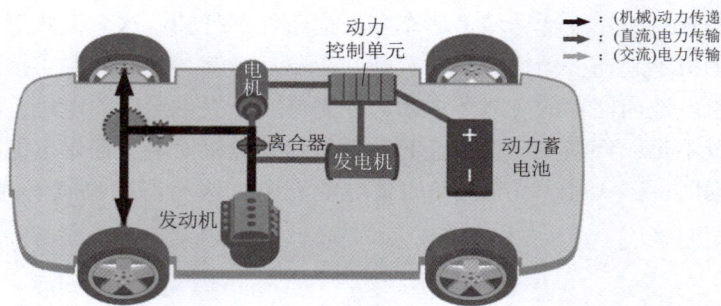

图 3 - 72　发动机驱动模式

　　发动机驱动模式下，其发动机起动，同时，动力分离装置正常连接，发动机转速由驾驶员的油门深浅控制，通过 e - CVT 电气式无级变速箱将机械能直接传递给车轮。同时，为了在加速时提供更大的动力，其动力蓄电池也同时处于待机状态，在需要时可以提供电能给电机，让电机和发动机共同工作。

四、比亚迪秦

1. 比亚迪秦概述

图片　DM－i 结构　　动画　比亚迪混合
动力系统工作模式

比亚迪秦插电式混合动力汽车（简称比亚迪秦）所采用的双擎双模，即 DM Ⅱ 代技术，是在比亚迪第一款双模电动车 F3DM 的 DM Ⅰ 代技术基础上，全面整合一并提升关键部件性能后研发而成的，如图 3－73 和图 3－74 所示。所谓双擎，即动力总成采用并联模式。DM 即 Dual Mode，意思是纯电动和混合动力两种驱动模式。DM Ⅰ 代采用的是1.0 L 自然吸气发动机，单挡减速器，双电机，系统标称电压 330 V；DM Ⅱ 代采用的是1.5 L 涡轮增压缸内直喷发动机，6 挡双离合变速器（Dual Clutch Transmission，DCT），单电机（高转速电机），26 A·h 容量的动力蓄电池，高压系统电压提升至 500 V。相比 DM Ⅰ代，比亚迪秦具有以下特点：整车性能对动力蓄电池依赖小，增加了 6 挡双离合变速器，对发动机工作区域调节能力更强；高转速电机、高电压方案，效率更优；动力性更强，从 0 km/h 到 100 km/h 的加速时间为 5.9 s，油耗为 1.6 L/百公里；高压系统即使损坏，车辆仍能正常行驶，因此比亚迪秦具有快、省、绿的特点。

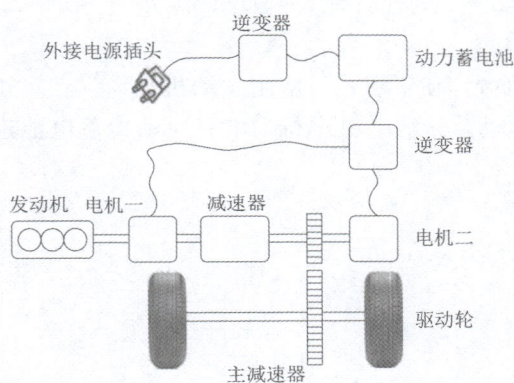

图 3－73　**DM Ⅰ 代混合动力系统**　　图 3－74　**DM Ⅱ 代混合动力系统**

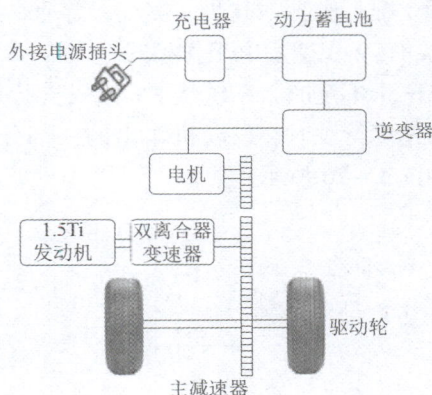

在混合动力模式下，比亚迪秦能爆发出 479 N·m 的总转矩和 217 kW 的总功率，最高车速超过 185 km/h。比亚迪秦在纯电动模式下行驶时，电机单独带动车辆行驶，续驶里程可以达到 70 km。当动力蓄电池电量较低或动力需求较大时，整车模式自动或手动切换至 HEV 模式。同时，在所有模式中，比亚迪秦还能进行制动能量回馈，即电机向动力蓄电池反向充电，每百千米回馈能量 2.5～3 kW·h，可以多行驶接近 15 km。因此，比亚迪秦的百千米油耗仅为 1.6 L。除以上两种模式外，比亚迪秦还有经济性和运动性两种不同的驾驶模式，分别有 EV＋ECO、EV＋SPORT、HEV＋ECO、HEV＋SPORT 共 4 种驾驶搭配方式，可以根据个人喜好享受独特的驾乘体验。

配置方面，比亚迪秦采用的是高配置路线，keyless 智能钥匙系统、遥控驾驶等配置是全系标配；安全装备上，比亚迪秦搭载有 360° 全景影像、胎压监测系统（Tire Pressure Monitoring System，TPMS）、电子驻车（EPB）系统、ISO－FIX 标准儿童座椅固定装置、车身稳定控制（ESP）系统、减速度驻车制动控制（Controller Deceleration Parking，CDP）系统及 12 个安全气囊。

> **小知识**
>
> 比亚迪 DM－i（Dual Mode Integrated Drive System）是比亚迪自主研发的混合动力技术，于 2019 年首次发布，开创了双模混合动力驱动系统的先河。该技术平台的核心组成部分包括骁云－插混专用 1.5 L 高效发动机、电混系统（Electric Hybrid System，EHS）、DM－i 超级混动专用功率型刀片电池及交直流车载充电器等，均为比亚迪自主研发，彰显了品牌的技术实力。比亚迪搭载 DM－i 超级混动技术的车型，不仅推动了新能源汽车的技术升级，更加速了传统燃油车的淘汰步伐。在当前新能源领域中，插电式混动被视为燃油车的理想替代品，而比亚迪的 DM－i 超级混动技术，则无疑站在了这一变革的前沿。

2. DMⅡ混合动力系统的工作模式

1）EV 纯电动工作模式

与 DMⅠ代相同，纯电动工作模式下，动力蓄电池提供电能，供电机驱动车辆，可以满足各种工况行驶，如起步、倒车、怠速、急加速、匀速行驶等，如图 3－75 所示。

2）HEV 稳速发电工作模式

当电量不足时，系统从 EV 模式自行切换到 HEV 模式，使用发动机驱动，在车辆以较稳定的速度行驶时，发动机输出的一部分转矩会驱动电机进行发电，对动力蓄电池进行充电，如图 3－76 所示。

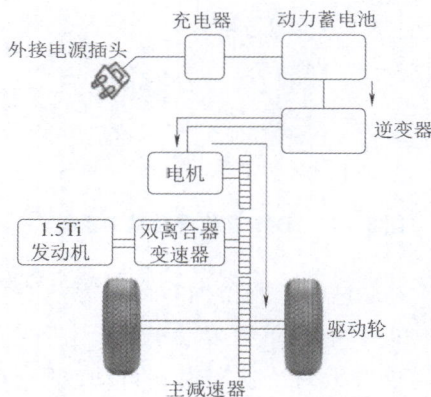

图 3－75　EV 纯电动工作模式　　图 3－76　HEV 稳速发电工作模式

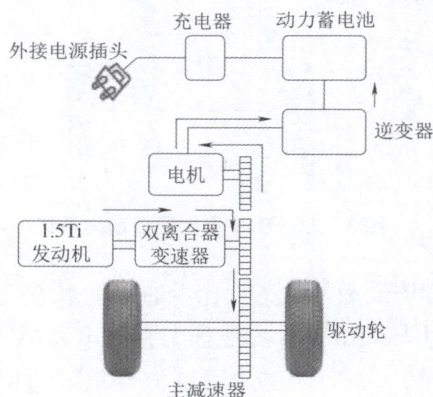

3）HEV 混合动力工作模式

当从 EV 模式切换到 HEV 模式后，车辆由发动机和驱动电机共同驱动，实现了最佳的动力性，但仍能保证混合动力系统具有良好的经济性，如图 3－77 所示。

4）HEV 燃油驱动工作模式

当电量不足或高压系统故障时，可以单独使用发动机驱动，实现了高压系统的独立性，如图 3-78 所示。

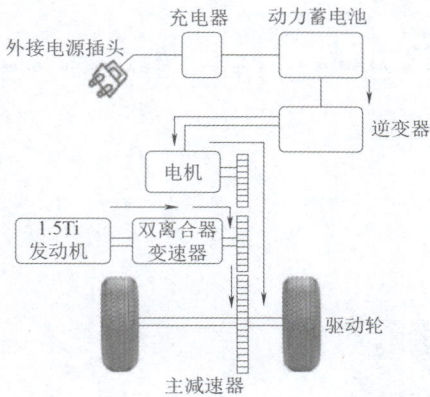

图 3-77　HEV 混合动力工作模式　　　图 3-78　HEV 燃油驱动工作模式

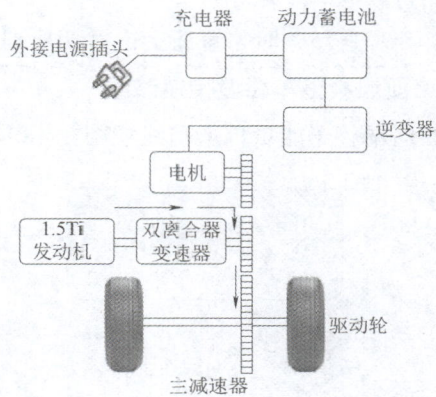

5）能量回馈工作模式

与 DM Ⅰ 代一样，DM Ⅱ 代在车辆减速时，驱动电机将车辆制动过程中的动能转化为电能，储存在动力蓄电池内，但 DM Ⅱ 代的回馈效率比 DM Ⅰ 代更高，如图 3-79 所示。

3. 系统工作模式的切换

1）EV—ECO

EV 按钮上的指示灯（绿色）亮表示在 EV 模式，MODE 旋钮逆时针旋转，进入到经济（ECO）模式，在保证动力的情况下，可以最大限度地节约电量。

图 3-79　能量回馈工作模式

2）EV—SPORT

将 MODE 旋钮顺时针旋转，进入到运动（SPORT）模式，将保证较好的动力性能。

3）HEV—ECO

HEV 按钮上的指示灯（绿色）亮表示在 HEV 模式，MODE 旋钮逆时针旋转，进入到 ECO 模式，此时为了保证较好的经济性，系统会根据动力蓄电池剩余电量，自动切换发动机的工作状态。

（1）当电量大于 20% 时，将不会起动发动机。

（2）当电量低于 20% 时，将自动起动发动机充电。

（3）充电直到 SOC 达到 40% 时，发动机自动停机，此后将一直按照上述模式循环。

4）HEV—SPORT

MODE 旋钮顺时针旋转，进入到 SPORT 模式，发动机会一直工作，以保持最充沛的动力。

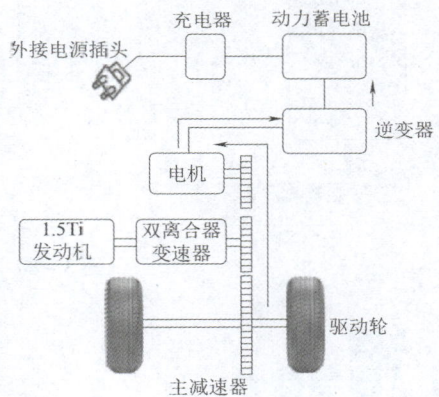

5）EV 模式自动切换为 HEV 模式

（1）SOC≤5%，BMS 允许放电功率≤15 kW，坡度≥15% 时切换为 HEV 模式。

（2）EV 模式切换到 HEV 模式后，不再自动切换回 EV 模式，之后发动机工作按 HEV 模式策略进行。

（3）SOC≥75% 时，重新上电后切换到 EV 模式。

4. 比亚迪秦整车能量传递路线

比亚迪秦整车能量传递路线如图 3-80 所示。

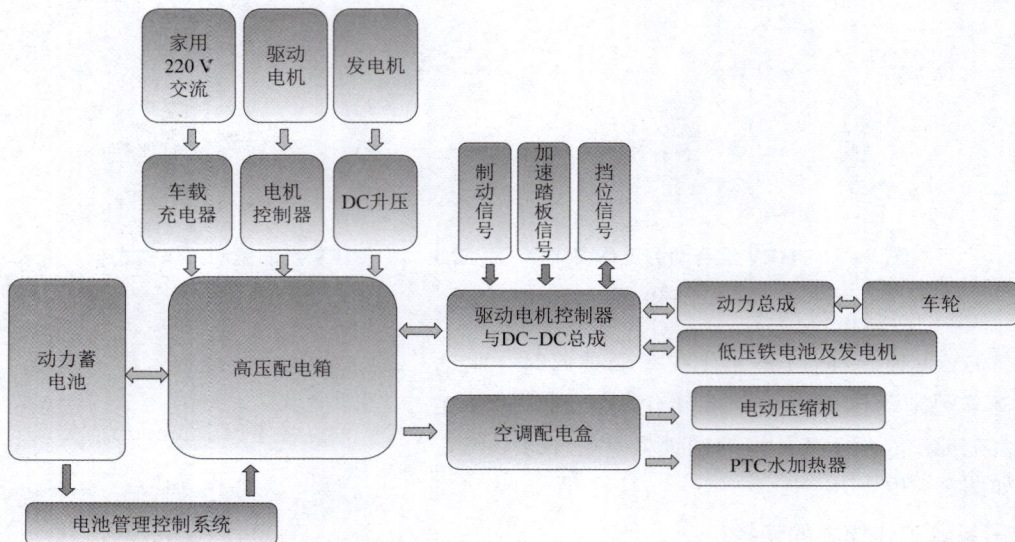

图 3-80　比亚迪秦整车能量传递路线

项目实施

一、项目分组

按照班级学生数量分为若干小组，并明确每人任务，完成下表。

学生任务分配表					
班级		组号		指导老师	
组长		学号			
组员	姓名：　　　　学号：		姓名：　　　　学号：		
	姓名：　　　　学号：		姓名：　　　　学号：		
	姓名：　　　　学号：		姓名：　　　　学号：		

❈ 二、项目准备

混合动力汽车4辆及其相关技术资料、多媒体设备等。

❈ 三、项目实战

（1）观察实车，查阅车型相关技术资料，在教师安全指导下完成下表相关信息的填写。

混合动力汽车的认知						
组长		组员		班级		组号	
一、混合动力汽车性能参数						
登记车辆基本信息			品牌： 车型： VIN 码：			
能源类型			□增程式 □油电混动 □插电式			
发动机号						
变速箱号						
驱动布置形式			□前驱 □后驱 □四驱			
驱动电机类型及参数						
动力蓄电池类型及参数						
整车主要性能参数						
续驶里程						
二、混合动力汽车的结构认知						
1. 外观认知						
是否有 HEV 或 PHEV 字样			HEV 或 PHEV 字样位置（若无，填无）			
是否有排气管			是否有加油口盖			
是否有充电接口（若无，填无）			充电端口位置（若无，填无）			
充电端口端子数（若无，填无）						

2. 前机舱认知
绘制前机舱发动机动力传递路线图及各高压部件位置分布图，并标注各部件名称

3. 车内配置认知
1）仪表板
写出仪表板上所有的标识或指示灯的名称及其含义

标识或指示灯名称	含义

2）操作机构
认识转向、加速、换挡、制动、门窗、刮水器、灯光等操作机构，写下与传统汽车的不同

三、混合动力汽车的动力传递路线
绘制混合动力汽车动力流动路线

（2）各组进行组内模拟，介绍实训车辆的参数、结构和工作原理，要求内容准确、信息丰富、表达流畅，介绍时间控制在 5 min 之内。

（3）各组派代表进行汇报展示，介绍实训车辆的参数、结构和工作原理。

（4）完成小组自评、小组互评和教师评价。

评价项目		评价标准	分值	得分
小组评价	项目分组	小组成员分工明确且合理，全员参与	10	
	项目实施	能够准确写出混合动力汽车的性能参数	10	
		能够准确查找排气管、加油口、充电口位置及端子数目	10	
		能够准确指出前机舱各部件位置及名称	10	
		能够准确描述不同类型混合动力汽车的区别	10	
		汇报展示内容准确、信息丰富、表达流畅	20	
	工作态度	认真严谨、积极主动、绿色环保	10	
	团结合作	能够与小组成员、同学之间合作交流、协调工作	10	
	5S 管理	能够规范进行 5S 现场管理	10	
		小计	100	
教师评价	课堂纪律	不出现无故迟到、早退、旷课现象，遵守课堂纪律	10	
	项目实施	严格遵守项目实施流程，按照要求完成项目	20	
	信息查询	能够合理利用信息化手段及提供的资料，查找车辆相关信息并准确记录	20	
	团队协作	项目实施过程互相配合，协作度高	10	
	工作态度	严谨细致，认真负责	20	
	汇报展示	表达流畅准确，总结到位，具有创新意识	20	
		小计	100	
综合评分		小组评分 ×50% + 教师评分 ×50%		

项目小结

　　本项目主要介绍混合动力汽车的定义、特点、分类、结构、工作原理、组成及典型混合动力车型，通过学习混合动力汽车的基本组成及关键技术等，更好地了解混合动力汽车未来的发展趋势。

项目三　混合动力汽车的认知

拓展阅读

开创性能混动"新赛道",奇瑞汽车发布鲲鹏超级性能电混 C – DM

习近平总书记在党的二十大报告中指出,坚持创新在我国现代化建设全局中的核心地位,加快实现高水平科技自立自强,加快建设科技强国。在新能源赛道,国家政策大力扶持,奇瑞汽车顺势而为、积极变革,凭借其在混合动力技术领域的新突破,以"技术奇瑞"的身姿稳稳站在了混合动力技术的最前沿,为品牌发展拓宽混合动力市场新赛道的同时,更让广大用户体验绿色出行新科技,感知中国智造的领先性。

2023 年 4 月 7 日,奇瑞汽车发布了第三代混合动力科技——鲲鹏超级性能电混 C – DM。鲲鹏超级性能电混 C – DM 拥有全速段强劲的动力输出,百公里加速仅需 4.2 s,能在起步、加速、行驶等用车场景中给予用户极致性能的混合动力体验。面对城市内通勤的拥堵情况,从 30 km/h 加速到 70 km/h 仅需 3 s,不仅跟车不掉队,超车也更轻松;在畅快奔跑的高速场景,从 90 km/h 加速到 120 km/h 也只需 3.6 s,一路行驶更安全,尽享畅快前行。

作为鲲鹏超级性能电混 C – DM 的动力"核芯",其匹配的第五代 ACTECO 1.5TGDI 高效混动专用发动机,其最大功率达 115 kW,最大转矩达 220 N·m。不仅如此,为满足用户的全场景需求,其搭载的三挡超级混合动力专用变速箱(Dedicated Hybrid transmission, DHT)更实现了技术与动力性的突破,在"双电机驱动 + 3 挡 DHT"模式的赋能下,其最高传动效率 >97.6%,轮端输出转矩可达 4 000 N·m,电驱动平均速率 >90%,可实现全速段动力强输出。

鲲鹏超级性能电混 C – DM 搭载的混合动力专用发动机具备深度米勒循环、第四代 i – HEC 智效燃烧系统、HTC 高效增压系统、i – LS 智能润滑系统、i – HTM 智能热管理系统、HiDS 高稀释系统六大核心科技,使其最大热效率大于 44.5%,百公里亏电油耗可低至 4.2 L,让极致的节油、减排成为可能。不仅如此,鲲鹏超级性能电混 C – DM 最快仅需 18 min 即可补能至 80%,一杯手冲咖啡的时间即可再出发;同时,其综合续航超过 1 400 km,即使带着全家人一路从北京驾驶到上海也毫无压力,长途出游能一路到底不加油,彻底打消了用户的"里程焦虑",让用户自由应对各种工况。

巩固提高

一、选择题(每题 5 分,共 25 分)

1. 第一辆混合动力的车辆罗纳 – 保时捷(Lohner – Porsche)由(　　)在 1989 年制成。

A. 斐迪南·保时捷　　B. 卡尔·本茨　　C. 丰田喜一郎　　D. 吉斯坦·奥托

2. 大连生产的混合动力汽车在(　　)年才出现,分别为丰田普锐斯和本田音赛特。

A. 1970　　B. 1980　　C. 1990　　D. 2000

3. HEV 的含义是(　　)。

A. 纯电动汽车　　B. 燃料电池汽车　　C. 燃气汽车　　D. 混合动力汽车

4. 混合动力汽车通常是指由不同动力源驱动的汽车，常见的类型不包括（   ）。

A. 油电混合动力汽车　　　　　　　　　B. 气电混合动力汽车

C. 油气混合动力汽车　　　　　　　　　D. 以上选项都不包括

5. （   ）是世界上最早实现批量生产的混合动力汽车。

A. 丰田普锐斯　　　　　　　　　　　　B. 本田音赛特

C. 通用土星 VUE　　　　　　　　　　　D. 福特锐际

二、判断题（每题 5 分，共 25 分）

1. 根据驱动系统能量流和功率流的配置结构关系分类，可以将混合动力汽车分为串联式混合动力汽车、并联式混合动力汽车和混联式混合动力汽车三类。（   ）

2. 混合动力汽车生产成本较高，但价格较低。（   ）

3. 插电式混合动力汽车可以通过充电口、外接电源为车辆动力蓄电池充电，也可以去加油站加注燃油。（   ）

4. 混合动力汽车可以实现零排放。（   ）

5. 当并联式混合动力汽车动力蓄电池电量不足时，发动机能带动电机反转为电池充电。（   ）

三、简答题（每题 10 分，共 50 分）

1. 与传统内燃机汽车相比，混合动力汽车有哪些优点？

2. 与纯电动汽车相比，混合动力汽车有哪些优点？

3. 插电式混合动力汽车和非插电式混合动力汽车有哪些区别？

4. 作为拥有自主知识产权的比亚迪超级混动 DM Ⅱ 代技术已经应用到了比亚迪多款混合动力车型中，请简述 DM Ⅱ 代混合动力系统的工作模式。

5. 如果让你在丰田普锐斯、比亚迪秦、雪佛兰 Volt 等混合动力汽车中选择，你会购买哪一款车，为什么？

项目四

燃料电池汽车及其他新能源汽车的认知

学习目标

知识目标

1. 掌握燃料电池汽车的定义、分类及特点。
2. 掌握燃料电池汽车的结构组成及工作原理。
3. 了解燃料电池汽车的典型车型。
4. 熟悉各种气体燃料汽车的类型及特点。
5. 熟悉各种生物燃料汽车的组成结构及特点。
6. 了解太阳能汽车的组成结构和特点。

能力目标

1. 能够从多途径的信息源中查找车型的基本参数。
2. 能够识别燃料电池汽车的各组成部分。
3. 能够独立描述燃料电池汽车动力传递路线。

素质目标

1. 结合氢燃料电池汽车的发展，培养学生能源安全和节能环保的理念。
2. 结合气体燃料汽车、生物燃料汽车等的发展，培养学生创新探索的思维和意识。
3. 通过分小组完成燃料电池资料收集及汇报展示，加强团队协作和沟通交流的能力。

项目描述

生态环境部发布的《中国移动源环境管理年报》显示，机动车排放污染已成为我国大中城市空气污染的主要来源之一，是造成细颗粒物、光化学烟雾污染的重要原因。为了解决城市大气污染问题，全国各地都在大力推广新能源汽车，如电动汽车。但电动汽车电池能量密度、低温衰减、充电不便和电力生产环节污染等问题还有待突破，而氢燃料电池汽车、天然气汽车等在这些方面具有相对技术优势。因此，为了保证我国新能源汽车发展路径的灵活性，应根据不同需求和不同技术特点，坚持多元化发展战略。

假设你是一名刚进入工作岗位的新能源汽车结构工程师，领导希望你了解燃料电池汽车和其他新能源汽车的类型、结构及原理，并针对目前市场上典型的氢燃料电池汽车的参数、结构和工作原理向团队成员进行介绍。以小组为单位，首先进行组内模拟，再进行小组汇报展示，要求内容准确、信息完整、表达流畅，汇报时间控制在 5 min 之内。

知识链接

单元一　燃料电池汽车

❄ 一、燃料电池汽车的定义及发展

微课　燃料电池汽车的定义及发展

　　燃料电池汽车又称燃料电池电动汽车（FCEV），是一种用车载燃料电池装置产生的电力作为动力的汽车，如图 4-1 所示。车载燃料电池装置使用的燃料为高纯度氢气或含氢燃料经重整所得到的高含氢重整气。与常规的电动汽车比较，其动力方面的不同在于燃料电池汽车使用的电力来自车载燃料电池装置，电动汽车所用的电力来自电网充电的动力蓄电池。因此，燃料电池汽车的关键是燃料电池。

　　燃料电池是一种能通过发生在阳极和阴极的氧化还原反应，持续地将化学能转化为电能的能量转换装置。燃料电池与常规电池的区别在于，它工作时需要连续不断地向电池内输入燃料和氧化剂，只要持续供应，燃料电池就会不断提供电能。

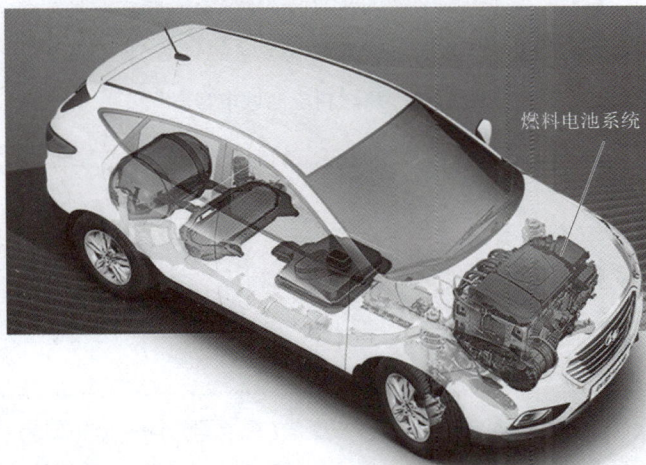

燃料电池系统

图 4-1　燃料电池汽车

　　氢燃料电池的发展历程最早可追溯到 1802 年，世界上第一块气体燃料电池是在 1839 年由英国的威廉·格罗夫发明的，这个时间比世界公认的第一辆汽车诞生要早 47 年。

　　燃料电池问世之后便被尝试应用在航空航天、船舶等领域，直到 20 世纪中后期，才开始应用于汽车领域。2000 年之前，燃料电池汽车产业的发展主要集中在氢燃料电池汽车，且处于概念设计及原理性认证阶段，主要以概念车形式推出氢燃料电池汽车。

2007 年，本田宣布量产 FCX Clarity，FCX Clarity 成为第一款量产的燃料电池汽车。

2014 年现代的 Tucson FCV 和丰田的 MIRAI 这两款燃料电池车型实现量产并推向市场，这年也是燃料电池汽车商业化的元年。

2017 年，奔驰推出世界首款插电式燃料电池技术量产汽车 GLC F-Cell EQ Power，续驶里程达 483 km。越来越多的汽车制造商投入氢燃料电池汽车的研发和生产中。

我国研究燃料电池的历史可以追溯到 20 世纪 50 年代。2000 年科技部的 973 基础项目研究投入了 3 000 万元用于氢能的规模制备、存储和相关燃料电池的研究。

2008 年，福田汽车和清华大学共同研发的燃料电池城市客车作为"奥运节能与新能源示范车"用于接载来自全世界的运动员，如图 4 – 2 所示。

图 4 – 2 氢燃料电池城市客车

小知识

2022 年，北京冬奥会本着"绿色办奥"理念，首次在奥运史上采用了氢作为奥运火炬燃料，并且奥运服务用车中新能源汽车占比在历次冬奥会中最高。北汽福田提供了 497 辆氢燃料电池客车服务北京冬奥会。此外，宇通客车、中通客车、吉利商用车等车企也提供了氢燃料电池客车供冬奥会使用。

2001 年我国确立了以纯电动汽车、混合动力汽车、燃料电池汽车为"三纵"，以多能源动力总成控制系统、驱动电机和动力蓄电池为"三横"的新能源汽车"三纵三横"布局，燃料电池汽车产业成为新能源汽车版图的重要组成，在政策端得到不断支持和完善。

根据我国《节能与新能源汽车技术路线图 2.0》，到 2025 年氢燃料电池汽车保有量推广规模将达到 10 万辆，到 2030 年氢燃料电池汽车保有量达到 100 万辆。2021 年，北京、上海、广东和河南、河北五大氢燃料汽车示范城市群依次获批，我国氢能产业发展也随之进入新时期，市场规模将逐步扩大。

✳ 二、燃料电池汽车的分类

燃料电池汽车的结构形式可按照不同的分类方法进行分类。　微课　燃料电池汽车的分类

1. 按照燃料电池系统内氢燃料的来源不同分类

按照燃料电池系统内氢燃料的来源不同，燃料电池汽车可分为两种：以纯氢气为燃料的燃料电池汽车；以经过重整产生的氢气为燃料的燃料电池汽车。

2. 按照驱动形式不同分类

按照驱动形式不同分类，燃料电池汽车可分为两种：纯燃料电池（Pure Fuel Cell，PFC）驱动的燃料电池汽车；混合驱动的燃料电池汽车。

混合驱动的燃料电池汽车按辅助动力源又分为以下三种：燃料电池与动力蓄电池（FC + B）混合驱动的燃料电动汽车；燃料电池与超级电容器（FC + C）混合驱动的燃料电动汽车；燃料电池与动力蓄电池和超级电容器（FC + B + C）混合驱动的燃料电动汽车。

1）纯燃料电池驱动的燃料电动汽车

纯燃料电池汽车只有燃料电池一个动力源，汽车的所有功率负荷都由燃料电池承担，其结构如图 4 – 3 所示。这种系统结构简单，系统控制和整体布置容易；系统部件少，有利于整车的轻量化；较少的部件使整体的能量传递效率高，从而提高整车的经济性。

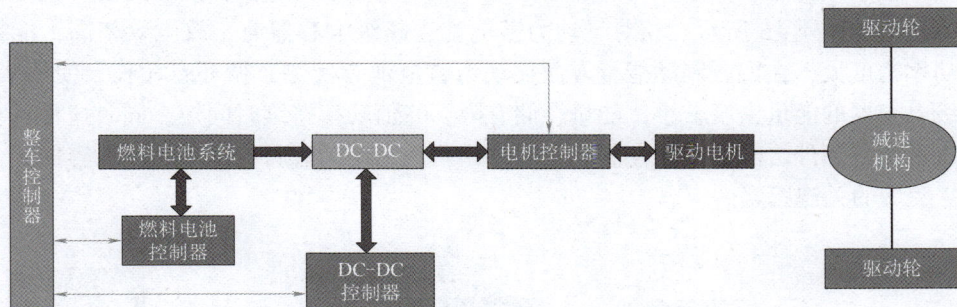

图 4 – 3　纯燃料电池驱动的 FCEV 的结构

———— 机械连接　　━━━━▶ 电气连接　　┄┄┄┄▶ 通信连接

> **小提示**
>
> 　由于燃料电池功率大、成本高，对燃料电池系统的动态性能和可靠性要求高，且由于燃料电池无法充电，因此不能进行制动能量回收。

2）燃料电池 + 动力蓄电池混合驱动的燃料电动汽车

在该动力系统结构中，燃料电池和动力蓄电池一起为驱动电机提供能量，驱动电机将电能转化成机械能传给传动系，从而驱动汽车前进；在汽车制动时，驱动电机变成发电机，动力蓄电池将储存回馈的能量，其结构如图 4 – 4 所示。

目前这种结构形式应用较为广泛，它解决了诸如辅助设备供电、水热管理系统供电、燃料电池堆加热、能量回收等问题。它的主要优点是增加了动力蓄电池联合驱动，系统对燃料

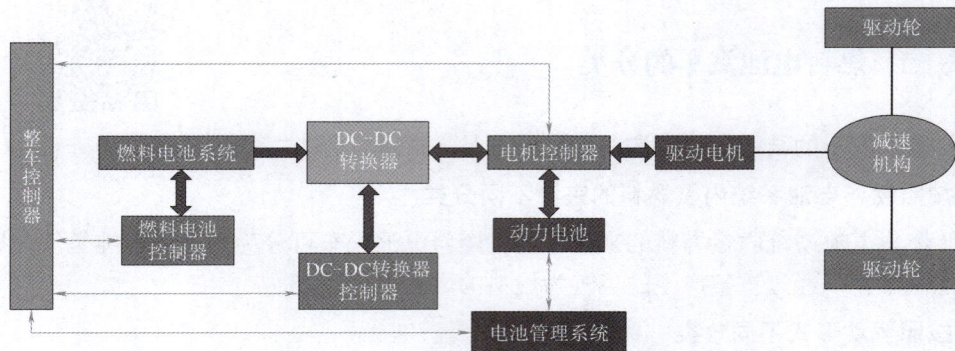

图4-4　燃料电池+动力蓄电池混合驱动的 FCEV 的结构

——— 机械连接　━━━ 电气连接　----- 通信连接

电池的功率和结构形式要求降低，从而大大降低了整车成本；燃料电池可以在比较好的、已设定的条件下工作，工作时燃料电池的效率较高；系统对燃料电池的动态响应性能要求较低；汽车的冷起动性能较好；可以回收汽车制动时的部分动能。但这种结构形式由于动力蓄电池的使用，导致整车质量增加，动力性和经济性会受到影响；动力蓄电池充放电过程会有能量损耗，影响能量转换效率；系统变得更复杂，系统控制和整体布置的难度增加。

　　3）燃料电池+超级电容器混合驱动的燃料电动汽车

　　这种结构形式与燃料电池+动力蓄电池混合驱动的 FCEV 相似，只是把动力蓄电池换成超级电容器，如图4-5所示。相对于动力蓄电池，超级电容器充、放电效率高，能量损失小，比功率密度大，在回收制动能量方面比动力蓄电池有优势，循环寿命长，使用成本低；但是超级电容器的能量密度较小，能量存储有限，峰值功率持续时间短。同时这种系统结构复杂，对系统各部件之间的匹配控制要求高，这些成为制约燃料电池+超级电容器混合驱动的 FCEV 发展的关键因素。

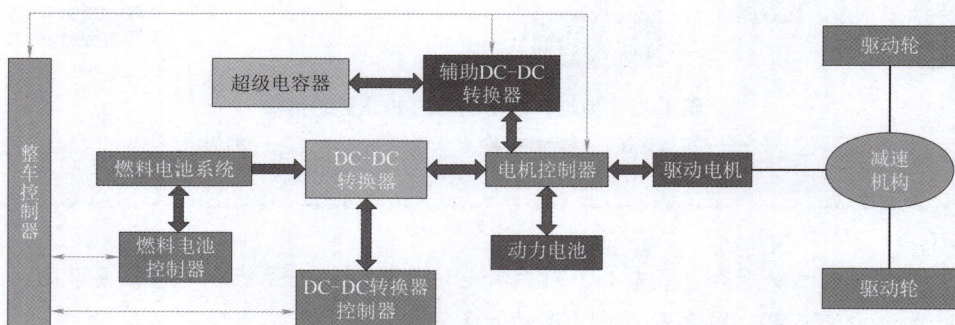

图4-5　燃料电池+超级电容器混合驱动的 FCEV 的结构

——— 机械连接　━━━ 电气连接　----- 通信连接

　　4）燃料电池+动力蓄电池+超级电容器混合驱动的燃料电动汽车

　　燃料电池+动力蓄电池+超级电容器混合驱动的 FCEV 的结构如图4-6所示。它是在燃料电池与动力蓄电池混合驱动的燃料电动汽车电压总线上再并联一组超级电容器，用于提供加速动力，或用于吸收紧急制动的尖峰电流，减轻动力蓄电池负担，延长其使用寿命。

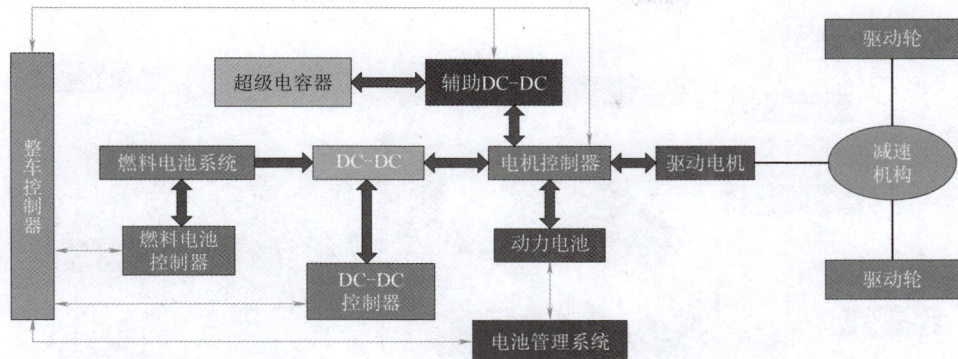

图 4-6　燃料电池 + 动力蓄电池 + 超级电容器混合驱动的 FCEV 的结构

━━━ 机械连接　　➡ 电气连接　　→ 通信连接

该类型燃料电池汽车在行驶过程中，燃料电池、动力蓄电池和超级电容器一起为驱动电机提供能量，驱动电机将电能转换成机械能再传递给减速机构，从而驱动汽车行驶；在汽车制动时，驱动电机变成发电机，动力蓄电池和超级电容器存储回馈的能量。

这种结构与燃料电池 + 动力蓄电池混合驱动的 FCEV 结构相比，在部件效率、动态特性、制动能量回馈等方面更有优势。它采用燃料电池、动力蓄电池和超级电容器联合供能时，燃料电池的能量输出更为平缓，随时间变化波动较小，能量需求变化的低频部分由动力蓄电池承担，能量需求变化的高频部分由超级电容器承担。它的缺点也一样明显，由于增加了超级电容器，整个系统的质量增加，系统更加复杂，系统控制和整体布置的难度也随之增大。

对比上述 3 种混合驱动结构形式，燃料电池 + 动力蓄电池 + 超级电容器的组合能够最大限度地满足整车的起动、加速、制动的动力和效率需求，但其成本最高，结构和控制也最为复杂。目前燃料电池汽车动力系统的一般结构仍是燃料电池 + 动力蓄电池的组合。

小思考

根据 2023 年 12 月氢燃料电池汽车产销数据，国内氢燃料电池汽车当月产销分别约为 1 300 辆、1 500 辆，同比增长分别为 98.8%、149.1%。氢燃料电池汽车产销创历史新高，单月首次破千，那么目前氢燃料电池汽车有哪些车型呢？

🔆 三、燃料电池汽车的结构及工作原理

燃料电池汽车实质上是电动汽车的一种，在车身、动力传动系统、控制系统等方面，燃料电池汽车与普通电动汽车基本相同，主要区别在于动力蓄电池的工作原理不同。图 4-7 为典型燃料电池汽车结构组成示意图，它通常由燃料电池堆、辅助动力源、储氢罐、DC-DC 转换器、驱动电机、电控系统等部件组成。

微课　燃料电池汽车
的结构及原理

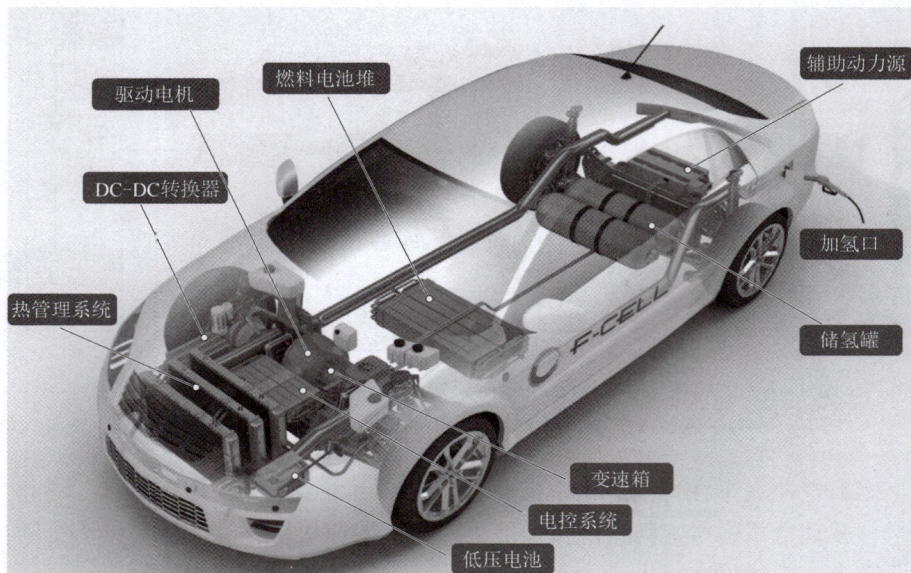

驱动电机

燃料电池堆

辅助动力源

DC-DC转换器

加氢口

热管理系统

储氢罐

变速箱

电控系统

低压电池

图 4 - 7　典型燃料电池汽车结构组成示意图

1. 燃料电池堆

燃料电池堆是燃料电池汽车的主要动力源，它是一种不燃烧燃料而直接以电化学反应方式，将燃料的化学能转变为电能的高效发电装置。

根据电解质类型的不同，当前燃料电池堆主要分为以下 6 种：质子交换膜燃料电池（Proton Exchange Membrane Fuel Cell，PEMFC）、直接甲醇燃料电池（Direct Methanol Fuel Cell，DMFC）、磷酸盐燃料电池（Phosphoric Acuid Fell Cell，PAFC）、碱性燃料电池（Alkaline Fuel Cell，AFC）、熔融盐燃料电池（Molten Carbonate Fuel Cell，MCFC）和固体氧化物燃料电池（Solid Oxide Fuel Cell，SOFC）。从实际应用情况观察，质子交换膜燃料电池以其功率密度大、质量小、体积小、寿命长、工艺成熟、可低温下快速起动等突出优点，被认为是车用燃料电池堆的理想型技术方案，也是当前应用广泛且较为成熟的技术路径，质子交换膜燃料电池反应原理如图 4 - 8 所示。

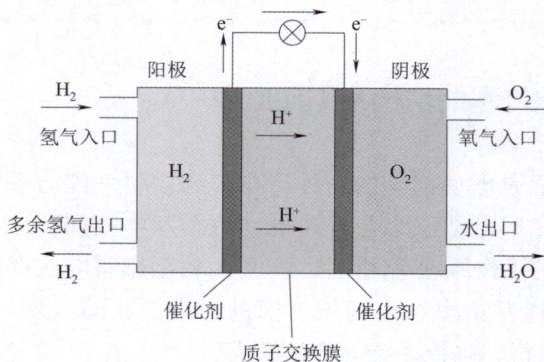

e^-　　e^-

阳极　　　　　　　　阴极

H_2　　　　　　　　　　　　　　　　　　　O_2

氢气入口　　　H^+　　　　氧气入口

H_2　　　　　　　　　　　　O_2

H^+

多余氢气出口　　　　　　　　水出口

H_2　　　　　　　　　　　　H_2O

催化剂　　　催化剂

质子交换膜

图 4 - 8　质子交换膜燃料电池反应原理

质子交换膜燃料电池发电的基本原理是，电池的阳极输入氢气，氢分子（H_2）在阳极催化剂作用下，离解为氢离子（H^+）和电子（e^-），氢离子（H^+）穿过燃料电池的电解质层向阴极方向运动，电子（e^-）因不能通过电解质层而由外电路流向阴极。在电池阴极输入氧气，氧气在阴极催化剂作用下离解成为氧原子（O），与外部电路过来的电子（e^-）和穿过电解质的氢离子（H^+）结合生成水，完成电化学反应。

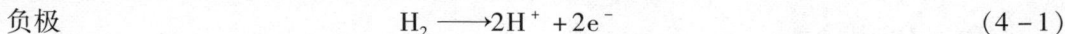

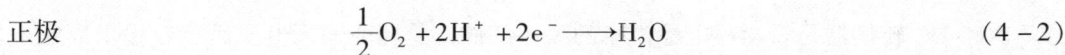

负极 $$H_2 \longrightarrow 2H^+ + 2e^- \qquad (4-1)$$

正极 $$\frac{1}{2}O_2 + 2H^+ + 2e^- \longrightarrow H_2O \qquad (4-2)$$

总反应 $$2H_2 + O_2 \longrightarrow 2H_2O \qquad (4-3)$$

只要阳极不断输入氢气，阴极不断输入氧气，电化学反应就会连续不断地进行下去，电子（e^-）就会不断通过外部电路流动形成电流，为汽车提供电力。

2. 辅助动力源

在燃料电动汽车上燃料电池发动机是主要动力源，另外还配备有辅助动力源。根据燃料电动汽车的设计方案不同，其所采用的辅助动力源也有所不同，可以用动力蓄电池组、飞轮储能器或超大容量电容器等共同组成双电源系统。在具有双电源系统的燃料电动汽车上，驱动电机的电源可以出现以下驱动模式。

（1）燃料电动汽车起动时，由辅助动力源提供电能带动燃料电池发动机起动，或带动车辆起步。

（2）车辆行驶时，由燃料电池发动机提供驱动所需全部电能，剩余的电能储存到辅助动力源装置中。

（3）在加速和爬坡时，若燃料电池发动机提供的电能不足以满足燃料电动汽车驱动功率要求，则由辅助动力源提供额外的电能，使驱动电机的功率或转矩达到最大，形成燃料电池发动机与辅助动力源同时供电的双电源供电模式。

（4）储存制动时反馈的电能，以及向车辆的各种电子、电器设备提供所需要的电能。

3. 储氢罐

储氢罐是气态氢的储存装置，如图4-9所示，用于给燃料电池提供氢气。为了保证燃料电池汽车一次充气即有足够的续驶里程，就需要多个高压储气罐储存气态氢气。一般轿车需要2～4个高压储氢罐，大客车需要5～10个高压储氢罐。

图4-9　储氢罐

4. DC – DC 转换器

DC – DC 转换器是氢燃料电池汽车的关键部件，是转变输入电压后有效输出固定电压的电压转换器。在燃料电池动力系统中，燃料电动汽车的燃料电池需要安装单向 DC – DC 转换器，动力蓄电池和超级电容器需要安装双向 DC – DC 转换器。

DC – DC 转换器的主要功能有调节燃料电池的输出电压、调节整车的能量分配、稳定整车直流母线电压等。

燃料电池汽车对车载 DC – DC 转换器的要求如下。

（1）转换器是能量传递部件，因此需要转换效率高，以便提高能源的利用率。

（2）为了降低对燃料电池的输出电压要求，转换器应具有升压功能。

（3）由于燃料电池输出不稳定，需要转换器闭环运行进行稳压；为了给驱动器稳定地输入，需要转换器有较好的动态调节能力。

（4）体积小，质量小。

5. 驱动电机

驱动电机（见图 4 – 10）在燃料电池汽车中承担了驱动车辆的任务，因此驱动电机需要具有响应迅速、调速范围宽、起动转矩大、后备功率高、效率高的特性，同时要求可靠性高、耐高温及耐潮，结构简单、成本低、维护简单、适合大规模生产。可用于燃料电池汽车的驱动电机种类，主要有直流电机、交流异步电机、永磁同步电机和开关磁阻电机，其中交流异步电机和永磁同步电机应用较多。

图 4 – 10　驱动电机

6. 电控系统

燃料电池汽车的电控系统主要由燃料电池发动机管理系统、动力蓄电池管理系统、动力控制系统及整车控制系统组成。

1）燃料电池发动机管理系统

燃料电池发动机管理系统按整车控制器的功率设定值控制燃料电池发动机的输出功率，监测发动机的工作状态，保证发动机稳定可靠地运行，同时进行故障诊断及管理。该系统具体组成包括供氢系统、供氧系统、水循环及冷却系统。

2）动力蓄电池管理系统

动力蓄电池管理系统分上下两级，下级负责蓄电池组电压、温度等物理参数的测量，进行过充电、过放电保护及组内组间均衡；上级负责动力蓄电池的电流检测及剩余电量（SOC）估算，以及相关的故障诊断，同时运行高压漏电保护策略。

3）动力控制系统

动力控制系统包含 DC – DC 转换器、DC – AC 转换器、DCL[①] 和空调控制器及空调压缩机变频器，以及电机冷却系统控制器。DCL 负责将高压电源转换为系统零部件所需的 12 V/24 V 低压电源，电机冷却系统控制器负责电机及 PCU 的水冷却系统控制。

4）整车控制系统

整车控制系统的核心是多能源控制系统（包括制动能量回馈功能），它一方面接收来自驾驶员的需求信息（如点火开关、加速踏板、制动踏板、挡位信息等）实现整车工况控制；另一方面基于反馈的实际工况（如车速、制动、电机转速等），以及动力系统的状况（燃料电池及动力蓄电池的电压、电流等），根据预先匹配好的多能源控制系统进行能量分配调节控制。

当燃料电池汽车行驶时，储氢罐中的氢气与空气中吸入的氧气在汽车搭载的燃料电池堆中发生氧化还原化学反应，产生的电能使驱动电机工作，驱动电机产生的机械能经变速传动装置传给驱动轮，驱动汽车行驶；反应产生的剩余电能则存入动力蓄电池中，在需要的时候，动力蓄电池也可以给驱动电机供电，其过程如图 4 – 11 所示。

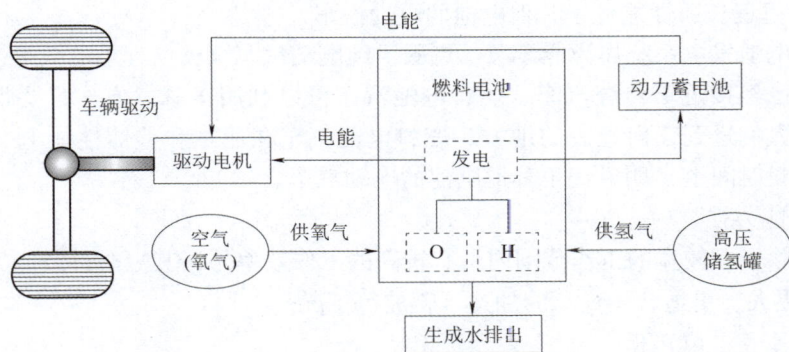

图 4 – 11　燃料电池汽车工作过程

❄ 四、燃料电池汽车的特点

1. 优点

与传统内燃机汽车、纯电动汽车相比，燃料电池汽车具有以下优点。

（1）零排放或近似零排放，绿色环保。

燃料电池汽车在本质上是一种零排放汽车，燃料电池没有燃烧过程，若以纯氢作燃料，通过电化学的方法，将氢和氧结合，生成物是清洁的水；若用车载重整器将其他含氢有机化合物制氢作为燃料电池的燃料，生成物除水之外还可能有少量的二氧化碳，但其排放量比内燃机要少得多，且没有其他污染排放（如氧化氮、氧化硫、碳氢化物或微粒等）问题，接近零排放。

---

① DCL 是指降压变换器（HV – LV DC – DC）。

小思考
　　燃料电池汽车和纯电动汽车都属于新能源汽车，那么哪个更为环保呢？

　　（2）能量转换效率高，节约能源。

　　燃料电池的能量转换效率极高。燃料电池没有活塞或涡轮等机械部件及中间环节，不经历热机过程，不受热力循环（卡诺循环）限制，故能量转换效率高，燃料电池的化学能转换效率在理论上可达100%，实际效率已达60%～80%，是普通内燃机热效率的2～3倍（汽油机和柴油机汽车整车效率分别为16%～18%和22%～24%）。因此，从节约能源的角度来看，燃料电池汽车明显优于使用内燃机的普通汽车。

　　（3）燃料多样化，优化了能源消耗结构。

　　燃料电池所使用的氢燃料来源广泛，自然界中，氢能大量存储在水中，可采用水分解制氢，也可以从天然气、丙烷、甲醇、汽油、柴油、煤中获得。燃料来源的多样化有利于能源供应安全和利用现有的交通基础设施（如加油站等）。燃料电池不依赖石油燃料，各种可再生能源可以转化为氢能加以有效利用，减少了对石油资源的依赖，优化了交通能源的构成。

　　（4）续驶里程长，性能优于其他电池的电动汽车。

　　采用燃料电池发电系统作为能量源，克服了纯电动汽车续驶里程短的缺点，其长途行驶能力及动力性已经接近于传统汽车。燃料电池汽车可以利用车载发电，只要带上足够的燃料，它可以把人们送到任何想去的地方。燃料电池汽车在成本和整体性能上（特别是续驶里程和补充燃料时间上）明显优于其他电池的电动汽车。

　　（5）过载能力强。

　　燃料电池除了在较宽的工作范围内具有较高的工作效率外，其短时过载能力可达额定功率的200%或更大，更适合于汽车的加速、爬坡等工况。

　　（6）运行平稳，噪声低。

　　燃料电池属于静态能量转换装置，除了空气压缩机和冷却系统以外，无其他运动部件，因此，与内燃机汽车相比，摆脱了发动机的轰鸣，运行过程中噪声和振动都较小。

　　2. 缺点

　　虽然燃料电池汽车优点较多，但受制于产业发展和结构组成，还存在以下缺点。

　　（1）制造成本和使用成本高。

　　目前，制约燃料电池汽车推广应用的最大因素之一是燃料电池的生产成本居高不下；另一因素是作为燃料电池唯一燃料的氢，其生产、存储、保管、运输、罐装或重整都比较复杂，对安全性要求很高，导致氢气的售价较高。综合上述两点，燃料电池汽车的制造成本和使用成本都较高。

　　（2）辅助设备复杂，且质量和体积较大。

　　在以甲醇或者汽油为燃料的燃料电池汽车中，经重整器出来的粗氢气含有使催化剂中毒失效的少量有害气体，必须采用相应的净化装置进行处理，增加了结构和工艺的复杂性，并导致系统变得笨重。目前普遍采用氢气燃料的燃料电池汽车，因需要高压、低温和防护的特种储存罐，导致体积庞大，也给燃料电池汽车的使用带来许多不便。

（3）起动时间长，系统抗振能力有待进一步提高。

采用氢气为燃料的燃料电池汽车起动时间一般需要 3 min，而采用甲醇或者汽油重整技术的燃料电池汽车则长达 10 多分钟，比内燃机汽车的起动时间长得多，影响其机动性能。当燃料电池汽车受到振动或者冲击时，各种管道的连接和密封的可靠性需要进一步提高，否则可能引发泄漏导致效率降低，严重时会引发安全事故。

> **小思考**
>
> 如果燃料电池汽车采用的是混合驱动，是否还会存在起动时间长的问题？

✿ 五、燃料电池汽车车型实例

1. 丰田 MIRAI

丰田一直致力于燃料电池汽车的开发，于 1992 年便开始研发燃料电池汽车，1996 年，丰田研发了改装自 RAV4 的氢燃料电池汽车 FCHV - 1，该车采用了 10 kW 的质子交换膜燃料电池和金属储氢装置，续驶里程达到了 250 km。之后 10 多年又陆续推出 FCHV - 2、FCHV - 3 和 FCHV - 4 等系列车型。但受制于昂贵的单价和基础设施不足，该阶段的燃料电池汽车没有量产和商品化。

2014 年 12 月 15 日，丰田汽车在日本发布全球首款量产氢燃料电池汽车 MIRAI，MIRAI 是世界上率先投入量产的燃料电池汽车。截至 2019 年，丰田氢燃料电池汽车 MIRAI 在全球的销量突破 1 万辆。2020 年 12 月 9 日，第二代 MIRAI 正式上市，如图 4 - 12 所示。

图 4 - 12　第二代丰田 MIRAI 氢燃料汽车

MIRAI 车辆采用了燃料电池和动力蓄电池两种能量来源相结合的组合方式。丰田将这套系统称为 TFSC（Toyota FC stack），它是以燃料电池堆为主要核心组件的动力系统，燃料电池堆通过转换器与电路总线相连接，动力蓄电池与燃料电池堆之间经过逆变器转化后，将电能输送给驱动电机。

第二代 MIRAI 燃料电池堆由 330 节燃料电池发电单体串联组成，峰值功率为 128 kW，体积功率密度达到 5.4 kW/L；搭载的储氢罐数量从第一代的 2 个增至 3 个，搭载储氢容积总计 141 L，氢气搭载量扩大约 20%，工作压力 70 MPa，续驶里程达到 850 km（全球统一轻型车辆测试循环工况），支持 L2 级自动驾驶。

2. 长安深蓝 SL03 氢电版

2022 年，中国首款量产氢燃料电池轿车长安深蓝 SL03 氢电版（见图 4-13）上市，该车采用单电机后置布局，电机最大功率达到 160 kW，动力蓄电池组采用宁德时代/上海神力电芯品牌的磷酸铁锂电池，容量达到 28.39 kW·h；风阻系数低至 0.23，达到行业领先水平。

图 4-13　长安深蓝 SL03 氢电版

除此以外，该车还具有以下特点。

（1）SL03 的氢燃料电池系统具备 10 000 h 性能衰减 <10% 的超长寿命，这是因为该氢燃料电池采用了全服役周期电堆健康状态感知与性能强化控制技术，并使用新一代高活性铂合金催化剂梯度涂覆。

（2）氢电版 SL03 在 CLTC 工况下的百公里馈电氢能耗为 0.65 kg，续驶里程可达到 700 km 以上。同时研发团队通过多项 NVH 核心控制技术，改进了燃料电池系统进排气和空压机产生的噪声问题，让动力系统常用工况下的噪声低于 55 dB。

（3）在补能方面，氢电版 SL03 可实现 1 kg 氢气产生 20.5 度电的充电效率，做到 3 min 快速补能。该车型采用最新一代高性能电堆搭配全变量解耦高精度控制技术，让动力系统氢电转换效率高于 60%，同时 SL03 还具备高效回收余热进行采暖的功能，让车辆在低温地区行驶时也能有可靠的续航表现。

（4）在安全保障方面，氢电版 SL03 的氢燃料电池的高压储氢罐受到三重保护，分别是航天供应商、航天工艺及航天材料，能够承受 70 MPa 压力。同时，储氢罐的实时泄漏检测搭配整车 24 h 数字监控，可以做到毫秒级安全响应，可以满足中国和欧盟最高安全标准。

单元二　其他新能源汽车

❄ 一、气体燃料汽车

1. 天然气汽车

微课　燃气燃料汽车简介

1）天然气汽车简介

可以使用天然气作为燃料的汽车称为天然气汽车。天然气是指天然蕴藏于地层中的烃类和非烃类体的混合物，是很好的汽车发动机燃料。与同功率的传统燃油汽车相比，天然气汽车尾气中的碳氢排放量可减少90%，一氧化碳可减少约80%，二氧化碳可减少约15%，氮氧化物可下降40%，并且没有含铅物质排出。因此，大力推广天然气汽车，对于减少城市大气污染、改善空气质量、美化城市环境、提高居民生活水平作用重大。截至2022年，我国天然气汽车保有量约为553.2万辆。天然气汽车如图4-14所示。

图4-14　天然气汽车

> **小提示**
>
> 　　对于在用车辆来说，可以将定型汽油车改装，在保留原车供油系统的情况下，增加一套专用压缩天然气装置，形成压缩天然气汽车，燃料的转换仅需拨动开关即可完成。加充一次天然气可行驶200 km左右，特别适合公共汽车、市内出租车、往返里程不超过200 km的中巴车、微型面包出租车及其他单位车辆。

2）天然气汽车的分类

（1）按照燃料储存形式分类。

按照燃料储存形式分类，可以将天然气汽车分为压缩天然气（Compressed Natural Gas，CNG）汽车、液化天然气（Liquefied Natural Gas，LNG）汽车和吸附天然气汽车。

①压缩天然气汽车。

压缩天然气汽车是将天然气压缩到20～25 MPa，储存在车载高压气瓶中使用。这种车

项目四　燃料电池汽车及其他新能源汽车的认知

辆成本相对较低，目前使用比较普遍，其最大的缺点是高压钢瓶过重，体积大且储气量小，占据了汽车较多的有效质量，限制了汽车携带燃料的体积，导致汽车连续行驶里程缩短。另外，因钢瓶的储存压力高，也具有一定的危险性。

②液化天然气汽车。

液化天然气是将天然气在常压下冷却至 −162 ℃后液化形成，可以明显地减小天然气体积（缩小到标准状况的 1/625）。液化天然气储存于车载绝热气瓶中，具有燃点高、安全性能强等优点，适合长途运输和储存。与压缩天然气汽车相比，液化天然气汽车在安全、环保、整车轻量化、整车续驶里程方面都具有优势。但是，液化天然气生产设备的投资和能耗很高，对存储容器的绝热性也要求很高。

③吸附天然气汽车。

吸附天然气汽车气瓶内的天然气以吸附方式存储，压力为 3~6 MPa。这种车辆的供气系统简单，成本低，但装载的天然气数量少，汽车的行驶距离短，加气次数多。

（2）按燃料种类分类。

按燃料种类分类，可以将天然气汽车分为单燃料天然气汽车、两用燃料天然气汽车和双燃料天然气汽车。

①单燃料天然气汽车。

单燃料天然气汽车只使用天然气作为燃料。这种车辆的发动机专门针对天然气的供给、燃烧特点进行设计，因此燃烧效率高、排放低。

②两用燃料天然气汽车。

两用燃料天然气汽车既可以使用天然气，也可以使用汽油作为燃料。这类车辆多由燃油汽车改进而来，具有两套燃料供给系统，一套系统供给汽油，一套系统供给天然气，但只能分别单独向发动机供给而不能同时供给。使用时，可以在燃烧汽油和燃烧天然气两种模式间切换。

③双燃料天然气汽车。

双燃料天然气汽车可以同时使用柴油和天然气。这类车辆也具有两套燃料供给系统，一套系统供给柴油，一套系统供给天然气，并且能同时向发动机供给柴油和天然气，形成混合燃烧，使用时，可以在单独燃烧柴油和柴油/天然气混合燃烧两种模式间切换。

3）天然气汽车结构与工作原理（以压缩天然气汽车为例）

（1）压缩天然气汽车发动机结构组成。

压缩天然气汽车与传统汽油或柴油汽车的主要区别在于发动机，需要采用配备有天然气供给系统及控制系统的专用天然气发动机，主要有燃料供给系统和电控系统两大部分。其中，燃料供给系统主要由天然气瓶、充气阀、高压燃料切断阀、减压阀、混合器部件、压力表、高压电磁阀等组成，实现燃料压缩天然气的随车储存、在各种管路内输送、充装和向发动机喷射等功能，如图 4–15 所示；电控系统主要由气体压力传感器、温度传感器、电子节气门等组成，与原车的 ECU 配合，实现燃料压缩天然气的定时定量喷射。

（2）压缩天然气汽车发动机工作原理。

如图 4–16 所示，压缩天然气汽车发动机工作时，高压的压缩天然气从天然气瓶出来，经过天然气滤清器过滤后，经高压电磁阀进入高压减压阀，高压电磁阀的开合由 ECU 控制。高压减压阀的作用是将高压的压缩天然气（工作压力 25 MPa 左右），经过减压加热将压力

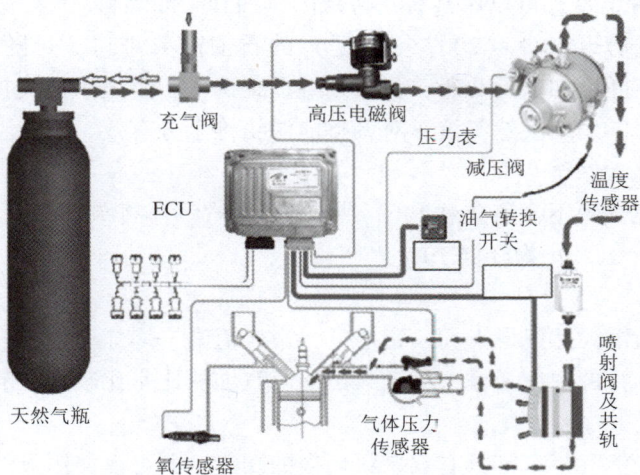

图 4-15 压缩天然气汽车燃料供给系统的总体组成

调整到0.7~0.9 MPa。高压天然气在减压过程中由于减压膨胀，需要吸收大量热量，为防止减压阀结冰，将发动机冷却液引入减压阀，对天然气进行加热。经减压后的天然气进入电控调压器，电控调压器的作用是根据发动机运行工况，精确控制天然气喷射量。天然气与空气在混合器内充分混合，进入发动机缸内，经火花塞点燃进行燃烧，火花塞的点火时刻由ECU控制，氧传感器即时传递燃烧后的尾气的氧含量，ECU根据氧传感器反馈的信号，及时修正天然气喷射量。

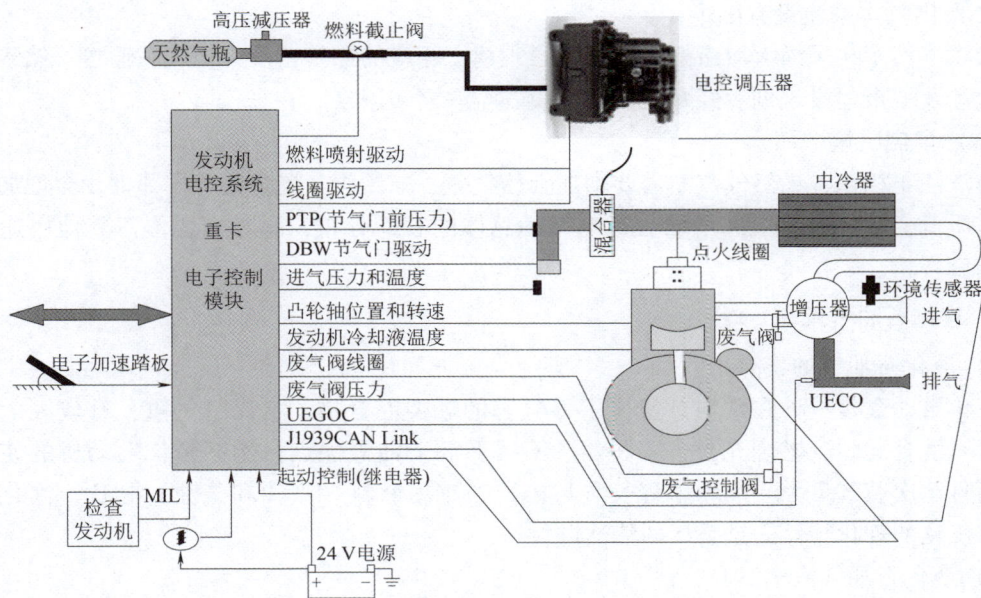

图 4-16 玉柴压缩天然气汽车发动机结构原理

4）天然气汽车的特点

天然气汽车具有以下优势。

（1）天然气储量丰富，可以用其替代短缺的汽油和柴油燃料。

我国能源紧缺，有近50%（2007年数据）的石油需要进口，且随着汽车工业迅猛发展，进口比例还在不断增加。近几年，我国相继在柴达木、塔里木、陕甘宁、东海、南海发现了大型天然气气田。发展天然气汽车对调整能源结构十分有效。

（2）减轻大气污染。

天然气汽车的尾气中不含硫化物和铅，相比普通汽油车排放，一氧化碳降低80%，碳氢化合物降低60%，氮氧化物降低70%。

（3）安全性高。

与汽油相比，压缩天然气燃点高、密度低、辛烷值高、爆炸极限窄、相关零部件安全系数高。因此从燃料本身的角度考虑，压缩天然气与汽油相比是比较安全的燃料。

（4）燃料切换方便。

目前国内很多天然气汽车都具有双燃料切换的功能，既可以使用天然气，也可以使用汽油/柴油燃料，可以减少地域性对车辆使用的限制。

（5）社会和经济效益显著。

由于天然气和汽油之间的差价，使得使用天然气可以节省大量成本。另外，天然气汽车的发展也可以带动相关产业的发展，如石化企业、压缩机、车用燃气装置及储气瓶等生产企业。

但是天然气汽车也有以下一些缺点。

（1）行驶距离短。

由于天然气的能量密度低，压缩天然气汽车携带的燃料量较少，一般行驶距离较汽油车短。在城市行驶的出租车，白天需加气2~3次。

（2）供气体系建设有困难。

天然气汽车在国内大城市推广应用，必须建立相应的加气站及为加气站输送天然气的管道，这涉及城市建设规划、经费投入和环境安全等诸多因素。

（3）车辆质量增加。

与汽油车相比，天然气汽车需要增加天然气瓶、减压阀、混合器等零部件，会增加车辆的总体质量，额外的零部件增加会影响车辆总体的载荷分布，同时也会侵占其他用途的空间，如后备箱、工具箱等。

2. 液化石油气汽车

1）液化石油气的特点

液化石油气是一种在常温、常压下为气态的烃类混合物。它比空气重，有较大的辛烷值，具有混合均匀、燃烧充分、不积炭、不稀释润滑油等优点，能够延长发动机的使用寿命，而且单次载气量大，续驶里程长。与传统的车用燃料（汽油和柴油）相比，液化石油气具有优良的理化特性，是公认的清洁燃料。

2）液化石油气汽车简介

以液化石油气（Liquefied Petroleum Gas，LPG）为燃料的汽车称为液化石油气汽车。液化石油气汽车具有尾气污染物排放低、发动机运行性能好、运行和维修成本低、安全性高等特点，是目前在全世界范围内的应用最为广泛的替代能源汽车。液化石油气城市客车如图4-17所示。

车辆在燃用液化石油气时，液态的液化石油气靠自身的蒸发压力被压出容器，通过高压管路、过滤器和电磁阀进入调节器，在调节器内经降压、汽化和调压，变成气态后通过混合器与空气混合，最终形成可燃混合气进入发动机。

图 4-17　液化石油气城市客车

3）液化石油气汽车的类型

（1）按照燃料供给系统特征分类。

按照燃料供给系统特征分类，可以分为单燃料液化石油气汽车、液化石油气-汽油两用燃料汽车、液化石油气-柴油双燃料汽车。

①单燃料液化石油气汽车：仅使用液化石油气作为发动机的燃料，不再使用其他燃油或代用燃料的汽车。其发动机为预混、点燃式发动机。单燃料液化石油气汽车专为燃用液化石油气而设计，可以充分发挥液化石油气辛烷值高的优势。与单燃料压缩天然气汽车相比，因液化石油气的辛烷值比压缩天然气的低，故液化石油气发动机的压缩比稍低，燃料经济性略差；因液化石油气含碳比例较大，故排污比压缩天然气稍多；因液化石油气挤占空气容积较少，故动力性优于压缩天然气。

②液化石油气-汽油两用燃料汽车：液化石油气-汽油两用燃料汽车是可以视情况交替燃用液化石油气或汽油的汽车。它备有液化石油气和汽油两套燃料系统，燃用汽油时，切断液化石油气的供给；燃用液化石油气时，切断汽油的供给。一般汽油车发动机不改动，只是加装一套液化石油气燃料供给装置，就成了液化石油气-汽油两用燃料汽车。与单燃料液化石油气汽车相比，液化石油气-汽油两用燃料汽车的优点是改装方便，原机基本不变；在保证供应的情况下可以尽可能地燃用液化石油气，而在需要时又可以随时方便地改用汽油；由于保存了原车的燃油箱，续驶里程比原车还要多。但其缺点是性能低。

③液化石油气-柴油双燃料汽车：液化石油气-柴油双燃料汽车是指同时燃用液化石油气和柴油的汽车。液化石油气-柴油双燃料汽车与压缩天然气-柴油双燃料汽车的主要优点类似，可以大幅降低大负荷工况的微粒排放，但小负荷时的碳氢化合物排放有所增加。与压缩天然气-柴油双燃料汽车相比，液化石油气-柴油双燃料汽车的缺点是液化石油气的替代率略低于压缩天然气的替代率，优点是液化石油气不受管线限制，供油系统的成本低，液化石油气的能量密度大，便于携带。

（2）按照液化石油气的供给方式分类。

按照液化石油气的供给方式分类，可以分为真空进气式液化石油气汽车和喷气式液化石油气汽车。

①真空进气式液化石油气汽车是指液化石油气在进气管真空度作用下，经混合器进入进气管的液化石油气汽车。其燃料供给方式与化油器式发动机相类似。

②喷气式液化石油气汽车是指液化石油气以一定的压力经喷气嘴直接喷入气缸或进气管的液化石油气汽车。其燃料供给方式与汽油喷射式汽油机或柴油机相类似。

（3）按照燃料供给的控制方式分类。

按照燃料供给的控制方式分类，又可以分为机械控制式液化石油气汽车、机电联合控制式液化石油气汽车和电控式液化石油气汽车。

①机械控制式液化石油气汽车是指以机械控制方式为主，控制液化石油气供给的液化石油气汽车。

②机电联合控制式液化石油气汽车是指以机电联合控制方式控制液化石油气供给的液化石油气汽车。

③电控式液化石油气汽车是指利用微机来控制不同工况液化石油气供给量的液化石油气汽车。电控方式又有开环和闭环之分。

✦ 二、生物燃料汽车

1. 醇类燃料汽车

1）醇类燃料汽车简介

醇类燃料汽车是利用醇类燃料做能源驱动的汽车。醇类燃料一般是指甲醇（CH_3OH）和乙醇（C_2H_5OH），以甲醇为燃料的汽车称为甲醇汽车（见图4-18），以乙醇为燃料的汽车称为乙醇汽车。

微课 醇类燃料
汽车简介

图 4-18 甲醇汽车

> **小思考**
> 汽车上使用的乙醇燃料与医用酒精或食用酒精一样吗？如果不一样，有什么区别呢？

2）醇类燃料汽车的组成

醇类燃料汽车电控燃料供给系统主要由油箱、燃油泵总成（燃油泵、粗细滤清器等）、油管、喷油器等组成，与传统汽油汽车电控燃料供给系统结构与工作原理基本相同，不同之处如下。

（1）油箱需要采用与甲醇或乙醇相容的材料制造，如不锈钢、钝化或阳极氧化处理的铝合金、氟化高密度聚乙烯、氟丁橡胶或者其他与甲醇相容的合成橡胶、纤维加强塑料等。由于醇类燃料的热值低，为了使甲醇燃料汽车一次加油后的续驶里程和原汽油车基本一样，油箱的容积应该加大。

醇与汽油的混合燃料在低温状态会出现分离的情况，解决的办法之一是在油箱中设置一电动搅拌器，需要时用机械搅拌法使其混合。

（2）由于醇类燃料的润滑性差，所以需要向喷油泵供给专用润滑油，或在醇类燃料中加入 0.5% ~ 1%（体积分数）的蓖麻油。

（3）需要增加一个燃料切换控制器，用以切换燃料供给模式，同时能够智能改变发动机点火系统参数，使醇类燃料在气缸内充分燃烧，该点火系统一般是与发动机 ECU 集成在一起。

（4）喷油器采用电磁阀式，用不锈钢制造喷油器本体，各处密封件的材料是氟化橡胶，而其中金属过滤器则是使用能与甲醇相容的金属粉末烧结而成，其孔隙较小。喷油器的流量范围既要能够满足全负荷时醇类燃料循环供应量的要求，又要满足使用汽油时，运转流量小的要求，其工作原理与电喷汽油机类似。醇类燃料喷油器如图 4 - 19 所示。

3）醇类燃料在汽车上的应用

甲醇作为燃料在汽车上的应用主要有掺烧和纯甲醇替代两种。掺烧是指将甲醇以不同的比例（如 M10、M15、M30）掺入汽油中作为发动机的燃料，一般称为甲醇汽油；纯甲醇替代是指将高比例甲醇（如 M85）直接用作汽车燃料（Mx 表示在汽油里添加 x% 的甲醇）。

汽车使用燃料按照甲醇在混合燃料中的比例分类，可以分为以下几种。

（1）低比例（如 M5）甲醇汽油，可以和汽油一样使用，发动机不做任何改动。

（2）中比例（如 M15）甲醇汽油，可以和汽油一样使用，发动机不做任何改动，但调配时必须添加助溶剂。

（3）高比例（如 M85）甲醇汽油和 M100 燃料甲醇，需要对发动机进行重新设计制造。

乙醇与普通汽油的性能接近，适用于点火式发动机。但汽车一般不会使用纯乙醇作为燃料，因为纯乙醇在蒸发时需要更多的热量（蒸发潜热大），导致汽车在低温时的起动性能不好，故通常在汽油中加入一定量的乙醇作为燃料使用，称为乙醇汽油。一般最高使用 E85 乙醇汽油，即含 85% 乙醇和 15% 的汽油的混合燃料。目前使用较多的是 E22 乙醇汽油。小比例的

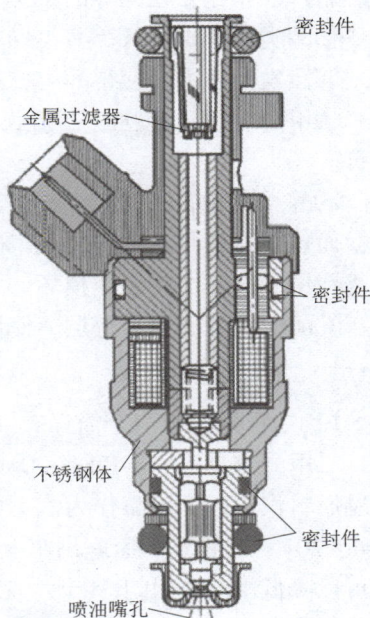

图 4 - 19 醇类燃料喷油器

密封件
金属过滤器
密封件
不锈钢体
密封件
喷油嘴孔

项目四　燃料电池汽车及其他新能源汽车的认知

139

乙醇汽油可以继续使用原汽油发动机，大比例的乙醇汽油则需要使用专门设计的发动机。

4）醇类燃料汽车的特点

（1）醇类燃料作为汽车燃料的优点。

①醇类燃料辛烷值比汽油高，可以采用高压缩比提高热效率。但是，醇类的抗爆性敏感度大，中高速时的抗爆性不如低速好。普通汽油与15%～20%的醇类燃料混合，辛烷值可达到优质汽油的水平。

②醇类燃料常温下为液体，操作容易，携带方便。

③醇类燃料可燃界限宽，燃烧速度快，可以实现稀薄燃烧。

④使用醇类燃料的发动机与传统的发动机技术之间有继承性，特别是使用汽油、醇类混合燃料时，发动机结构变化不大。

（2）醇类燃料代替化石燃料的缺点。

①醇类燃料热值低。甲醇的热值只有汽油的48%，乙醇的热值只有汽油的64%。因此，与燃用汽油相比，在同等的热效率下，醇类的燃烧经济性差。

②醇类燃料沸点低。醇类燃料蒸气压力高，容易产生气阻。

③蒸发潜热大，使得醇类燃料的汽车冷起动困难和在低温运行时性能变化。

④甲醇有毒，会刺激眼结膜，通过呼吸、消化系统和皮肤接触进入人体会造成人体中毒。

⑤醇类燃料腐蚀性大。醇类具有较强的化学活性，能腐蚀铝、铅、锰、塑料、合成橡胶等，而这些材料是汽油燃料汽车的典型材料，如燃油箱、油泵、油泵膜片、浮子和许多密封件等在甲醇汽车中将迅速损坏。

⑥醇类混合燃料易分层，使用时必须加入助溶剂。

2. 二甲醚燃料汽车

1）二甲醚燃料汽车简介

二甲醚（Dimethyl Ether，DME）是一种优良的清洁能源，以二甲醚为燃料的汽车称为二甲醚燃料汽车。二甲醚作为汽车燃料时，汽车尾气排放量低，可以应用在城市公交车（见图4-20）、出租车、家庭用车上，其动力性能与92号汽油相当，有优良的性价比，燃料成本可以降低10%。由于其十六烷值比柴油高，发动机爆发力大，力学性能好，因此还可替代柴油作为柴油汽车燃料，这是其他同类替代燃料不具备的优势。

微课　二甲醚燃料
汽车简介

图4-20　二甲醚城市公交车

2）二甲醚燃料汽车的组成

二甲醚燃料汽车燃料供给系统主要由二甲醚罐、输油泵、滤清器、压力表、蓄能器、喷油泵、喷油器、冷却器和各种阀门等组成，与传统柴油汽车燃料供给系统结构与工作原理基本相同，不同之处如下。

（1）二甲醚常温下为气态，需要在 0.5 MPa 压力下实现液化，所以必须使用专门的二甲醚罐加压储存，如图 4 – 21 所示。

图 4 – 21　二甲醚罐

（2）二甲醚的热值低，只有柴油机的 70%，为了达到原柴油机的动力水平，必须增大二甲醚发动机的每循环供油量，可以采取加大喷油泵中柱塞直径和柱塞有效行程、加大喷油器中喷孔直径等方法来解决，使用喷油泵、喷油器的技术参数与原柴油机不同。

（3）由于二甲醚的黏度低，这就使得燃油润滑效果较差，柴油机上的柱塞、出油阀与喷油器三对精密部件会因为润滑不良而产生磨损。因此，必须在二甲醚燃料中加入适当的润滑剂，以保证柴油机运转的可靠性与耐久性。

（4）在环境温度和压力下，二甲醚的爆炸极限范围比较宽。因此，在使用二甲醚时要注意防止二甲醚蒸气的溢出。同时，二甲醚的黏度低也容易使其泄漏气化。另外，二甲醚虽然对金属没有腐蚀性，但对一些弹塑性密封件来说，如果长期暴露在二甲醚中，则会使其密封性能恶化，并逐渐腐蚀剥落。所以在柴油机上使用二甲醚，必须解决好密封问题。

3）二甲醚燃料汽车的特点

二甲醚燃料汽车特点如下。

（1）十六烷值大于 55，比柴油高，滞燃期短，自燃温度低。

（2）污染少，其本身氧的质量分数为 34.8%，能够充分燃烧，不积炭，无残液，汽车尾气无须催化、转化处理，即可达到高标准的欧Ⅲ排放标准。二甲醚重型商用车一氧化碳排放能减少 20%，碳氢化合物能减少 30%，氮氧化物能减少 60%，颗粒物排放为零。在大气中，二甲醚在短时间内可分解为水和二氧化碳，不会污染环境。

（3）按等放热量计算，二甲醚的汽化潜热为柴油的 2.53 倍，因此会大幅降低柴油机最高燃烧温度，减少一氧化氮的排放量。

（4）低沸点的特点使二甲醚在喷入气缸后即可汽化，其雾化特性优于柴油。

（5）资源较为丰富，二甲醚可以从来源丰富的煤、天然气和生物质中提炼，大规模生产时，其成本低于柴油。

三、太阳能汽车

1. 太阳能汽车简介

太阳能汽车是利用太阳能电池将太阳能直接转化为电能，再利用电机驱动汽车的一种新型汽车。在光照情况下，通过光伏发电技术产生电流，可以直接或者协同动力蓄电池供电来驱动电机，或将多余的能量储存在动力蓄电池中以便在阳光不足的环境下使用。相比传统内燃机驱动的汽车，太阳能汽车不会向大气中排放废气，真正做到了零排放。

微课 太阳能汽车简介

> **小知识**
>
> 　　能源系统的低碳化、零碳化是实现我国碳达峰碳中和目标的必要条件之一。因此，未来光伏产业作为一种环保新型能源，其发展潜力十分巨大。中国是全球最大的太阳能和风能市场，2023 年中国的太阳能和风能装机容量分别达到了 3 000 亿瓦和 500 亿瓦，占全球市场的 30% 以上。中国的新能源市场不仅规模庞大，而且增长迅速。

2. 太阳能在汽车上的应用

到目前为止，太阳能在汽车上的应用主要有两个方面，一是作为驱动力；二是作为汽车辅助设备的能源。

1）太阳能作为驱动力

太阳能作为驱动力，一般采用太阳能电池吸收太阳能，再转化为电能驱动汽车运行。按照应用太阳能的程度分类，又可分为以下两种形式。

（1）太阳能作为第一驱动力驱动汽车。

这种太阳能汽车与传统的汽车不论在外观还是运行原理上都有很大的不同，太阳能汽车已经没有发动机、底盘、变速箱等构件，而是由太阳能电池板、储电器和电机等组成。利用贴在车体外表的太阳能电池板，将太阳能直接转换成电能，再通过电能的消耗，驱动车辆行驶，车辆的行驶快慢只要通过控制输入电机的电流就可以解决。

（2）太阳能和其他能量混合驱动汽车。

太阳能辐射强度较弱，光伏电池板造价昂贵，加之蓄电池容量和天气的限制，使完全靠太阳能驱动的汽车实用性受到极大限制，不利于推广。因此就出现了一种采用太阳能和其他能量混合驱动的汽车。

这种汽车外观与传统汽车相似，只是在车表面加装了部分太阳能吸收装置，如车顶电池板，用于给蓄电池充电或直接作为动力源驱动车辆行驶。这种汽车既有汽油发动机，又有电机，汽油发动机驱动前轮，蓄电池给电机供电驱动后轮。电机用于低速行驶，当车速达到某一速度以后，汽油发动机起动，电机脱离驱动轴，此时汽车便像普通汽车一样行驶。

混合驱动形式带来了诸多好处。一方面，因为有汽油发动机驱动，所以蓄电池不会过放电，蓄电池的容量只要满足一天使用即可，可采用小容量蓄电池来减轻车重；另一方面，城市中大多数车辆都处于低速行驶状态下，采用电机驱动可减少污染。

2）太阳能作为汽车辅助设备的能源

传统汽车功率一般为几十千瓦，而太阳每平方米辐射功率小于 1 kW，且目前的光电转换率小于 30%，因此全部用太阳能驱动传统的汽车，需要几十平方米的太阳光接收面积，这是很难达到的。但在传统汽车上可以用太阳能作为辅助动力，以减少常规燃料的消耗。而且，现代汽车的电气化程度日益提高，各种辅助设备的耗电量也因此急剧增加，因此可将太阳能发电作为补充。其应用主要有以下几种形式。

（1）太阳能作为汽车蓄电池的辅助充电能源。

在汽车上加装太阳能电池后，可以在汽车停止使用时，继续为电池充电，从而避免电池过度放电，节约能源。

（2）用于驱动风扇和汽车空调等系统。

汽车停在阳光下时，车内空气不流通，车体成为收集太阳能的温室，造成车内温度升高，大量的有害物质被释放，从而导致车内空气品质变差。若加装太阳能装置，如太阳能风扇等，则可以为车辆在停泊期间无能耗提供新风并降温，保证车辆有良好的空气品质。

在汽车天窗的玻璃下方设置太阳能电池，并将其与设置的控制单元输入端相连接，输入端连接车辆空调系统的温度传感器，同时也与蓄电池和点火器相连接。玻璃下方的太阳能电池吸收太阳能，经汽车天窗控制单元可对蓄电池进行充电，保证蓄电池的电能充足，同时延长蓄电池的使用寿命。在夏天高温天气里，汽车在烈日下停车熄火，完全没有能源供给时，利用内置在天窗内部的太阳能电板所产生的电力，可以通过控制系统来驱动鼓风机，将车厢外的冷空气导入车内，驱除车内热气，达到降温的目的。目前国内销售的车型当中，奔驰 E 级、奥迪 A8、奥迪 A6L、奥迪 A4，途锐等部分车型都配备了太阳能天窗。

3. 太阳能汽车的结构及工作原理

太阳能汽车主要由太阳能电池方阵、控制器、动力蓄电池、驱动系统及一些机械装置等组成，基本结构如图 4 – 22 所示。

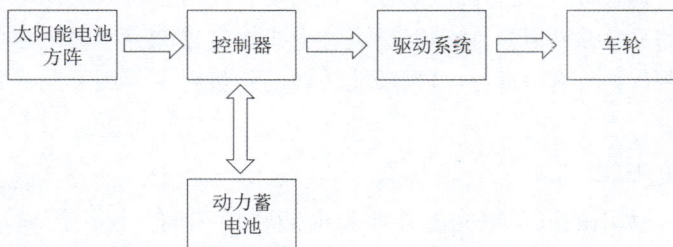

```
┌─────────┐    ┌───────┐    ┌───────┐    ┌───────┐
│ 太阳能电池 │ ⟹  │ 控制器 │ ⟹ │ 驱动系统 │ ⟹ │ 车轮 │
│   方阵   │    │       │    │       │    │       │
└─────────┘    └───────┘    └───────┘    └───────┘
                    ⇕
               ┌───────┐
               │ 动力蓄 │
               │  电池  │
               └───────┘
```

图 4 – 22　太阳能汽车的基本结构

（1）太阳能电池方阵。

太阳能电池方阵是太阳能汽车的能源，如图 4 – 23 所示。方阵由许多 PV 光电池（通常有好几百个）组成，方阵类型受到太阳能汽车尺寸和部件费用等的制约。目前主要有两种类型的光电池：硅电池和砷化合物电池。环绕地球卫星使用的太阳能电池是典型的砷化合物电池，而硅电池则更为普遍地为地面基础设备

图 4 – 23　太阳能电池方阵

所使用。一般等级的太阳能汽车通常使用硅电池。硅电池由许多独立的硅片组合起来，形成太阳能电池方阵，依靠光伏电源供电驱动太阳能汽车。方阵输出功率的大小受到太阳、云层的覆盖度和温度的影响。

（2）控制器。

控制器是太阳能汽车里最复杂的零部件，其包括峰值功率追踪器、电机控制器和数据采集系统。控制器的主要功能为监控系统与控制电机。峰值功率追踪器决定了太阳能电池板输送给动力蓄电池或者驱动电机的最大功率，即当太阳能电池板给动力蓄电池充电时，峰值功率追踪器可以保护蓄电池，防止过充过载而损坏；当驱动电机使车辆行驶时，峰值功率追踪器可以限制其最大功率。

（3）动力蓄电池。

动力蓄电池用于储存太阳能转换的电能，当车辆行驶时，动力蓄电池的能量用于驱动电机输出功率；当车辆制动时，动力蓄电池可以接收发电机产生的能量。

（4）驱动系统。

与传统汽车的驱动和传动系统相比，太阳能汽车的驱动和传动系统有很大差异。一般来说，太阳能汽车由电机通过动力传动零部件驱动车轮。由于太阳能汽车本身质量较小，行驶时所需要的动力比传统汽车要小，因此通常只用一个电机来驱动车轮。

在电机的选择方面，太阳能汽车使用的类型较多，没有什么限制，但其功率一般较小，在 1.5～4.0 kW 范围内。由于无刷直流电机具有轻便、效率高等优点，因此目前在太阳能汽车上使用较多。但其价格比普通有刷直流电机要高出许多。

在太阳能汽车行驶过程中，由太阳能电池方阵接收来自太阳的光照，并将其转化为电能。由太阳能转换的电能直接输送到电机的同时，如果还有更多剩余的能量，则通过控制器储存到动力蓄电池组中，供以后使用。相反，当太阳能转换的能量不足以驱动电机来满足车辆行驶功率要求时，动力蓄电池中所储存的能量就补充太阳能来驱动电机。另外，在太阳能汽车制动减速时，可以使用传统的机械装置进行制动，同时也可以利用电机来进行制动。只不过，这时的电机将变为发电机，制动能量通过电机控制器储存于蓄电池中，达到制动能量回收的效果。在太阳能汽车停车时，由太阳能转换的能量将全部用于动力蓄电池充电，并储存起来。

4. 太阳能汽车的优势

（1）节约能源。太阳能汽车把光能转换为电能驱动车辆，替代传统车辆对石油能源的利用，因此可以节约有限的石油资源。

（2）无污染，无噪声。由于太阳能汽车没有传统车辆的内燃机，在行驶过程中就不会听到由内燃机工作而产生的轰鸣声，也不会产生各种有害和污染气体排放到空气中。

（3）耗能少。传统汽车将燃油能量转换为机械能驱动车辆行驶过程中，需要遵守卡诺循环，热效率比较低，只有 1/3 左右的能量用于驱动车辆，其余 2/3 的能量都消耗在发动机和传动链上。而太阳能汽车利用光能转换为电能直接驱动车辆行驶，不需要进行卡诺循环，能量的转换效率要高很多。

（4）易于驾驶和维护。太阳能汽车利用动力电子控制电机转速来进行车辆的加速和减速，驾驶员只需要踩动加速踏板即可，而且不需要换挡、踩离合器等步骤，大大简化了车辆的操纵，有利于驾驶员的行车安全。由于太阳能汽车结构简单，在日常维护中，除了需要定期检查动力蓄电池外，不需要像传统汽车那样更换机油、添加冷却液等。

（5）太阳能汽车由于没有内燃机、离合器、变速器、传动轴、散热器、排气管等零部件，结构简单，制造难度降低。

5. 太阳能汽车的发展

小思考

　　未来之争就是能源之争，唯有在太阳能、氢能等新能源技术上及早入手，掌握更多核心技术，才能实现"弯道超车"，助推新能源革命的实现，那么太阳能汽车在发展过程中有哪些问题呢？

我国太阳能汽车起步较晚，技术水平还处于较初级阶段，与国外相比有一定的差距。在参与太阳能汽车的研制单位中，主要有科研院所和高校。而国内对于太阳能技术的利用，主要体现在太阳能热利用与太阳能发电等领域，与汽车直接相关的不是很多。

1996 年，清华大学研制了"追日"号太阳能汽车。该车质量为 800 kg，最高车速达 80 km/h。它采用的电池板是我国第五代产品，太阳能转化效率为 14%。

2001 年，"思源"号太阳能汽车在上海交通大学诞生。该车不需要任何助动燃料，只要在阳光下晒 3~4 h，便能轻松行驶 10 km。之后，中山大学太阳能系统研究所也推出了一款太阳能汽车，可以搭乘 6 名乘客，但是最高车速只有 48 km/h，持续行驶时间仅 1 h。

2010 年，比亚迪 F3DM 低碳版双模电动车上市，该车配备搭载了全新的车顶太阳能电池充电系统。

2015 年 10 月，汉能集团推出了一款名为 Hanergy Solar Power 的太阳能电动概念车。在这辆车的前舱盖、顶部及尾部，安装了面积为 6 m^2 的高效砷化镓柔性薄膜电池，转换效率达 30.8%。次年又一次性推出 4 款以太阳能为核心动力的 Solar 系列汽车。

2022 年 4 月，在天津市科学技术奖励大会上，名为"天津"号的纯太阳能汽车正式发布亮相，如图 4-24 所示。据测试，在晴好天气下，"天津"号平均日发电量达到 7.6 kW·h，续驶里程超过 70 km。

图 4-24 "天津"号纯太阳能汽车

项目实施

🌀 一、项目分组

按照班级学生数量分为若干小组，并明确每人任务，完成下表。

学生任务分配表					
班级		组号		指导老师	
组长		学号			
组员	姓名： 学号：		姓名： 学号：		
	姓名： 学号：		姓名： 学号：		
	姓名： 学号：		姓名： 学号：		

🌀 二、项目准备

氢燃料电池汽车4辆及其相关技术资料、多媒体设备等。

🌀 三、项目实战

（1）观察实车，查阅车型相关技术资料，在教师现场安全指导下完成下表相关信息的填写。

氢燃料电池汽车的认知					
组长		组员		班级	组号
一、氢燃料电池汽车性能参数					
登记车辆基本信息			品牌： 车型： VIN 码：		
驱动布置形式			□前驱 □后驱 □四驱		
驱动电机类型及参数					
燃料电池堆主要参数					
整车主要性能参数					
二、氢燃料电池汽车的结构认知					
1. 外观认知					
是否有 FCEV 字样			FCEV 字样位置（若无，填无）		
是否有充电口			是否有加油口		
2. 主要结构部件认知					

绘制各主要组成部件位置分布图，并标注各部件名称

3. 车内配置认知
1）仪表板
写出仪表板上所有的标识或指示灯的名称及其含义

标识或指示灯名称	含义

2）操作机构
认识转向、加速、换挡、制动、门窗、刮水器、灯光等操作机构，写下与纯电动汽车的不同

三、氢燃料电池汽车工作原理
绘制氢燃料电池汽车动力流动路线

（2）各组进行组内模拟，介绍实训车辆的参数、结构和工作原理，要求内容准确、信息丰富、表达流畅，介绍时间控制在 5 min 之内。

（3）各组派代表进行汇报展示，介绍实训车辆的参数、结构和工作原理。

（4）完成小组自评、小组互评和教师评价。

项目四 燃料电池汽车及其他新能源汽车的认知

🏁 项目评价

评价项目		评价标准	分值	得分
小组评价	项目分组	小组成员分工明确且合理，全员参与	10	
	项目实施	能够准确写出氢燃料电池汽车的性能参数	10	
		能够准确查找外观标志及结构	10	
		能够准确指出主要组成部件的位置及名称	10	
		能够准确描述氢燃料电池汽车动力传递路线	10	
		汇报展示内容准确、信息丰富、表达流畅	20	
	工作态度	认真严谨、积极主动、绿色环保	10	
	团结合作	能够与小组成员、同学之间合作交流、协调工作	10	
	5S 管理	能够规范进行 5S 现场管理	10	
		小计	100	
教师评价	课堂纪律	不出现无故迟到、早退、旷课现象，遵守课堂纪律	10	
	项目实施	严格遵守项目实施流程，按照要求完成项目	20	
	信息查询	能够合理利用信息化手段及提供的资料查找车辆相关信息并准确记录	20	
	团队协作	项目实施过程中互相配合，协作度高	10	
	工作态度	严谨细致，认真负责	20	
	汇报展示	表达流畅准确，总结到位，具有创新意识	20	
		小计	100	
综合评分		小组评分 ×50% + 教师评分 ×50%		

🏁 项目小结

　　本项目主要介绍燃料电池汽车的分类、组成、工作原理、特点及典型车型，气体燃料汽车、生物燃料汽车和太阳能汽车的组成、特点和分类，通过学习让学生了解我国多元化的新能源汽车发展路径。

氢燃料电池核心"四大件"自主可控，入选省级专精特新"小巨人"

氢能作为新一轮全球能源转型的重要载体之一，已被明确为未来能源体系的重要组成部分，是我国要加快发展的前沿新兴产业之一。武汉绿动氢能能源技术有限公司专注燃料电池装备"卡脖子"产品的研发和生产制造，以自主技术为基础，"牵手"上下游，发力氢能产业"新赛道"，锻造绿色发展"新引擎"，打造氢能产业生态体系，推动我国氢能产业规模化发展。

2020年，国氢科技在武汉成立武汉绿动氢能能源技术有限公司（简称武汉绿动），投资70亿元建设国家电投华中氢能产业基地。公司经过三年多的发展，从租赁的200 m²办公室，搬至新建的十余万平方米氢能基地园区。国内首条全自主可控质子交换膜生产线投产；建成6条氢燃料电池核心部件生产线；具备满足每年5 000套氢燃料电池生产能力，晋级全国目前最大氢能研发和生产基地。这是武汉绿动的成绩单。公司自主研发生产的质子交换膜、碳纸、膜电极、电堆和动力系统等，从车辆运行里程数据来看，产品性能已达到国际先进水平，甚至有些单项技术指标还超过了国际水平。科技创新，一靠投入，二靠人才。截至2024年2月，在武汉绿动的130人成员团队中，硕博学历人员占比近九成，研发人员占比七成，研究方向覆盖燃料电池多领域。

一张厚度不及头发丝的"薄膜"，能迸发出多大的能量？在国家电投华中氢能产业基地1号车间，一卷卷白色透明的成品质子交换膜形似一次性保鲜膜，单克价格却约等于黄金。作为氢燃料电池组成材料之一，质子交换膜是其中最为核心的关键部件。无论是原料的合成难度、制膜工艺，还是结构均衡性，都有较强的技术壁垒。目前市场上的质子交换膜产品超过90%依赖进口，一辆氢能车需要约20 m²质子交换膜，而1 m²质子交换膜质量约为20 g，价格却超过千元，成本占比居高不下。

如何破解"一膜难求"的问题？2019年，在国氢科技总部实验室，一片初具雏形的"薄膜"诞生，此后两年，在千里之外的武汉绿动，历经改良、实验、小试、中试、试生产、测试等循环反复，质子交换膜终于迎来投产。2024年，在氢能汽车领域，工信部列出的氢能汽车八大核心技术，武汉绿动已经掌握了质子交换膜、碳纸、膜电极、氢燃料电池堆"四大件"核心技术。

我国需要更多的像武汉绿动这样具有自主创新能力的企业，能够掌握核心技术，抢抓发展机遇，为推动我国新能源汽车市场的发展贡献力量。

巩固提高

一、选择题（每题5分，共25分）

1. 燃料电池汽车的燃料是（　　）。

A. 乙醇　　　　　　B. 甲醇　　　　　　C. 氢气　　　　　　D. 氮气

2. 目前应用比较广泛的燃料电池类型是（　　　）。

A. 质子交换膜燃料电池　　　　　　B. 甲醇燃料电池电机

C. 磷酸盐燃料电池增程器　　　　　D. 碱性燃料电池电机控制器

3. 下列选项中（　　　）不属于天然气汽车的缺点。

A. 行驶距离短　　　　　　　　　　B. 车辆质量增加

C. 有一定的爆炸风险　　　　　　　D. 输出功率略有提高

4. 下列选项中（　　　）不属于二甲醚的特点。

A. 热值比柴油低　　　　　　　　　B. 黏度低

C. 不易汽化　　　　　　　　　　　D. 十六烷值高

5. 下列选项中（　　　）不属于太阳能汽车的特点。

A. 使用能耗少　　　　　　　　　　B. 污染噪声小

C. 转换效率低　　　　　　　　　　D. 易于驾驶

二、判断题（每题 5 分，共 25 分）

1. 氢燃料电池是将氢气和氧气的化学能直接转化为电能的发电装置。（　　　）

2. 氢燃料电池汽车不能进行能量回收。（　　　）

3. E85 乙醇汽油，是指由 15% 的汽油和 85% 的生物乙醇燃料混合而成的混合燃料。（　　　）

4. 甲醇的燃烧热值高于汽油。（　　　）

5. 太阳能汽车不需要电控系统来管理能量。（　　　）

三、简答题（每题 10 分，共 50 分）

1. 吉利一直在发展甲醇汽车，你觉得未来甲醇汽车在新能源汽车市场会有一席之地吗，为什么？

2. 燃料电池汽车的工作原理是怎样的？

3. 东风集团联合华中科技大学发布了一款名为马赫动力的氢气发动机，该发动机的热效率突破了 45%，处于行业领先，请说明氢气发动机与氢燃料电池的区别。

4. 2008 年，比亚迪发布我国第一台双模技术的 F3DM 车型，该车的车顶使用了太阳能电池充电系统，请说明太阳能电池安装在车顶有哪些作用？

5. 你觉得氢燃料电池汽车、气体燃料电池汽车、生物燃料电池汽车和太阳能电池汽车中，哪种类型的电池汽车更环保，为什么？

项目五

新能源汽车的购买与使用

知识目标

1. 了解新能源汽车的主要性能指标和商业模式。

2. 掌握新能源汽车补充电能的方式和适用范围。

3. 了解新能源汽车充电系统主要部件的功用、技术和市场发展情况。

4. 掌握新能源汽车仪表盘信息含义。

5. 了解新能源汽车驾驶、日常使用和突发情况处理的注意事项。

能力目标

1. 能够通过查阅相关维修技术资料等方式获取车辆性能指标。

2. 能够找到充电站并使用充电桩给新能源汽车充电，掌握充电系统各部件的功能和位置。

3. 能够正确解读新能源汽车仪表盘显示信息，正确介绍新能源汽车驾驶和使用注意事项。

素质目标

1. 通过对比各国新能源汽车及充电配套设施产业发展过程，让学生意识到只有坚持创新的意识、精益求精的态度和知行合一的行动力才能在竞争异常激烈的社会中越走越远。

2. 积极主动地与小组成员交流、讨论，取长补短，完成自我提升。

3. 通过对比亚迪、蔚来等国产品牌成功案例的引导学习，激发学生的民族自豪感，培养攻坚克难和敢为人先的奋斗精神。

项目描述

　　当前，全球新一轮科技革命和产业变革蓬勃发展，汽车与能源、交通、信息通信等领域有关技术加速融合，电动化、网联化、智能化成为汽车产业的发展潮流和趋势。新能源汽车融汇新能源、新材料和互联网、大数据、人工智能等多种变革性技术，推动汽车从单纯交通工具向移动智能终端、储能单元和数字空间转变，带动能源、交通、信息通信基础设施改造升级，促进能源消费结构优化、交通体系和城市运行智能化水平提升，对建设清洁美丽世界、构建人类命运共同体具有重要意义。近年来，世界主要汽车大国纷纷加强战略谋划、强化政策支持，跨国汽车企业加大研发投入、完善产业布局，新能源汽车已成为全球汽车产业转型发展的主要方向和促进世界经济持续增长的重要引擎。经过多年持续努力，我国新能源汽车产业技术水平显著提升、产业体系日趋完善、企业竞争力大幅增强，自 2015 年以来产销量连续 9 年居世界首位，已经逐渐形成以比亚迪等国产老品牌、理想等国产造车新势力、一汽丰田等合资品牌、特斯拉等外资品牌"群雄逐鹿"的新能源汽车产业布局，各种新能源汽车产品、技术、服务层出不穷、更新迭代。作为消费者，该如何在这场汽车产业变革中，在众多新能源汽车产品中选出自己的"梦中情车"呢？

假设你是一名新能源汽车产业链相关工作人员，对汽车行业完全不懂的亲戚想购买一辆新能源汽车，想让你介绍下新能源汽车选购、保养、使用等注意事项。要求以小组为单位，分角色进行组内模拟，再进行小组汇报展示。要求内容准确，信息丰富，表达流畅，展示时间控制在 5 min 之内。

知识链接

单元一　新能源汽车选购指标

一、新能源汽车选购指标

随着新能源汽车的技术成熟度和社会认可度越来越高，越来越多家庭选择购买新能源汽车。动力性、经济性、充电便利性、售后可靠性、保值率、性价比、品牌、销量等参数成为新能源汽车消费者的关注点。

微课　购买新能源汽车时应关注哪些指标

1. 品牌及类型

1）品牌

汽车品牌形象是消费者对汽车品牌的认可和评价，它代表着汽车品牌的信誉和价值观。消费者购车时，通常选择经营电动汽车时间较长且口碑良好的品牌，这些品牌的信誉度和品质通常较好，也能一定程度上反映该品牌的汽车质量、先进技术、售后服务、创新设计等。消费者购车决策受到汽车品牌形象的影响程度，甚至大于其他购车因素的综合影响。下面介绍几个全球知名新能源汽车品牌。

（1）比亚迪汽车。

比亚迪是目前国产新能源汽车传统造车势力的代表，是中国新能源汽车领域的领军者。比亚迪创立于 1995 年 2 月，总部位于广东省深圳市，旗下产业包括电子、汽车、新能源和轨道交通，在国内布局有深圳、西安、长沙、常州、抚州、合肥、济南和郑州八大生产基地。比亚迪的新能源汽车系列涵盖了纯电动和插电式混合动力等多种类型，打造了王朝系列和海洋系列等产品。2023 年 8 月 9 日，其生产的第 500 万辆新能源汽车下线，成为全球首家达成这一里程碑的车企。

小知识

　　2023 年全球新能源汽车品牌榜中，比亚迪、吉利、广汽埃安、理想、长城等国产品牌进入前 10，占比约 60%。其中比亚迪汽车以 3 024 417 辆的年销量高居榜首，比第二名的特斯拉年销量多 120 万辆。随着国产品牌在新能源汽车领域的崛起，中国已经成为全球最大的新能源汽车市场和产业创新高地。

　　（2）理想汽车。

　　理想、蔚来、小鹏、华为等属于互联网新势力造车企业。理想汽车是中国新能源汽车制造商，致力于设计、研发、制造和销售豪华智能电动汽车。理想汽车于 2015 年 7 月创立，总部位于北京，自有生产基地位于江苏常州，涵盖冲压、焊装、涂装、总装、检测线、物流、IT 等完整的整车生产工艺。理想汽车通过产品创新及技术研发，为家庭用户提供安全、便捷的产品及服务。"创造移动的家，创造幸福的家"是理想汽车的品牌使命。

　　（3）特斯拉汽车。

　　特斯拉是一家美国电动汽车及能源公司，产销电动汽车、太阳能板及储能设备等。特斯拉目前有四大超级工厂，分别是中国上海、美国内华达州、美国纽约和德国柏林超级工厂。其中，中国上海超级工厂主要生产 Model 3 和 Model Y 车型。

　　2）类型

　　我国新能源汽车主要包括纯电动汽车、插电式混合动力汽车及燃料电池汽车。纯电动汽车具有零排放、振动噪声小、能效高等特点，是目前新能源汽车在售的主流类型之一。插电式混合动力汽车是指使用电机和传统内燃机联合驱动的汽车，可弥补纯电动汽车充电时间长、续驶里程不足的缺点，是目前新能源汽车在售的主流类型之一。燃料电池汽车具有高效、环保、环境耐受性强、加注时间短等优势，更能够满足长续航、高温、高寒工况及环境需求；但由于氢燃料电池使用成本高，技术不够成熟，因此目前氢燃料电池汽车未能大量普及。

　　2. 车身尺寸

　　1）车身参数

　　车身参数是指汽车各个部件之间的尺寸和数据，主要包括车长、车宽、车高、轴距、轮距、最小离地间隙、风阻系数、最小转弯直径、整备质量、满载质量、车门数、座位数、行李箱容积、前后配重、接近角、离去角、通过角、最大涉水深度等。其中，车长、车宽、车高、轴距、轮距、最小离地间隙、最小转弯直径、车门数、座位数、行李箱容积等是消费者重点关注的参数。

　　（1）车长、车宽、车高。

　　所谓的车长、车宽、车高就是一辆汽车的外型尺寸，通常使用的单位为毫米（mm），按照《道路车辆外廓尺寸、轴荷及质量限值》（GB 1589—2004）和《汽车和挂车的术语及其定义 车辆尺寸》（GB/T 3730.3—1992）可以精确测量汽车的长、宽、高等尺寸。

　　（2）轴距。

　　汽车的轴距是同侧相邻前后两个车轮的中心点间的距离，即从前轮中心点到后轮中心点之间的距离，就是前轮轴与后轮轴之间的距离，简称轴距，单位为毫米（mm）。轴距是反映一部汽车内部空间最重要的参数，根据轴距的大小，按照国际通用的做法，可把轿车分为如下几类：微型车（轴距在 2 400 mm 以下）、小型车（轴距 2 400～2 550 mm）、紧凑型车（轴距 2 550～2 700 mm）、中型车（轴距 2 700～2 850 mm）、中大型车（轴距 2 850～3 000 mm）、豪华车（轴距在 3 000 mm 以上）。

（3）轮距。

轮距分为前轮距和后轮距，轮距即左、右车轮中心间的距离，通常单位为毫米（mm），较宽的轮距有更好的横向稳定性与较佳的操纵性能。车轮着地位置越宽大的车型，其行驶的稳定度越好，因此越野车的轮距都比一般轿车车型宽。

（4）最小离地间隙。

汽车的最小离地间隙，就是在汽车底盘的最低点与地面的间距，通常单位为毫米（mm）。不同车型其最小离地间隙也是不同的，最小离地间隙越大，车辆的通过性就越好。所以通常越野车的最小离地间隙要比轿车大。

（5）最小转弯直径。

转弯直径是指汽车前轮处于最大转角状态行驶时，汽车前轴离转向中心最远车轮轮胎面中心在地面上形成的轨迹圆直径，通常单位为米（m）。最小转弯直径是表明汽车转弯性能灵活与否的参数，由于转向轮的左右极限转角一般有所不同，因此有最小左转弯直径和最小右转弯直径。

（6）车门数。

车门数指的是汽车车身上含后备箱门在内的总门数。这项参数可作为汽车用途的标志，微型车一般都是两门，普通的三厢轿车一般都是四门，一些运动型轿车有很多是两门，个别豪华车有六门设计。一般的两厢轿车，SUV 和 MPV 都是五门（后门为掀起式），也有一些运动型两厢车为三门设计。

（7）座位数。

座位数指的是汽车内含司机在内的座位数量，一般轿车为五座：前排座椅是两个独立的座椅，后排座椅一般是长条座椅。一些豪华车后排则是两个独立的座椅，所以为四座。某些跑车则只有前排座椅，所以为两座。商务车和部分越野车则配有第三排座椅，所以为六座或七座。

（8）行李箱容积。

行李箱又称后备箱，行李箱容积的大小是衡量一款车携带行李或其他备用物品多少的能力，单位通常为升（L）。依照车型的大小及各自突出的特性，其行李箱容积也有所不同，一般来说，越大的车行李箱也越大。越野车和商务车行李箱都比较大，而一些跑车由于造型设计原因，行李箱则比较小。

2）车身结构

车身结构指构成车身整体各个部件的布置形式及部件之间装配的方式。按车身承受负荷的方式，车身结构可分为非承载式、承载式及半承载式 3 种类型，它们最大的区别在于是否有独立的大梁。

（1）承载式车身。

承载式车身没有大梁的存在，因此大幅降低了汽车整体的质量，同时由于没有大梁的支撑，行驶途中的颠簸与振动都将通过避振系统传递到车身上。车身需要承受各种各样的负荷，需要的刚度自然更高，同时由于颠簸时振动的直接传导，驾驶噪声和振动都比较大。然而更低的底盘使行驶时气流通过更加平稳，从而增加了行驶时的稳定性。当前大部分车型都是采用承载式车身。承载式车身结构如图 5-1 所示。

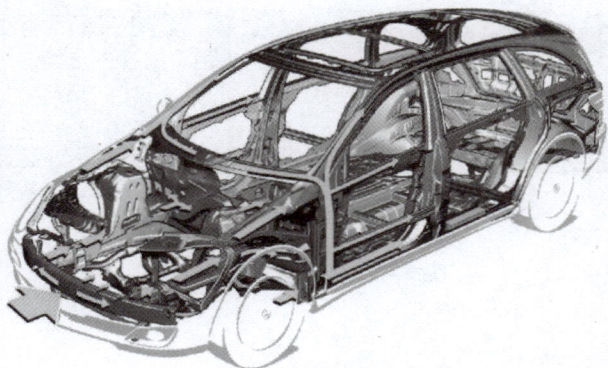

图 5-1　承载式车身结构

（2）非承载式车身。

非承载式车身是发动机、轮胎、驾驶室等部件都固定在一根大梁上，行驶途中的振动与颠簸都由大梁承受与消化，这种结构使底盘强度较高，抗颠簸性能好，有较好的平稳性和安全性。但是同时大梁的质量给车辆带来了更大的负载，使能耗增加。所以目前非承载式车身在一些越野车与货车中比较常见，这类车辆一般有很高的通过性要求，使车身底盘较高，导致了车辆的重心高，难操控，且在高速行驶的状态下，高底盘下乱流的增多，会使车辆更加不稳定，乘坐舒适性和驾驶体验的表现都没有承载式车身好。非承载式车身结构如图 5-2 所示。

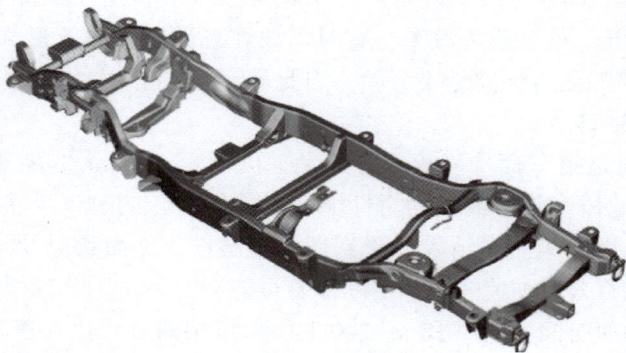

图 5-2　非承载式车身结构

（3）半承载式车身。

半承载式车身是一种介于非承载式车身和承载式车身之间的车身结构，如图 5-3 所示，其结构与非承载式车身的结构基本相同，也属于有车架式。它们的区别在于半承载式车身与车架的连接不是柔性的，即车架与车身焊接或用螺栓固定，是刚性连接。它加强了部分车身底架因而起到一部分车架的作用，所以车身只是部分地参与承载，而车架是主承载体。其实质是一种无车架的承载式车身结构。这种结构目前已经没有量产车使用了。

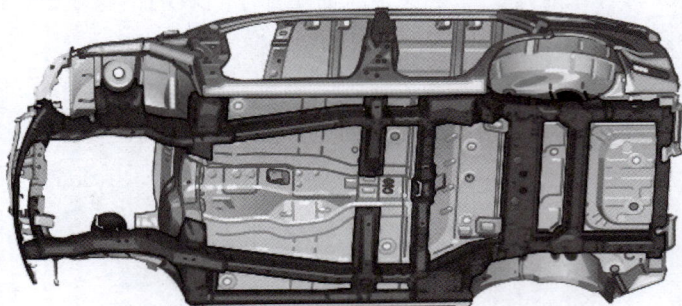

图5-3 半承载式车身结构

3. 动力性

新能源汽车动力性能评价指标主要是最高车速（km/h）、最大爬坡度（°）和百公里加速时间（s）。

1）最高车速

最高车速是指在水平良好的路面（混凝土或沥青）上汽车能达到的最高行驶车速。影响新能源汽车最高车速的因素比较多，如电机最大功率、最大转矩、最大转矩时的转速、行驶阻力等。最高车速是在平坦无风路面上、加速度为零时求得的，因此坡度阻力和加速阻力为零。影响最高车速的阻力因素主要是空气阻力和滚动阻力。

2）最大爬坡度

汽车的最大爬坡度，是指汽车满载时在良好路面上用第1挡克服的最大坡度，它表征汽车的爬坡能力。爬坡度用坡度的角度值（以度数表示）或以坡度起止点的高度差与其水平距离的比值（正切值）的百分数来表示。对于经常在城市和良好公路上行驶的汽车，最大爬坡度在10°左右即可。对于载货汽车，有时需要在坏路上行驶，最大爬坡度应在30%即16.5°左右。而越野汽车要在无路地带行驶，因此最大爬坡度应达30°以上。

3）百公里加速时间

百公里加速时间是指车辆从静止状态起动速度升至100 km/h所用的时间，单位为秒（s）。这个指标直观地体现了车辆的动力性能和加速能力，同时也反映了车辆转矩的大小。需要注意的是，百公里加速测试结果会受到环境温湿度、路面状况及车辆状态等因素的影响，因此官方给出的百公里加速时间和实际体验可能会有所不同。在燃油车领域，1.6 L紧凑型轿车的百公里加速时间为11~13 s；2.0 T中型轿车的百公里加速时间为7~8 s；超级跑车的百公里加速时间为3.8 s以下。在新能源汽车领域，由于驱动原理、输出方式等方面的不同，新能源汽车的加速性能要比燃油车强不少，大部分纯电动汽车的百公里加速时间为8 s以下。

> **小思考**
> 目前自主品牌的纯电动汽车的最高车速、最大爬坡度和百公里加速时间是多少？相比全球其他知名纯电动汽车品牌孰强孰弱？

4. 经济性

新能源汽车经济性能评价指标主要是百公里耗电量 [（kW·h）/百公里] 和最大续驶里程（km）。

1）百公里耗电量

百公里耗电量即指电动汽车行驶 100 km 所消耗的电能，一定程度上能够反映新能源汽车的能量管理水平和动力系统匹配水平。当电池电量相同时，百公里耗电量越低，说明续航能力越强。新能源汽车百公里耗电量受到车辆配置、整备质量、车主驾驶习惯、行驶路况和温度环境等因素影响。新能源汽车在市区行驶工况下要比高速工况下百公里耗电量更低；夏天要比冬天百公里耗电量更低。

2）续驶里程

续驶里程又称续航能力或续航里程，是指汽车、轮船等行驶工具在最大的燃料储备下可连续行驶的总里程。电动汽车的续驶里程是指电动汽车上动力蓄电池从全充满状态开始到标准规定的试验结束时所走过的里程，它是电动汽车重要的经济性指标。目前常见的续驶里程参数主要有等速续驶里程、NEDC 续驶里程、CLTC 综合续驶里程及实测续驶里程。

（1）等速续驶里程。

等速续驶里程指电动汽车在时速为 60 km/h 等速状态下行驶的最长里程，而这个续驶里程参数是在试验状态下测试出来的，同时要满足很多条件，在实际驾驶中很难复现，所以参考价值一般不大。

（2）NEDC 续驶里程。

NEDC 续驶里程是将车辆固定在台架上，利用测试机器模拟出 NEDC 行驶工况，关闭空调、车灯等用电设备，控制环境温度和电机温度测出的续驶里程。NEDC 续驶里程测试标准采用的循环测试总长为 11.022 km，测试时间为 1 180 s，包含 5 种环境，即 4 个市区工况和 1 个郊区工况。其中市区工况测试时长为 780 s，测试项目包括加速、巡航、减速、刹车各进行 4 次，最高速度为 50 km/h，平均速度为 18.77 km/h。郊区工况测试时长为 400 s，进行同样的项目，最高速度为 120 km/h，平均速度为 62.6 km/h。NEDC 行驶工况主要使用国家为欧洲、中国、澳大利亚。由于标准制定久远，测试工况单一，与实际道路情况、天气、驾驶习惯等因素不符，所以实际结果与测试结果相差较大，目前正在逐渐被淘汰。NEDC 工况曲线如图 5-4 所示。

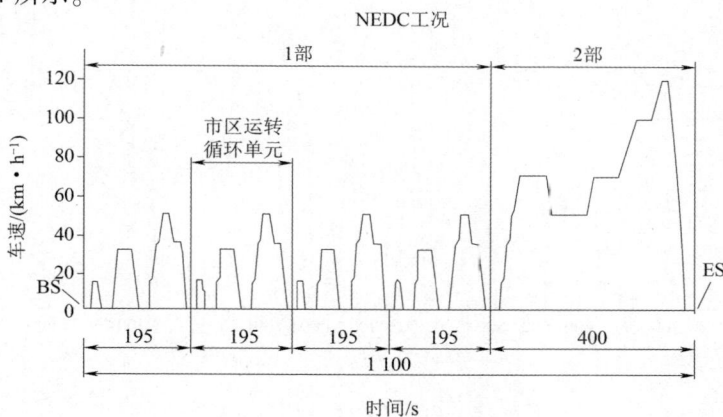

图 5-4　NEDC 工况曲线

（3）CLTC 综合续驶里程。

CLTC 综合续驶里程是按照工业和信息化部《电动汽车能量消耗量和续驶里程试验方法
第1部分：轻型汽车》（GB/T 18386.1—2021）中的规定，通过实验室设备模拟中国工况
（中国乘用车行驶工况（CLTC-P）适用于 M1 类车辆，循环最高车速为 114 km/h；中国轻
型商用车行驶工况（CLTC-C）适用于 N1 类和最大设计总质量不超过 3 500 kg 的 M2 类车
辆）测得的综合续驶里程。中国 CLTC-P 工况曲线如图 5-5 所示，中国 CLTC-C 工况曲
线如图 5-6 所示。该续驶里程为实验室数据，由于汽车行驶过程中环境温度、驾驶习惯等
均有差异，因此电动汽车的实际续驶里程会比工信部公布的续驶里程缩减 10%～20%。

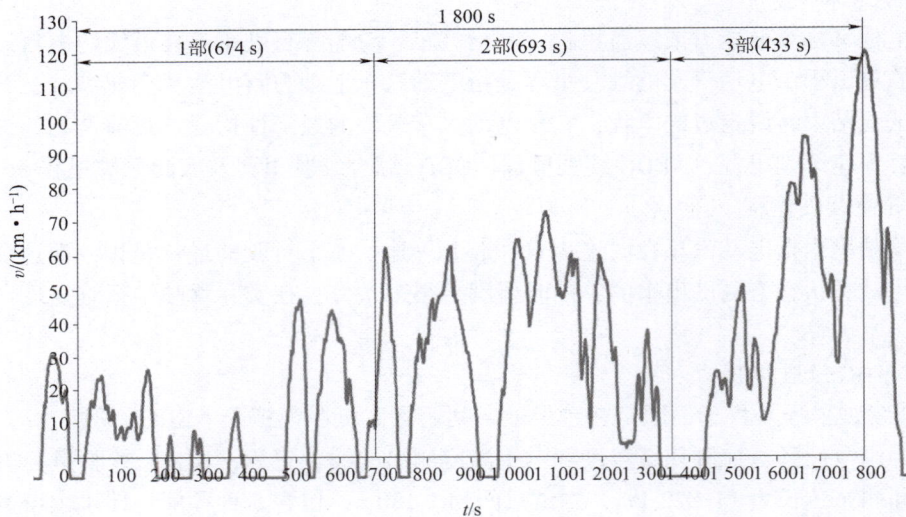

图 5-5　中国 CLTC-P 工况曲线

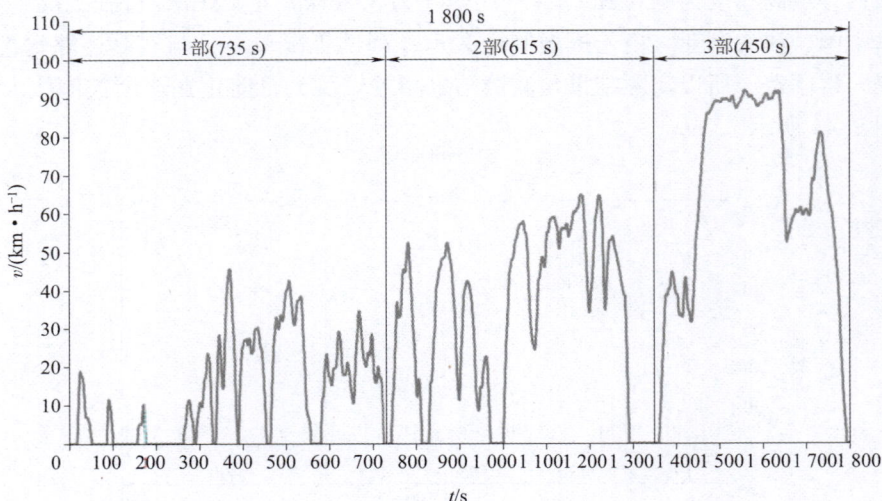

图 5-6　中国 CLTC-C 工况曲线

（4）实测续驶里程。

部分汽车资讯平台、汽车测评自媒体等会依据车辆实际行驶环境，在实际行驶工况下对新能源汽车续驶里程进行实测。实测续驶里程会更加接近于汽车的实际续驶里程，具有较大的参考价值。但该类实测不会完全覆盖所有汽车品牌和类型。

小思考

目前全球在售纯电动汽车的续驶里程最长是多少千米？如果你是消费者，目前在售纯电动汽车续驶里程能不能满足你的需求？你会对新能源汽车企业有什么建议呢？

5. 制动性

汽车制动性是指汽车行驶时能在短时间内停车且维持行驶方向稳定性，以及在下长坡时能维持一定车速的能力。制动性评价指标主要包括制动效能、制动效能的恒定性和制动时汽车的方向稳定性。

1）制动效能

制动效能包括制动距离与制动减速度，是制动性能最基本的评价指标，分别是指在良好路面上，汽车以一定初速度制动到停车所需的制动距离和制动过程中汽车的减速度。制动距离与汽车的安全行驶有直接的关系，它指的是汽车空挡时以一定初速度行驶，从驾驶员踩下制动踏板开始到汽车停止为止所驶过的距离。制动距离与制动踏板力及路面附着条件有关。制动减速度反映了地面制动力，因此它与制动器制动力（车轮滚动时）及附着力（车轮抱死拖滑时）有关。

2）制动效能的恒定性

制动效能的恒定性主要指抗热衰退性能和抗水衰退性能。制动过程实际上是把汽车行驶的动能通过制动器吸收转化为热能。汽车在繁重的工作条件下制动时（如下长坡长时间连续制动）或高速制动时，制动器温度常在 300 ℃ 以上，有时甚至达到 600 ~ 700 ℃，制动器温度上升后，摩擦力矩将显著下降，这种现象称为制动器的热衰退。汽车在高速行驶或下长坡连续制动时，制动效能保持的程度称为抗热衰退性能。制动器抗热衰退性能一般用一系列连续制动时制动效能的保持程度来衡量。根据国际标准草案 ISO/DIS 6597，要求以一定车速连续制动 15 次，每次的制动强度为 3 m/s²，最后的制动效能应不低于规定的冷试验制动效能（5.8 m/s²）的 60%（在制动踏板力相同的条件下）。制动器抗热衰退性能与制动器材料和制动器的结构型式有关。此外，汽车在涉水行驶后，制动器还存在水衰退的问题。当汽车涉水时，水进入制动器，短时间内制动效能的降低称为水衰退。汽车应该在短时间内迅速恢复原有的制动效能。

3）制动时汽车的方向稳定性

制动时汽车的方向稳定性是指制动时汽车不发生跑偏、侧滑及失去转向能力的性能。制动过程中，有时会出现制动跑偏、后轴侧滑或前轮失去转向能力，而使汽车失去控制离开原来的行驶方向，甚至发生撞入对方车辆行驶轨道、下沟、滑下山坡的危险情况。一般把汽车在制动过程中维持直线行驶或按预定弯道行驶的能力称为制动时汽车的方向稳定性。在试验时规定了一定宽度的试验通道，制动时方向稳定性合格的车辆在试验过程中不允许产生不可控效应使它离开该通道。

6. 安全性

汽车安全性是指汽车在行驶中避免事故、保障行人和乘员安全的性能，一般分为主动安全性和被动安全性。在道路交通事故中，汽车本身的安全性能也是不可忽视的因素。汽车安全性能好，往往可以避免事故的发生或减少伤亡的程度。

1）主动安全系统

汽车的主动安全系统是指任何状态下能够使驾驶员有效控制车辆从而避免发生事故的各类设施和设备，包括指示报警装置、照明装置、转向装置、制动装置、汽车防碰撞预警装置等。汽车上主要的主动安全系统有制动系统、防抱死制动系统（Antilock Braking System，ABS）、驱动防滑控制系统（Acceleration Slip Regulation，ASR）、电控行驶稳定系统（Electronic Stability Program，ESP）、电子制动力分配（Electronic Breakforce Distribution，EBD）系统、电子制动辅助（Electronic Brake Assist，EBA）系统、防碰撞预警系统（Advance Warning System，AWS）、车道偏离预警系统、电子稳定程序控制（Electronic Stability Control，ESC）系统、变道辅助（Lane Change Assist，LCA）系统、牵引力控制系统（Traction Control System，TCS）、自适应巡航控制系统、盲点检测系统、车道居中保持系统、疲劳驾驶提醒系统、车内生命体征监测系统、道路交通标示识别系统、夜视系统等。

2）被动安全系统

汽车的被动安全系统可在汽车发生事故以后对车内乘员和行人进行保护，其主要设备包含吸能式车身结构、汽车安全带、安全气囊、汽车座椅安全系统等。

7. 外观及内饰

汽车外观件就是站在汽车外面能看见的零部件，包括前后盖、车门、前后保险杠、前后灯具、扰流板、车顶、玻璃、饰条等。汽车内饰主要是指汽车内部所用到的汽车产品，涉及汽车内部的方方面面，主要包括仪表板、门内护板、顶棚、座椅、立柱护板、其余驾驶室内装件、驾驶室空气循环内件、行李箱内装件、地毯、方向盘、车内照明、车内声学系统等。

8. 行驶平顺性

汽车行驶平顺性是指汽车在一般行驶速度范围内行驶时，避免因汽车在行驶过程中所产生的振动和冲击，使人感到不舒服、疲劳，甚至损害健康，或者使货物损坏的性能。因为行驶平顺性主要根据乘员的舒适程度来评价，所以又称乘坐舒适性，它是现代高速汽车的主要性能之一。影响行驶平顺性的因素比较多，其中最为关键的是轮胎、悬架和座椅系统的结构参数。

1）轮胎

轮胎凭借其自身的弹性，能够在很大程度上吸收因路面不平所产生的振动，是保证汽车行驶平顺性的关键部件之一。轮胎性能的好坏可以用轮胎在标准气压和载荷下的压缩系数来表示。在最大允许负荷作用下，普通轮胎的压缩系数为10%～12%，为了乘坐舒适，客车轮胎的压缩系数稍大些，为12%～14%。改善轮胎的缓冲性能，有助于提高汽车的行驶平顺性。

2）悬架

（1）独立悬架。

独立悬架又可分为麦弗逊式独立悬架、多连杆式独立悬架、双叉臂式独立悬架等。麦弗逊式独立悬架是当下最流行的独立悬架之一，一般用于车辆的前轮。多连杆式独立悬架是目前悬架设计中表现最好的悬架系统，但其占用空间大，结构相对复杂，成本较高。双叉臂式独立悬架又称双 A 臂式独立悬架，在弯道上具有较好的方向稳定性和操控性能，但其空间占用较大，制造成本高，悬架定位参数设定复杂，因此在小型车上很少搭载双叉臂式独立悬架系统。

（2）非独立悬架。

非独立悬架又可分为扭力梁式非独立悬架、整体桥式非独立悬架等。扭力梁式非独立悬架是将非独立悬架的车轮装在一根整体车轴的两端，当一侧车轮运转跳动时，另一侧车轮也做出相应的跳动，使整个车身振动或倾斜。该悬架构造较简单，容易维修且占用空间较小，承载力大，多用于载重汽车、普通客车、小型车和一些其他特种车辆，但其舒适性较差，操控性不佳。整体桥式非独立悬架强度高，可以很好地保持最小离地间隙，但舒适性较差，多用于载重卡车、货车、客车、皮卡、越野 SUV 等车型。

（3）其他悬架。

空气悬架是一种非常全能的悬架系统，在高速行驶时悬架会变硬，车辆的稳定性增强，在颠簸的路上悬架会变软，车辆的减振和舒适性同样得到相应的提高，但其结构复杂，成本高昂，故障率高，目前只在一些豪华客车、SUV 和轿车中才有所搭载。电磁悬架又称磁流变液减振器悬架，该装置结构简洁，功耗极低，控制应力范围大并可实现对阻尼力的瞬间精确控制，但其成本高昂，维护困难，目前市场上应用较少。

3）座椅系统

由于人体与座椅直接接触，长途行驶时，汽车座椅对乘员的乘坐舒适性有着极大的影响。从行驶平顺性及减振要求看，座椅设计应保证有良好的阻尼和刚度特性，可增加由弹簧和减振器所组成的座椅悬置系统，它可以显著改善汽车的乘坐舒适性。

9. 性价比

汽车性能体现技术水平，汽车价格体现产品的市场价值，汽车性价比反映消费特征和产品特质，销量反映产品的市场认同度和接受程度。消费者普遍比较关注汽车的售价、使用成本和保值率等因素。

1）售价

新能源汽车的售价与企业研发成本、电池成本、制造成本、政策和补贴等有关。一是研发成本高昂。新能源汽车技术属于新兴领域，电池技术、电机控制、车载信息系统等关键技术的研发需要大量的投入。但随着核心技术逐渐成熟，研发成本也在逐渐下降。二是电池成本高。电池的原材料、制造工艺的复杂性及对电池的安全性和寿命的高要求使电池的成本居高不下，占据了整车成本的将近 1/2。随着电池技术逐渐成熟，电池原材料价格直接影响着电池成本。三是制造成本高，新能源汽车的先进生产线、精密的检测设备及高素质的技术工人等都会增加整车制造成本，但是随着新能源汽车的生产效率和规模效应提升，通过大规模生产可以再次降低成本。四是政策和补贴影响，国家新能源财政补贴和新能源汽车免征购置税等政策一定程度上影响着消费者的购车成本。

2）使用成本

新能源汽车的使用成本主要是充电费用、定期保养费用和维修费用等。新能源汽车的电费远低于燃油车的油费，尤其是在油价上涨的情况下，新能源汽车的优势更加明显。由于新能源汽车的结构比燃油车简单得多，没有发动机、变速箱、排气系统等复杂的机械部件，也没有机油滤清器、空气滤清器、火花塞等易损件，因此新能源汽车的保养项目和频率都比燃油车少得多，保养费用也比燃油车便宜得多。据统计，新能源汽车的年均维保费用仅1 210元，不足传统燃油车年均维保费用的1/2。新能源汽车日常维修的费用和传统燃油车差不多，但如果电池出现故障或损坏，需要更换，那么维修费用会非常昂贵。

文档　电动汽车和燃油
汽车用车成本对比

3）保值率

保值率从一定程度上反映了车型产品力、市场认可度和品牌美誉度，是多数消费者购车时参考的一项重要指标，也对车企制定置换政策、融资租赁政策及新车价格有着重要借鉴意义。目前新能源汽车的保值率比燃油车低，新能源二手车市场表现低迷。但随着新能源汽车技术的不断成熟和消费者对环保、智能化需求的增长，新能源汽车的市场占比预计将继续提升。随之而来的是，新能源汽车的保值率有望得到进一步的稳固和提高，从而为消费者提供更多的价值保障。

> **小知识**
>
> 　　比亚迪多年以来始终坚持自主研发，提出了云辇-C、刀片电池、DM-i超级混动技术、e平台3.0等颠覆性技术，为比亚迪旗下车型保驾护航，受到消费者的青睐和喜爱，极大地提升了比亚迪新能源汽车的保值率。例如，2023年1—10月，国内20万～30万元SUV车型的保值率榜单中，比亚迪唐DM-i力压本田冠道，以74.7%的3年保值率与80.1%的平均保值率斩获同级市场中的第二名。

10. 使用便利性

消费者在购买新能源汽车时，应了解所购买的新能源汽车在当地是否有完善的售后服务网络，包括售后服务的质量和可靠性。同时，还应考虑充电设施的可用性和便利性，包括家庭充电桩和公共充电站的分布。

✿ 二、新能源汽车的商业模式

随着全球对环保的关注和能源问题的日益严重，新能源汽车越来越受到关注。新能源汽车相比传统燃油汽车，在能耗、环保、驾驶体验等方面具有独特的优势，而且还构建了全新的商业模式，主要包括整车销售、整车租赁、"裸车销售+电池租赁"、融资租赁、定向购买、"车电分离、融资租赁、充维结合"和"保值回购+残值租赁"等模式。2023年2月，工信部等8部门组织开展公共领域车辆全面电动化先行区试点工作，明确提出支持换电、融资租赁、"车电分离"等商业模式创新。

微课　新能源
汽车的商业模式

1. 整车销售模式

整车销售模式是指汽车整车生产商通过从电池生产商等零部件生产商采购电池组等零部件，通过组装、调试完成整车下线，以直营和代销两种方式将新能源汽车整车售卖给消费

者。消费者的购车款分流至经销商、整车生产商和零部件生产商，同时整车生产商可以获得政府的购车补贴。整车销售模式的基本架构如图5-7所示。整车销售模式是目前汽车营销领域最常见、应用最广泛的一种销售模式，生产商和经销商会通过电池续驶里程质保、降低用车成本等吸引消费者购买新能源汽车。

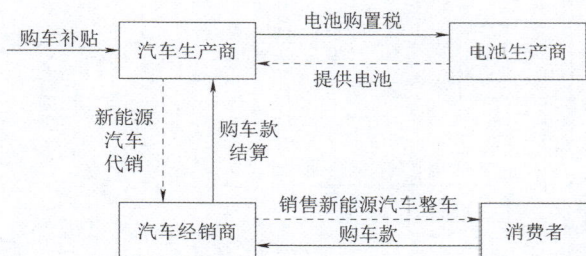

图5-7　整车销售模式的基本架构

2. 整车租赁模式

整车租赁模式的基本构架包括两种模式：第一种是对新能源汽车整车（含电池）进行租赁；第二种是对新能源汽车裸车（不含电池）进行租赁，其基本架构如图5-8所示。整车租赁模式是汽车租赁商将从汽车生产商处购置的新能源汽车直接租赁给消费者，采用按时间或者按里程计费方式收取整车租金，同时租赁商会给消费者免费提供保险和车辆维护。这种租赁方式流程简单快捷，但是租金价格较高，适合短期租赁。裸车租赁模式是汽车租赁商将从汽车生产商处购置的新能源汽车除去动力蓄电池组后租赁给消费者，消费者可以再额外租赁动力蓄电池组。这种租赁方式需要将动力蓄电池组和裸车分开租赁，流程较为复杂，但是租金价格较为优惠，适合长期租赁。

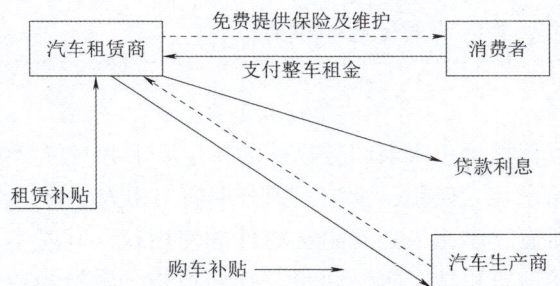

图5-8　整车租赁模式的基本架构

3. "裸车销售+电池租赁"模式

"裸车销售+电池租赁"模式的基本构架为消费者从整车生产企业购置不包含动力蓄电池的裸车，并从能源供给服务企业租赁动力蓄电池，如图5-9所示。能源供给服务企业出资建设充换电基础设施，并从电池生产企业购买或者租赁动力蓄电池，负责电池的租赁、换电、维修保养。对于消费者而言，这种模式降低了购车成本，消除了电池损耗和充电时间焦虑，但是增加了用车成本，同时裸车的保值率会大打折扣。对于能源供给服务企业而言，这种模式能实现电池集中充电、检查和维护，能够延长电池使用寿命，便于企业实现电池回收和批次利用，同时可以捆绑消费者的后期消费，但是这种模式需要较高的前期投入。

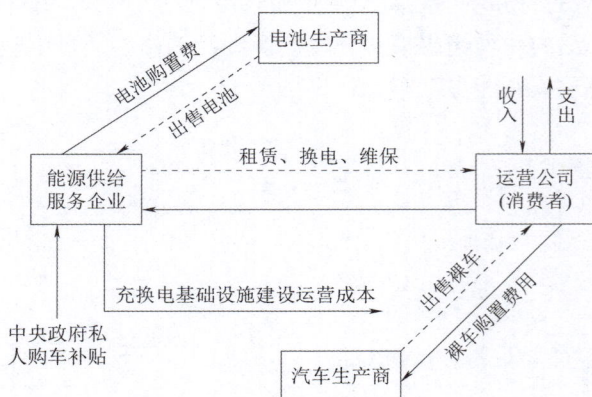

图 5-9 "裸车销售+电池租赁"模式的基本架构

> **小提示**
>
> 　　2020 年 8 月诞生的蔚来电池租用服务（Battery as a Service，BaaS）的主要内容为：标准续航的 75 度动力蓄电池租金为 980 元/月、整车价格减免 7 万元；长续航的 100 度动力蓄电池租金为 1680 元/月、整车价格减免 12.8 万元；用户还需额外支付 80 元/月的电池保险费用。以购买一台 75 度标准续航动力蓄电池的蔚来 ES6 为例，选择 BaaS，整车价格减少了 7 万元，但是电池的租赁和保险费用为 1 060 元/月，一年电池租金的总费用为 12 720 元，6 年的总费用是 76 320 元，也就是 6 年后买车所省下来的 7 万元就会被电池租金抹平。蔚来的电池租赁要求终身制，一旦选择了租用就不能改成买断电池，这是 BaaS 最大的缺点。同时，选择了 BaaS 还会影响车辆的保值率，未来车辆转售难度很大，因为下一任车主也要继续支付电池租金。

4. 融资租赁模式

　　融资租赁是指出租人根据承租人对租赁物件的特定要求和对供货人的选择，出资向供货人购买租赁物件，并租给承租人使用，承租人则分期向出租人支付租金，在租赁期内租赁物件的所有权属于出租人所有，承租人拥有租赁物件的使用权，其基本架构如图 5-10 所示。融资租赁的形式包括直接融资租赁、售后回租及杠杆租赁。融资租赁是目前国际上最普遍、最基本的非银行金融形式。它是指出租人根据承租人（用户）的请求，与第三方（供货商）订立供货合同，根据此合同，出租人出资向供货商购买承租人选定的设备。

5. 定向购买模式

　　定向购买模式主要面向三类客户人群：汽车产业链上下游企业、相关科研单位和高校、普通消费者。定向购买模式的优点：一是企业针对特定消费者销售纯电动汽车；二是部分消费者的用车路线固定，用途单一，例如，仅上下班使用，并且充电地点相对固定，便于车辆集中充电，只要在固定地点设置充电桩，就能满足消费者绝大部分充电需求；三是部分解决了目前纯电动汽车性能不足及充电困难等问题。

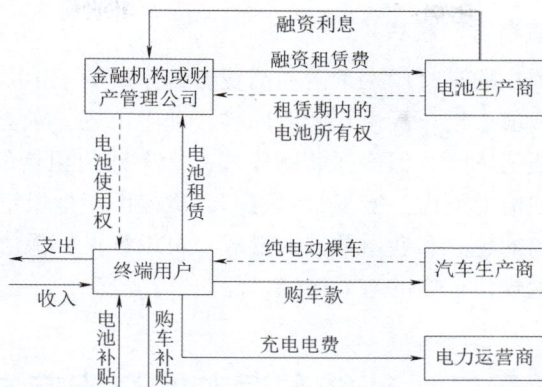

图 5-10　融资租赁模式的基本架构

6. "车电分离、融资租赁、充维结合"模式

车电分离是指新能源汽车购置过程中，按一定价值比例进行裸车和动力蓄电池的价值分离，车辆制造企业按整车卖出，租赁公司购买裸车。融资租赁是指金融租赁机构、用户、车辆生产企业、充维服务运营商共同签订融资租赁合同等相关协议，以融资租赁形式购置新能源汽车。充维结合是指用户与专业的新能源汽车充维服务运营商结成应用联盟，以充电和维护外包的形式，实现使用成本和风险的共同分担。"车电分离、融资租赁、充维结合"市场化模式的构建基础在于：专业化分工，社会化合作，集约化经营，实现产业链风险最小，总成本最低，多方共赢。

> **小提示**
>
> 　深圳公交企业提出了"融资租赁、车电分离、充维外包"的新能源公交车购买、运营及维保方案。"车电分离"即是新能源汽车购置过程中，按一定价值比例进行裸车和动力蓄电池的价值分离，车辆制造商整车卖出，公交企业就裸车进行融资租赁，充维服务运营商就配套电池进行购置。融资租赁由金融租赁机构、深圳公交企业、车辆制造商、充维服务商共同签订融资租赁合同、租赁物买卖合同、车辆回购协议等相关协议，借助市财政专项资金支持，以融资租赁模式引进新能源汽车。"充维外包"是指深圳公交企业与专业的新能源汽车充维服务商签订"充维协议"，利用充维服务商在动力蓄电池充电、维护、废旧回收和充电站建设运营等方面的专业性，以充电和维护外包的形式，实现使用成本和风险的共同分担。深圳公交企业通过这种合作方式解决了整车成本较高、电池责任方和售后服务商不明确及充放电基础设施不完善，阻碍新能源汽车大规模推广的三大核心问题，为新能源汽车的产业化展现了一种可期待的前景。同时，该模式可以助力充电基础设施建设，因为融资租赁的标的物不仅仅局限在车辆本身，充电站设备和充电桩也都是融资租赁天然优质的标的物。以融资租赁的形式对新增基础设施进行资金支持，以售后回租的形式释放已有充电设施融资能力，不仅能够解决充电设施运营企业面临的一次性投入过大的问题，也能释放企业资金压力，推动充电基础设施建设。

7. "保值回购＋残值租赁"模式

保值回购，即消费者在购车时厂家承诺在消费者购车后的一定时期内，按照约定的价格对车辆进行回购，锁定残值。整车厂进行残值回购，催生市场，融资租赁公司辅以融资租赁工具，这样就可以锁定残值风险。保值回购的模式，加上残值租赁的方式"以租代售"，不仅可以减少消费者对于残值的顾虑，实现批量推广，也能够产生稳定的二手车源，有利于新能源汽车成熟二手车市场的建立和残值数据的形成。可以预见，保值回购与残值租赁的结合将成为未来新能源汽车大规模推广的有效途径。

单元二　新能源汽车的充电方式

一、新能源汽车电能供给方式

充电系统是新能源汽车的能源补给系统，为保障车辆持续行驶提供动力能源。新能源汽车动力蓄电池补充电能主要通过将电网的交流电能转换为动力蓄电池需要的直流电能来实现。目前给动力蓄电池进行补给的技术主要是充换电技术。充换电技术分为充电技术和换电技术。

微课　新能源汽车
补充能量的方式

1. 充电技术

充电技术是指采用交流充电桩、车载充电机、非车载充电机等充电设备直接对新能源汽车车载动力蓄电池进行充电。充电技术具有充电设施相对简单、充电接口国家标准已出台、标准化程度较高等优势，但仍有交流慢充充电时间长、用户使用便利性低、直流快充对电池寿命影响大、用户随机充电情况下对电网的负荷冲击大、降低电网运行效率和安全性等劣势。

2. 换电技术

换电技术是指用充满电的动力蓄电池组更换车上需要充电的动力蓄电池组，实现新能源汽车能源的快速补给。换电技术可以提高车辆的使用效率，方便用户的使用；更换下来的动力蓄电池可以在低谷时段进行充电，降低电网负荷；解决了充电时间长、续驶里程短等难题；便于电池组的维护、管理，提高电池的使用寿命；有利于废旧电池的回收和再利用。但这种技术存在一些劣势，如需配置备用动力蓄电池及专业电池更换设备，设施造价较充电设施高，不同车型电池的标准化存在一定难度。

> **小思考**
> 　　充电技术和换电技术各有何特点？目前大部分新能源汽车都采用充电技术，你认为制约换电技术发展的核心因素是什么？

3. 新能源汽车对电能供给的要求

（1）充电快速化。相较于燃油车，新能源汽车充电时间长是制约其发展的主要因素，因此充电时间快速化成为消费者的核心诉求。

（2）充电通用化。在多种类型动力蓄电池、多种电压等级共存的市场背景下，需进一步规范公共场所用充电装置与电动汽车的充电接口、充电规范和接口协议等。

（3）充电智能化。

①优化的智能充电技术和充电机、充电站。

②电池电量的计算、指导和智能化管理。

③电池故障的自动诊断和维护技术。

（4）电能转换高效化。对于充电站，从电能转换效率和建造成本上考虑，应优先选择具有电能转换效率高、建造成本低等诸多优点的充电装置。

（5）充电集成化。充电系统将和电动汽车能量管理系统集成为一个整体，集成传输晶体管、电流检测和反向放电保护等功能，不需要外部组件即可实现体积更小、集成度更高的充电解决方案，从而为电动汽车其余部件节省布置空间，大幅降低系统成本，并可优化充电效果，延长电池寿命。

✺ 二、整车充电技术

1. 整车充电技术分类

整车充电技术按充电装置和汽车接收装置是否接触可分为接触式充电和非接触式充电两种。接触式充电采用插头与插座的金属接触来导电，如图 5 – 11 所示。国内常采用的充电电源主要有相控电源、线性电源和开关电源。接触式充电具有技术成熟、成本低廉、工艺简单等优点，同时也有易引起机械磨损、不能有效传输电能、裸露在外不安全等缺点。接触式充电按充电时间的长短可分为交流慢充和直流快充。

图 5 – 11 接触式充电

非接触式充电即感应式充电，充电装置和汽车接收装置之间不采用直接电接触的方式，而是由分离的高频变压器组合而成，通过感应耦合，无接触式地传输能量。非接触式充电如图 5 – 12 所示。

2. 交流慢充

1）交流慢充定义

交流慢充又称慢充或交流充电，就是将市电电网的电能通过壁挂式交流充电桩或者户外交流充电桩，输送给车载充电器，由车载充电器将交流电整流为直流电后，给动力蓄电池充电。交流慢充系统示意图如图 5 - 13 所示。交流慢充的方法是采用小电流的恒压或恒流充电，充电电流约为 15 A，一般充电时间为 5 ~ 8 h，甚至长达 10 ~ 20 h。这种充电方式利用车载充电器，接 220 V 交流电即可实现充电。

图 5 - 12　非接触式充电

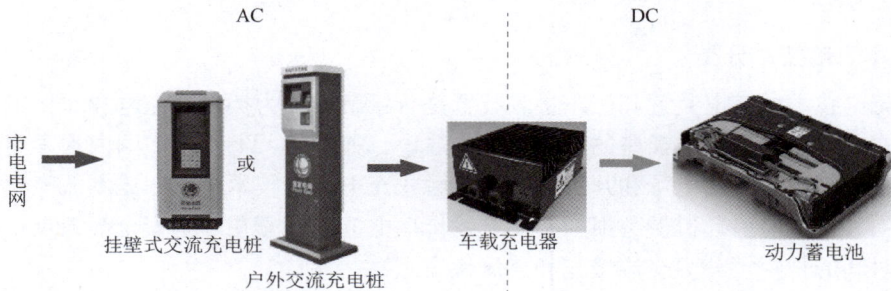

图 5 - 13　交流慢充系统示意图

2）交流慢充适用范围

（1）用户对电动汽车的行驶里程要求相对较低，车辆行驶里程能满足用户 1 天使用需要，利用晚间停运时间可以完成充电。

（2）由于常规交流慢充充电电流和充电功率比较小，因此在居民区、停车场和公共充电站都可以进行充电。

（3）规模较大的集中充电站，能够同时为多辆电动乘用车提供停车场地并进行充电。

3）交流慢充特点

交流慢充充电时间长，使用便利性较差，但具有以下优点。

（1）充电器和它的安装成本比较低，其中壁挂式交流充电桩可直接安装在车库内使用。壁挂式充电桩如图 5 - 14 所示。

（2）可充分利用电力低谷时段进行充电，降低充电成本。

（3）可提高充电效率和延长电池的使用寿命。

3. 直流快充

1）直流快充定义

直流快充又称快充，就是将市电电网的电能通过直流充电桩转换为直流电后，为动力蓄

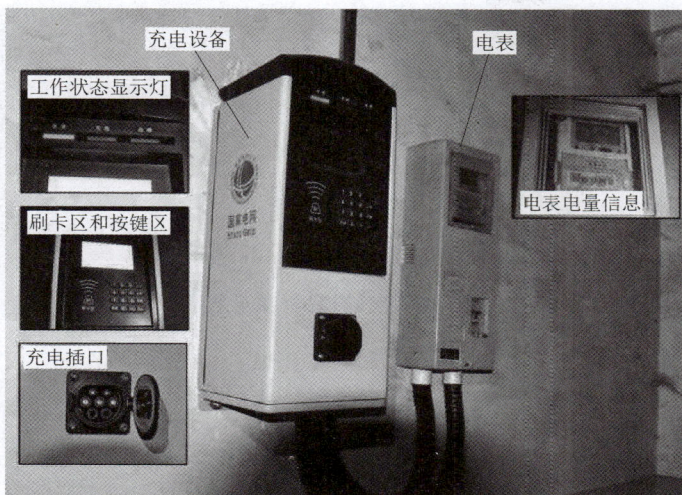

图 5 – 14 壁挂式充电桩

电池充电。直流快充系统示意图如图 5 – 15 所示。直流快充又称快充应急充电，是以较大直流电流短时间在电动汽车停车的 20 min ~ 2 h 内，为其提供短时间充电服务，一般充电电流为 150 ~ 400 A。

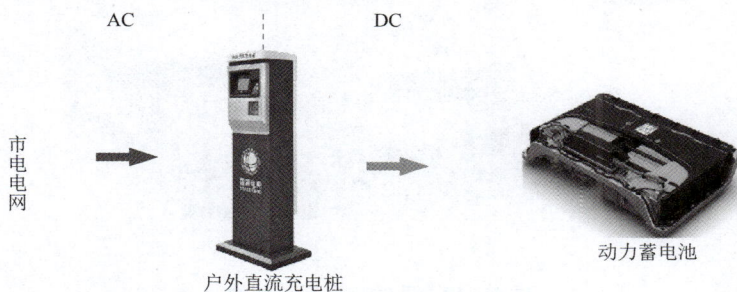

图 5 – 15 直流快充系统示意图

2）直流快充特点

虽然直流快充充电时间短，便利性好，但仍有以下缺点。

（1）充电效率较低，充电装置安装成本和工作成本较高。目前直流充电方式的充电价格在 2 元/W 左右。以一个充电站 1 000 kW 的容量计算，加上送变电设施、铺设专用电缆及新建监控系统等（不包括建设用地成本），一个充电站的成本在 300 万 ~ 500 万元。

（2）直流快充充电电流过大，易使锂元素太过活跃，从而导致电池中的电解液发生沉淀，产生气泡现象，也就是平常人们所看到的电池身上凸起的"小包"，摸上去有发热等手感，严重的会导致电池发生爆炸等安全事故，如图 5 – 16 所示。电动汽车充电快慢与充电器功率、电池充电特性和温度等紧密相关。在冬天气温较低时，电池要求的充电电流变小，充电时间会变得更长些。

图 5 – 16　直流快充易引发安全事故

4. 无线充电

无线充电不再需要电源插座或充电电缆，利用车外充电器，将工频电压临时转换成 100 kHz 高频交流电，变压器一次线圈和二次线圈分别设在充电机的连接器一端和车辆一侧的连接器上，通过电磁感应传递电力，实现动力蓄电池的充电。无线充电系统结构如图 5 – 17 所示。无线充电按照电磁感应原理不同可分为微波方式、电磁感应方式、磁共振方式。

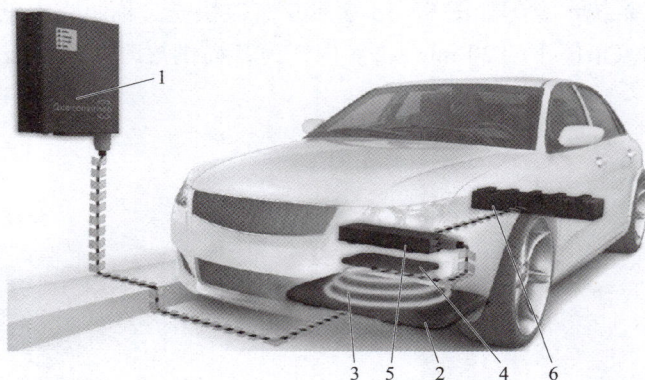

图 5 – 17　无线充电系统结构
1—挂壁式充电桩；2—充电感应底板；3—能量传输；4—车载充电板；5—控制器；6—动力蓄电池

小思考
　　无线充电技术的优缺点是什么？你认为制约无线充电技术普及推广的核心因素是什么？无线充电技术的发展前景如何？

✿ 三、电池换电技术

电池换电技术是一种动力蓄电池快速更换的方式，即在动力蓄电池更换站内，使用电量充足的动力蓄电池替换电量不足的动力蓄电池。这样可有效克服现阶段动力蓄电池性能的限制，为新能源汽车的运行创造有利条件。电池换电技术也分为乘用车换电技术和商用车换电技术两种。

1. 乘用车换电技术

针对乘用车，根据电池箱在车辆中的部位，电池更换方式可分为底盘更换和行李箱更换。底盘更换方式如图 5-18 所示，用于更换位于车辆底部的动力蓄电池，是目前最常见的电池更换方式。行李箱更换方式如图 5-19 所示，用于更换位于车辆行李箱的动力蓄电池，主要应用在部分混合动力汽车上。

图 5-18　底盘更换方式

图 5-19　行李箱更换方式

2. 商用车换电技术

为提高商用车电池的更换效率，缩短电池的更换时间，设计产生了一步式更换方案和两步式更换方案，这两种方案的更换如图 5-20、图 5-21 所示。

图 5-20　商用车电池一步式更换方案

图 5-21　商用车电池两步式更换方案

3. 电池更换系统

电池更换系统主要由充电架及电池存储架、电池箱连接器、电池箱更换设备、电池箱检测与维护设备和车辆导引系统等 5 部分组成。

1）充电架及电池存储架

充电架是指由机械、电气、通信等装置构成，用以连接非车载充电机和电池箱，完成充电过程的电池箱承载设备。电池存储架是指用于集中承载电池箱的设备，可以实现电池箱安全存放。

2）电池箱连接器

电池箱连接器是实现电池箱与新能源汽车、电池箱与充电架之间传导式连接的专用电连接器。电池箱连接器由车载端、充电架端和电池端组成。

3）电池箱更换设备

电池箱更换设备是指针对不同类型的新能源汽车和不同标准等级的电池箱，在新能源汽车和充电架之间能够实现电池箱更换的专用设备。电池箱更换设备通过传感器技术，实现上下左右及旋转自动对位功能，对不同停车姿态车辆的电池箱位置进行自动识别校准，可以柔性控制实现整个装卸过程，以适应不同类型的车辆。

4）电池箱检测与维护设备

电池箱检测与维护设备可测量单体电池或电池组的内阻、电压等指标数据，通过与存储的电池标准数据进行比较，即可判断电池的健康状态，用以有效预防并降低电池的损坏概率，延长电池组的使用寿命，从而提高动力蓄电池使用的经济性。

5）车辆导引系统

车辆导引系统是指实现导引新能源汽车至规定位置以便进行电池箱更换的系统。车辆导引系统应能够引导驾驶员将车辆按照规定路线准确停靠在指定换电位置。

✳ 四、充电系统组成

新能源汽车充电系统主要由充电桩、充电线束、车载充电器、高压控制盒、动力蓄电池、DC - DC 转换器、低压蓄电池及各种高压线束和低压控制线束等组成，系统结构如图 5-22 所示。

微课　新能源汽车
充电系统的组成部件

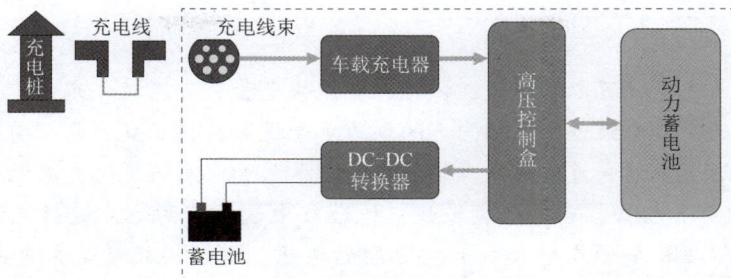

图 5-22　新能源汽车充电系统结构

1. 充电桩

1）充电桩功能

充电桩是一种为新能源汽车提供电量补充的补能装置，其功能类似于加油站里的加油机，可以固定在地面或墙壁，安装于公共建筑（如充电站、商场、公共停车场）和居民小区停车场内，可以根据使用需要调整电压、电流，为各种型号的新能源汽车充电。充电桩的输入端与交流电网直接连接，输出端装有充电插头，用于为新能源汽车充电。充电桩一般提供常规充电和快速充电两种充电方式。人们可以使用特定的充电卡在充电桩提供的人机交互操作界面上刷卡使用，进行相应的充电操作和费用数据打印，充电桩显示屏能显示充电量、费用、充电时间等数据。

> **小知识**
>
> 一块手机 SIM 卡大小的芯片，却能承载超过 700 V 的电压，导通电阻仅有 30 mΩ，可以实现高效低耗的电能转换。这就是新能源汽车充电桩的"心脏"MOSFET（金属－氧化物－半导体场效应晶体管）。2016 年苏州东微半导体股份有限公司生产的新能源汽车直流大功率充电桩用核心芯片首次在国内的生产线上实现全国产化，打破了国外厂商的垄断。目前，中国每 3 个直流充电桩（快充）中就有 1 个装备了苏州东微半导体股份有限公司的高性能高压功率半导体芯片，成为国内充电桩核心器件领域的市场领导者。

2）充电桩分类

（1）充电桩按安装方式可分为落地式充电桩、挂壁式充电桩。落地式充电桩适合安装在不靠近墙体的停车位。挂壁式充电桩适合安装在靠近墙体的停车位。

（2）充电桩按照安装地点可分为公共充电桩、专用充电桩和自用充电桩。公共充电桩是指建设在公共停车场（库），结合停车泊位，为社会车辆提供公共充电服务的充电桩。专用充电桩是建设在单位（企业）自有停车场（库），为单位（企业）内部人员使用的充电桩。自用充电桩是建设在个人自有车位（库），为私人用户提供充电的充电桩。充电桩一般结合停车场（库）的停车位建设。安装在室外的充电桩防护等级不应低于 IP54。安装在室内的充电桩防护等级不应低于 IP32。

（3）充电桩按充电接口数可分为一桩一充和一桩多充。

（4）充电桩按充电方式可分为直流充电桩（栓）、交流充电桩（栓）和交直流一体充电桩（栓）。

小提示

　　交直流一体充电桩可以实现交流慢充、直流快充和交直流混合充电。交直流混合充电是将电网中的交流电经过充电桩内部的电力电子设备转换成直流电，同时通过两根充电枪，分别输送交流电和直流电到车辆的车载充电器和电池组。交直流混合充电的充电功率一般在 50～150 kW，充电速度较快，适合在中途停留的地方进行充电。交直流一体充电桩可以根据车辆的充电接口和电池组的电压，自动切换交流充电或直流充电模式，实现智能化的充电管理，具有兼容性强、灵活性高、安全性好、智能化高等特点。

　　①交流充电桩。

　　交流充电桩，俗称"慢充桩"，是固定安装在新能源汽车外，与交流电网连接，为新能源汽车车载充电器（固定安装在新能源汽车上的充电器）提供交流电源的供电装置，如图 5 – 23 所示。交流充电桩只提供电力输出，没有充电功能，需连接车载充电机为新能源汽车充电。交流充电桩只是起了控制电源的作用。

　　②直流充电桩。

　　直流充电桩，俗称"快充桩"，是固定安装在新能源汽车外，与交流电网连接，为非车载新能源汽车动力蓄电池提供直流电源的供电装置，如图 5 – 24 所示。直流充电桩的输入电压采用三相四线 AC 380 V ± 15%，频率 50 Hz，输出为可调直流电，直接为新能源汽车的动力蓄电池充电。

图 5 – 23　交流充电桩　　　　图 5 – 24　直流充电桩

小思考

　　如果你要去给新能源汽车充电，如何迅速准确识别交流充电桩、直流充电桩和交直流一体充电桩？

　　2. 充电插口

　　1）充电插口的组成

　　充电插口是指用于连接活动电缆和新能源汽车的充电部件，主要由充电插座与充电插头两部分组成。充电插口结构如图 5 – 25 所示。

充电插头   充电插座

图 5 – 25　充电插口结构

2）充电插口的要求

在新能源汽车的产业化过程中，充电插口的标准化非常重要。充电插口应该满足以下几方面的要求。

（1）能够实现较大电流的传输和传导，避免由于电流过大引起充电插口发热和故障。

（2）充电插头能够与充电插座充分耦合，接触电阻小，以免接触不良引起火花烧蚀或虚接。

（3）能够实现必要的通信功能，方便新能源汽车 CAN 通信或者电池管理系统与充电机对接。

（4）具备防误插功能。因为新能源汽车使用的充电设备或者电池的型号和性能不同，所以所需要的电源也不一样。同时，因为各充电插口的性能不同，充电插口的电极不能插错，这就要求不同的充电新能源插口要有一定的识别功能。

（5）具备合理的外形，方便执行插拔作业。

3）充电插口的标准

世界上不同国家和不同地区的充电插口都有各自的标准。目前，美国、欧洲、中国三大充电插口标准成为主要标准。《电动汽车传导充电用连接装置　第 2 部分：交流充电接口》（GB/T 20234.2—2015）和《电动汽车传导充电用连接装置　第 3 部分：直流充电接口》（GB/T 20234.3—2015）规定了交流与直流接口的标准，交流接口采用的是七针的设计，如图 5 – 26 所示。直流接口采用的九针的设计，如图 5 – 27 所示。

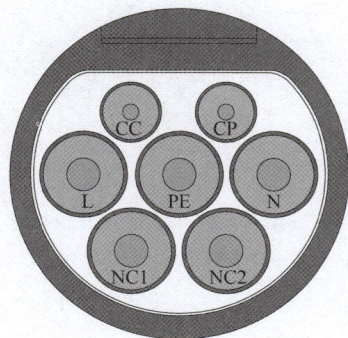

图 5 – 26　交流（七针）充电插头

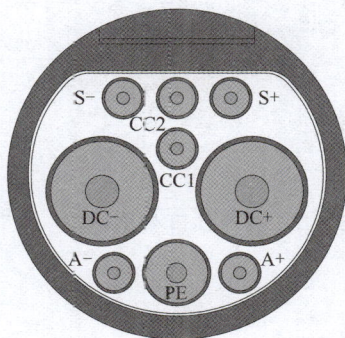

图 5 – 27　直流（九针）充电插头

4）慢充插口端子定义

新能源汽车慢充插口有 7 个端子，如图 5 – 28 所示，含义如下。

（1）CC 为充电连接确认。车辆控制装置通过 CC 与 PE（车身地）之间的电阻值来判断充电插头是否与充电插座完全连接。

（2）CP 充电控制引导。车辆控制装置通过 CP（检测点 2）的 PWM 占空比确认当前供电设备支持的最大充电电流。

（3）L 端子为交流电源（单相、三相）。

（4）NC1 端子为备用端子；交流电源（三相）。

（5）NC2 端子为备用端子；交流电源（三相）。

（6）N 端子为中线（单相、三相）。

（7）PE 端子为保护地线。

5）快充插口端子定义

新能源汽车快充插口有 9 个端子，如图 5 – 29 所示，含义如下。

（1）DC + 为直流电源正。

（2）DC – 为直流电源负。

（3）PE 为保护接地。

（4）S + 为充电通信 CAN – H。

（5）S – 为充电通信 CAN – L。

（6）CC1 为充电确认。

（7）CC2 为充电确认。

（8）A + 为低压辅助电源正。

（9）A – 为低压辅助电源负。

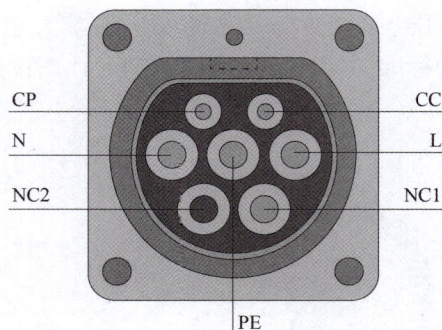

图 5 – 28　慢充插口端子定义

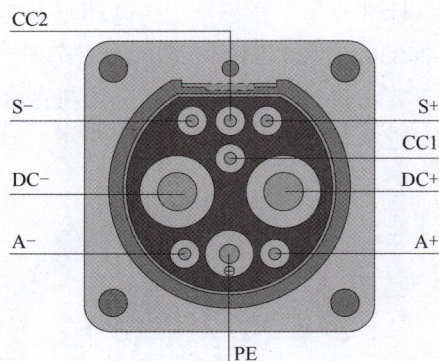

图 5 – 29　快充插口端子定义

3. 充电机

1）充电机分类

充电机作为供电电源与新能源汽车动力蓄电池之间的功率转换器，其功能是将供电电源的能量按照既定的充电模式传递给新能源汽车的动力蓄电池。根据不同的分类标准，新能源汽车充电机可以分成多种类型，充电机的分类如表 5 – 1 所示。

表 5-1 充电机的分类

分类标准	充电机类型	
安装位置	车载充电机	非车载充电机
输入电源	单相充电机	三相充电机
连接方式	传导式充电机	感应式充电机

2）车载充电机

车载充电机（又称车载充电器），是充电系统的重要组成部件。车载充电机上有低压通信端、交流输入端和直流输出端，如图 5-30 所示。车载充电器具有以下功能。

（1）车载充电器将输入的 220 V 交流电转换成直流电输出，为动力蓄电池充电，实现动力蓄电池电量的补给。

（2）车载充电器工作过程需要与充电桩、BMS、VCU 等部件进行通信。

（3）车载充电器根据动力蓄电池需求可调节输出功率。

低压通信端 直流输出端 交流输入端

图 5-30 车载充电机

（4）车载充电器还具备软关断功能。在电源切断时，为了避免立即断电对电器模块造成大电压的冲击，增加了软关断控制器，为高压负载提供一个卸载时间。在钥匙从 ON 挡关闭时，高压电源会延迟 3 s 断电。

3）非车载充电机

非车载充电机一般安装于固定的地点，已事先做好输入电源的连接工作，而直流输出端与需要充电的新能源汽车相连接。非车载充电机主要由充电机主体和充电终端两个部分组成，其系统结构如图 5-31 所示。通常非车载充电机的功率、体积和质量都比较大。非车载充电机一般采用《电动汽车传导充电用连接装置 第 3 部分：直流充电接口》（GB/T 20234.3—2023）中规定的充电模式及连接方式对车辆进行供电。

小提示

《电动汽车传导充电用连接装置 第 3 部分：直流充电接口》（GB/T 20234.3—2023）是 2023 年 9 月 7 日实施的一项中华人民共和国国家标准。该标准规定了电动汽车传导充电用直流充电接口的通用要求、额定值、连接界面、触头布置、触头功能型式、结构尺寸等要求，适用于额定电压不超过 DC 1 500 V、额定电流（持续最大工作电流）不超过 800 A 的直流充电接口。

---

4. 高压配电箱

高压配电箱是新能源汽车集中高压配电设备，是动力蓄电池与各高压设备的电源和信号传递的桥梁。高压配电箱以高压控制盒为核心，完成动力蓄电池电源的输出及分配，实现对支路用电器的保护及切断。图 5-32 所示为北汽车型高压控制盒，其外部端口分别连接快充

项目五 新能源汽车的购买与使用

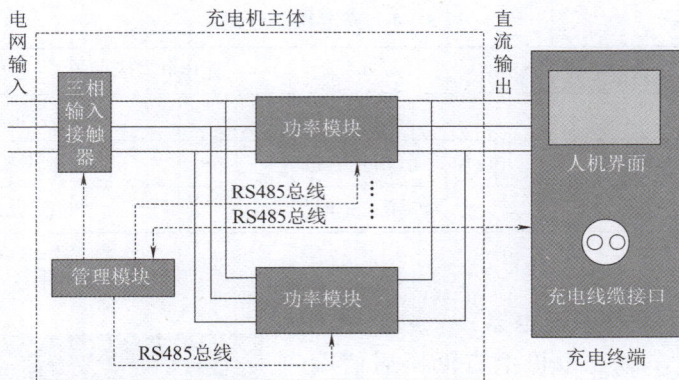

图 5 – 31　非车载充电机系统结构

插件、动力电池插件、电机控制器插件、高压附件插件、低压控制插件。

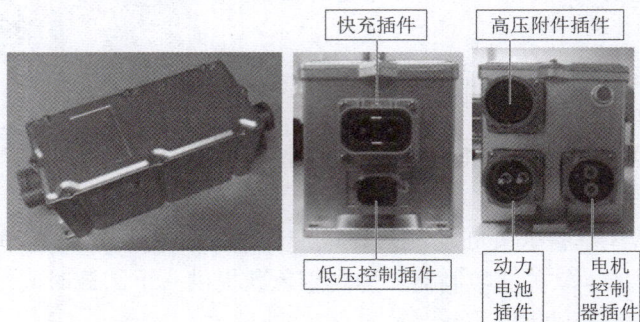

图 5 – 32　北汽车型高压控制盒

5. DC – DC 转换器

DC – DC 转换器将动力蓄电池的高压直流电转换为整车低压 12 V 直流电，给整车低压用电系统供电，并给 12 V 蓄电池充电。北汽 EV160 DC – DC 转换器包含高压输入端、低压控制端、低压输出正负极端口，如图 5 –33 所示。

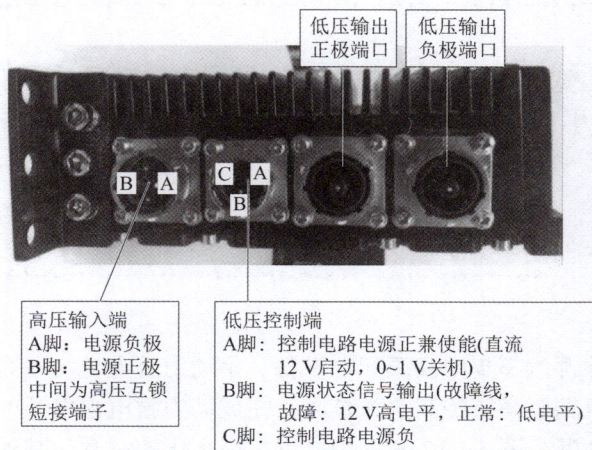

图 5 – 33　北汽 EV160 DC – DC 转换器

6. 充电站

充电站指的是具有特定控制功能和通信功能的，将电能量传送到电动汽车的设施总称，它能够以快充或慢充方式对电动汽车进行充电。电动汽车充电站如图 5 - 34 所示。

图 5 - 34　电动汽车充电站

1）充电站的组成与功用

充电站由配电系统、充电系统、计量计费系统、监控与通信系统、配套设施、安全防护设施等部分组成。充电站的基本功能应包括供配电、充电、充电过程和配电设备监控、计量、站内设备管理和通信，扩展功能包括计费。

2）充电站的分类

充电站根据配电容量及充电设备的数量，充电站的建设规模可分为大型、中型和小型3 类。

（1）大型充电站。配电容量大于或等于 500 kV·A，充电设备数量不少于 10 台。

（2）中型充电站。配电容量大于或等于 100 kV·A 且小于 500 kV·A，充电设备数量不少于 3 台。

（3）小型充电站。配电容量小于 100 kV·A，充电设备数量不少于 3 台。

3）充电站的布置

充电站总体布置应满足便于车辆的出入和充电时停放，保障站内人员及设施的安全，具体有以下要求。

（1）充电区的入口和出口应至少有两条车道与站外道路连接，充电站应设置缓冲距离或缓冲地带便于车辆的停放和进出。

（2）充电区单车道宽度不应小于 3.5 m，双车道宽度不应小于 6 m。

（3）转弯半径不应小于 9 m，道路坡度不应大于 6%，且坡向站外。

（4）充电设施应靠近充电区停车位设置，车辆在停车位充电时不应妨碍站内其他车辆的充电与通行。

（5）充电区应考虑安装防雨设施，以保护站内充电设施，方便进站充电的车辆驾乘人员。

充电站的电气设备布置应遵循安全、可靠、适用的原则，并便于安装、操作、搬运、检修、试验，具体有以下要求。

（1）充电机、监控室、营业厅应布置在建筑物首层，高压开关柜、变压器、低压开关柜等宜布置在建筑物首层。

（2）变压器、高压开关柜、低压开关柜、充电机及监控装置宜安装在各自的功能房间，以利于电气设备的运行，便于维护管理。

（3）当成排布置的低压开关柜长度大于 6 m 时，柜后应有 2 个出口通道。

（4）当两个出口之间的距离大于 15 m 时，其间应增加出口。

（5）当受到条件限制时，低压开关柜与充电机可安装在同一房间，或采取变压器与低压开关柜设置在同一房间，但变压器应选用干式，且外壳防护等级不低于 IP20。

（6）当受到条件限制时，变配电设施与充电机可设置在户外组合式成套配电站中，其基础应适当抬高，以利于通风和防水。

（7）变压器室不宜与监控室贴邻布置或位于其正下方，不能满足时应采取防止电磁干扰措施。

> **小知识**
>
> 2023 年，我国充电基础设施增量为 338.6 万台，同比上升 30.6%，充电基础设施累计数量为 859.6 万台，同比增加 65%。我国已初步建成全球规模最大的充电基础设施体系，全面提升充换电基础设施服务网络的服务保障能力，更好地满足人民群众出行充电需求。

❄ 五、电动汽车与电网互动技术

1. V2G 技术定义

电动汽车与电网互动技术（Vehicle to Grid，V2G）描述的是一种新型电网技术，电动汽车不仅可以作为电力消费体，同时在其闲置时可向电网回馈电能，实现在受控状态下电动汽车与电网之间的能量、信息双向互动，如图 5 - 35 所示。V2G 技术既解决了电动汽车大规模发展带来的充电需求问题，又可将电动汽车作为移动的、分布式储能单元接入电网，用于调峰、调频和旋转备用等。

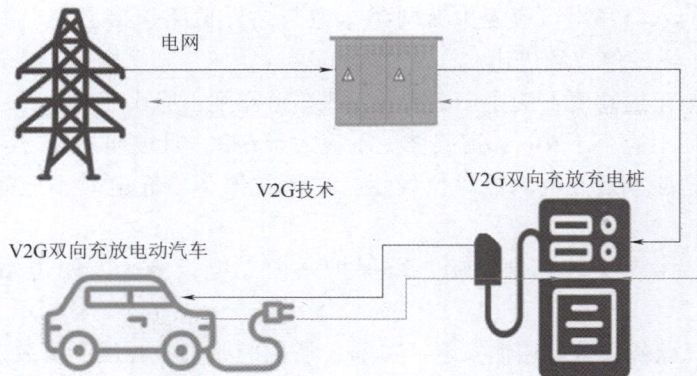

图 5 - 35　V2G 电流走向示意图

2. V2G 技术功能

V2G 技术体现的是能量双向、实时、可控、高速地在车辆和电网之间流动，充放电控制装置既有与电网的交互，又有与车辆的交互。电动汽车与电网互动的运行场景如图 5-36 所示。交互的内容包括能量转换、客户需求信息、电网状态、车辆信息、计量计费信息等。

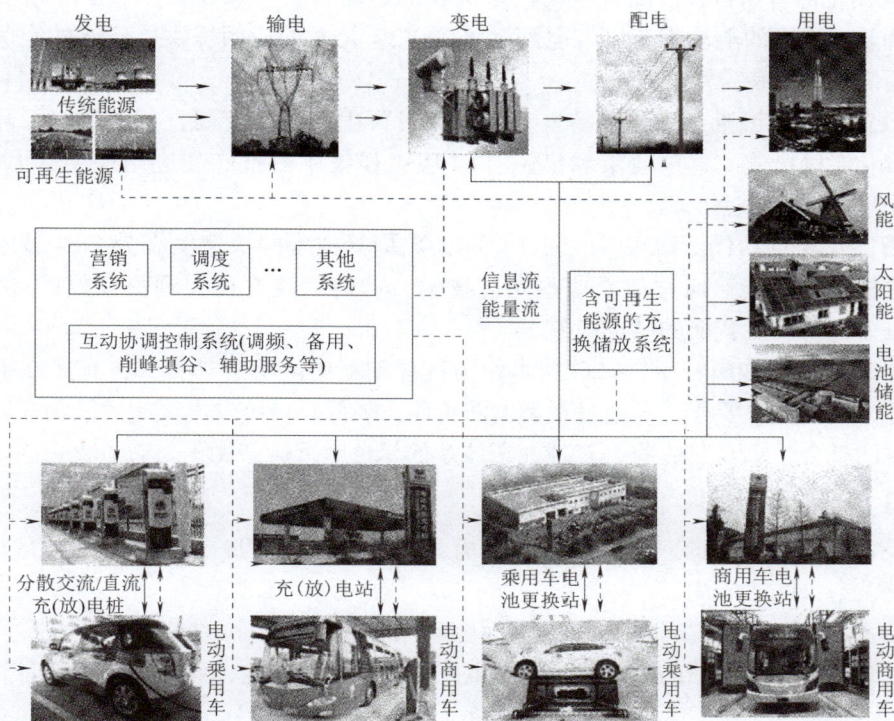

图 5-36　电动汽车与电网互动的运行场景

1）平抑负荷峰谷

使用 V2G 功能时可以实现在电网负荷低谷时给电动汽车充电，使其从电网吸收功率；在负荷高峰时将电动汽车的电能回馈给电网。

2）对频率作出响应

V2G 能在非高峰时段自动充电，在高峰时段放电，替代效率较低的调频电厂。

3）用作应急电源

当交流电源出现干扰或中断时，V2G 能保证对负载不间断地供电，确保关键负载连续正常运行。

4）为新能源接入平抑扰动

新能源发电具有较大的波动性，V2G 可以作为备用容量对新能源接入所产生的扰动进行平抑，减少火电或其他常规机组的备用容量。

3. V2G 技术的未来发展趋势

随着科技的进步和市场的成熟，V2G 技术展现出了广阔的发展前景。以下是 V2G 技术未来可能呈现的几个发展趋势。

（1）技术创新与优化。随着对 V2G 技术的深入研究，未来可能会出现更多的技术创新和优化。例如，更高效的能量转换和存储技术、更智能的能源管理系统及更先进的电网调度策略，这些都有望推动 V2G 技术促使其性能进一步提升。

（2）规模化部署与普及。随着电动汽车市场的迅速增长，V2G 技术有望实现更大规模的部署和普及。更多的电动汽车接入电网，将为 V2G 技术的应用提供更广阔的空间，同时也有助于提高电网的稳定性和可靠性。

（3）政策支持与激励。为了推动电动汽车和可再生能源的发展，各国政府可能会出台更多的政策和激励措施。这些政策和措施有望为 V2G 技术的推广和应用提供有力的支持，推动 V2G 技术的快速发展。

（4）智能化与自动化。物联网、云计算和大数据等技术的快速发展为 V2G 技术的智能化和自动化提供了可能。通过集成这些先进技术，V2G 系统有望实现更高效的能源管理、更精准的电力调度及更智能的用户服务。

（5）推动可持续能源转型。V2G 技术作为一种创新的能源管理方式，有望在推动可持续能源转型方面发挥重要作用。通过平衡电网负荷，降低对传统发电设施的依赖，以及促进可再生能源的整合，V2G 技术将为全球能源体系的绿色、低碳转型提供有力支持。

4. V2G 技术的应用领域

V2G 技术凭借其独特的双向能源互动能力，在多个领域展现出广泛的应用潜力。以下是 V2G 技术的主要应用领域。

（1）电动汽车与储能领域。V2G 技术为电动汽车提供了创新的充电解决方案，使电动汽车在充电时可以作为电网的储能单元。在电网需求较低时充电，而在需求高峰时放电，有助于平衡电网负荷。

（2）智能电网与能源管理。V2G 技术为智能电网提供了强大的支持，通过实时监控、预测和优化能源使用，提高电网的稳定性和效率。此外，它还可以帮助实现能源的集中管理和调度，优化能源分配。

（3）智能交通与车联网。V2G 技术可以与智能交通系统结合，实现车辆与电网、车辆与车辆之间的智能通信。这不仅为车辆提供了更加便捷的充电服务，还有助于提高道路使用效率和减少交通拥堵。

（4）可持续建筑与智慧城市。在可持续建筑和智慧城市的建设中，V2G 技术可以实现建筑物、家用电器和公共设施之间的能源互动，提高能源使用效率，降低碳排放，推动城市的绿色、低碳发展。

（5）物联网与边缘计算。V2G 技术可以与物联网和边缘计算技术相结合，实现设备之间的能量交换和数据交互，推动物联网和边缘计算技术的发展和应用。

小知识

2024 年 3 月，广汽能源在广汽埃安 V2G 示范中心成功完成了全国首次新能源汽车与电网融合 V2G 技术与虚拟电厂结合的二次调频实车试验，突破了 V2G 技术常态化应用的必要条件，成为全国首次实现车－网调频互动的示范案例。

单元三　新能源汽车使用注意事项

一、新能源汽车仪表盘显示信息

微课　新能源汽车仪表盘显示信息的含义

　　汽车仪表盘是反映车辆各系统工作状况的装置，也是驾驶员与汽车进行信息交流的重要接口，能为驾驶员提供所需的汽车运行参数信息。随着汽车电子技术的发展，汽车行驶状况和各机构、各零部件的信息量显著增加，驾驶员在驾驶车辆时，必须更多、更及时地了解汽车的各类参数是否正常，以便及时采取措施，防止发生事故。

　　图 5 - 37 所示为北汽 EV200 车型的汽车仪表盘。它能够实时显示功率、数字车速、瞬时电耗、倒车雷达、动力蓄电池电压、电流、驱动电机转速、平均电耗、保养里程、车外温度等 20 多项信息，让驾驶员及时获取车辆状况。

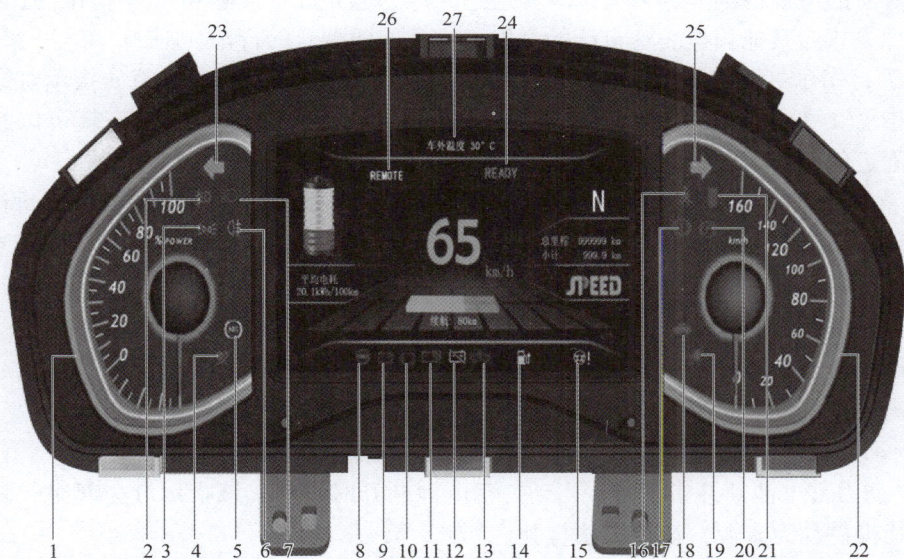

图 5 - 37　北汽 EV200 车型的汽车仪表盘

1—驱动电机功率表；2—前雾灯；3—示廓灯；4—安全气囊指示灯；5—ABS 指示灯；6—后雾灯；
7—远光灯；8—跛行指示灯；9—蓄电池故障指示灯；10—电机及控制器过热指示灯；11—动力蓄电池故障指示灯；
12—动力蓄电池断开指示灯；13—系统故障灯；14—充电提醒灯；15—EPS 故障指示灯；16—安全带未系指示灯；
17—制动故障指示灯；18—防盗指示灯；19—充电线连接指示灯；20—手刹指示灯；21—车门开启指示灯；22—车速表；
23—左转向指示灯；24—READY 指示灯；25—右转向指示灯；26—REMOTE 指示灯；27—室外温度提示

　　（1）驱动电机功率表。0% ~ 100% 指示当前驱动电机输出的实际功率与可输出最大功率的比，功率数值越大表明当前车辆动力越强。功率表的绿色量程部分表示制动能量回收强度，即指针越靠近表盘底端，表示制动能量回收强度越强。

（2）前雾灯。汽车前雾灯的作用主要体现在以下三点。

①在雾天或者雨天能见度受天气影响较大的情况下，让其他车辆看见本车。

②装于汽车前部比前照灯稍低的位置，用于雨雾天气行车时照明道路。

③可提高驾驶员与周围交通参与者的能见度，使来车和行人能在较远处发现对方。

（3）示廓灯。示廓灯又称示宽灯，主要起警示的作用。

（4）安全气囊指示灯。安全气囊指示灯的作用是显示气囊的电气系统是否有故障。

（5）ABS 指示灯。ABS 指示灯亮表示汽车上的防抱死制动系统出现故障。ABS 的作用是使汽车能够发挥制动功效，缩短汽车的制动时间和距离，防止汽车发生侧滑，保证汽车在行驶过程中的稳定性，保证车轮与地面的附着力达到最佳的状态。正常行车情况下，ABS 系统处于休眠状态，汽车仪表上对应的 ABS 指示灯也是熄灭的；但当遇到紧急情况，如高速急刹车，行车电脑判断这种情况 ABS 需介入工作时，ABS 系统会自动激活并介入，帮助解决当前的紧急刹车情况，而这时仪表上的 ABS 警示灯会亮起。

（6）后雾灯。后雾灯的作用是在雾、雪、雨或尘埃弥漫等能见度较低的环境中让车辆后面的汽车驾驶员易于发现自己的汽车。

（7）远光灯。远光灯可以提高视线范围，扩大观察视野。在没有路灯的漆黑路面上，开启远光灯后的可视范围要远远大于只开启近光灯。远光灯不仅起到照明作用，还可以通过不同的闪烁方式向其他司机表达自己的意思，这是一条默认的行车规则。

（8）跛行指示灯。跛行指示灯是指示车辆 ECU 中电控单元出现故障的指示灯。汽车跛行模式是指 ECU 自动启用后备控制回路，对驱动电机进行简单控制，使车辆可以开回家或是行驶到附近的汽修厂进行修理。

（9）蓄电池故障指示灯。蓄电池故障指示灯用来显示蓄电池使用状态。车辆起动开始自检时，该指示灯点亮。判断车辆正常起动后其自动熄灭。如果蓄电池故障指示灯常亮，说明该蓄电池出现问题，需要更换。

（10）电机及控制器过热指示灯。电机及控制器过热指示灯表示车辆电机及控制器过热，需要停车进行自然冷却。如果故障灯熄灭，则可继续行驶；如果故障灯不熄灭或者频繁亮起，则需要去维修店检查。

（11）动力蓄电池故障指示灯。如果动力系统发生故障，此指示灯点亮。

（12）动力蓄电池断开指示灯。当动力蓄电池断开时点亮。该指示灯亮起时，表示动力蓄电池不能提供动力来源，车辆无法行驶。

（13）系统故障灯。若显示红色，有两种含义：一是表示仪表与整车失去通信，该指示灯持续闪烁；二是表示车辆出现一级故障，该指示灯持续点亮。若显示黄色，则表示车辆出现二级故障，指示灯持续点亮。

（14）充电提醒灯。若显示黄色为提醒车主尽快充电。充电提醒：电量低于 30% 时指示灯点亮；在电量低于 5% 时，提示"请尽快充电"。

（15）EPS 故障指示灯。若显示黄色代表 EPS 系统发生故障。

（16）安全带未系指示灯。当车辆处于 ON 状态，驾驶员或者乘客安全带未系，且乘客座有人或重物时，就会显示红灯，提醒系好安全带。

（17）制动故障指示灯。若显示红灯为提醒车辆制动系统发生故障。

（18）防盗指示灯。防盗指示灯的作用是指示汽车防盗系统正在工作，起到汽车防盗设备已经开启的提示作用。

（19）充电线连接指示灯。充电线连接指示灯亮起时，表示车辆已经成功与充电设备建立了稳定的连接，可以进行充电。

（20）手刹指示灯。手刹指示灯用来显示车辆手刹的状态，平时为熄灭状态。当手刹被拉起后，该指示灯自动点亮。手刹被放下时，该指示灯自动熄灭。有的车型在行驶中未放下手刹会伴随有警告音。

（21）车门开启指示灯。车门开启指示灯用来显示车辆车门的状态，车门关闭时为熄灭状态。车辆上电后，车门若开启，指示灯点亮。

（22）车速表。车速表的作用是显示车辆的行驶速度。

（23）汽车左右转向指示灯。汽车左右转向指示灯的作用如下。

①提示行人或车辆本车转弯的方向。

②表示超车和并道方向。

③左右转向指示灯同时亮起时，表示本车有紧急情况，提醒其他车辆注意。

（24）READY 指示灯。仪表显示绿色的 READY 是指车辆已经做好所有准备，已经起动成功，可以随时启程。

（25）REMOTE 指示灯。REMOTE 灯常亮表示车辆处于远程通信控制状态。在突然停电的时候，会使用 REMOTE 功能。

（26）室外温度提示。车辆上电后，实时显示车外温度。

> **小思考**
> 新能源汽车仪表盘显示信息与传统燃油汽车仪表盘显示信息有何异同？哪些是新能源汽车特有的标识？

✦ 二、新能源汽车驾驶注意事项

1. 新能源汽车驾驶步骤

微课 新能源汽车
驾驶注意事项

新能源汽车的动力源及驱动方式和传统内燃机汽车存在较大差异，导致新能源汽车的驾驶步骤与传统内燃机汽车有所差异，这里以北汽 EV200 为例，说明新能源汽车的驾驶步骤。

（1）将钥匙插入，旋转至 ON 挡，如图 5-38 所示。

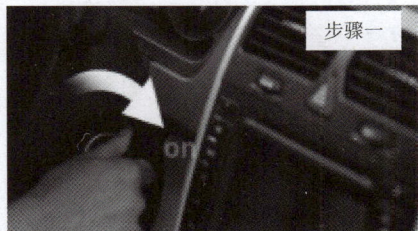

图 5-38 车辆通电

（2）系统自检后 READY 灯点亮，表明车辆准备完毕，可以行驶，如图 5 - 39 所示。若 READY 灯闪烁，则说明车辆存在故障。

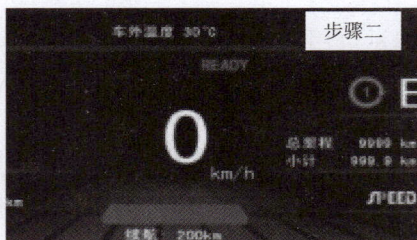

图 5 - 39　READY 灯点亮

（3）检查 SOC 电量表，如图 5 - 40 所示。电量表分为 10 个格，每格表示 10% 的电量。蓝色代表放电，绿色代表充电。

图 5 - 40　检查 SOC 电量表

（4）踩下制动踏板，如图 5 - 41 所示。

图 5 - 41　踩下制动踏板

（5）将换挡旋钮旋至 D 挡，如图 5 - 42 所示。

图 5 - 42　将换挡旋钮旋至 D 挡

（6）松开手刹，如图 5 – 43 所示。

步骤六

图 5 – 43　松开手刹

（7）缓抬制动踏板，车辆行驶，如图 5 – 44 所示。

步骤七

图 5 – 44　缓抬制动踏板

2. 夏季行车注意事项

由于夏季气温高，光照强，同时伴随有雷阵雨，因此新能源汽车在夏季行车时应注意以下几点。

（1）雨季行车前应先做好行车前检查，主要检查雨刷器、车辆空调除雾功能是否正常。

（2）行驶速度尽量不要超过 60 km/h，如果遇到暴雨天气尽量不要行驶；若必须行驶，则速度不应超过 20 km/h。

（3）雨季车辆发生故障无法行驶后，应当靠边停车，将三角警示牌放置好后等待救援，严禁自行维修。

（4）在泥泞路面行驶时，不要猛踩加速踏板，以免发生侧滑。

（5）请勿驶入深水中，以免发生漏电短路事故。

（6）当车辆被积水浸泡时，不要继续行驶，应迅速断电并离开车内，尽量不要与车身金属接触，以免触电。

（7）避免高温充电。由于动力蓄电池的温度特性，车辆高速行驶后，特别是在夏季，建议停车后等待 30 min，然后在阴凉通风处进行充电。

（8）遇到暴雨和雷电天气时，尽量不要充电。如果车辆在露天或地势较低的地方充电，遇降雨时应停止充电，以免积水高度超过充电口发生短路。

（9）避免车辆暴晒。建议将车辆停放在阴凉通风处，以防车内温度过高，造成安全隐患。

小提示

　　新能源汽车应当避免在夏季高温时充电，如果在高温时充电可能会造成以下后果。

　　1. 缩短电池寿命：无论是在阳光下暴晒后立即充电，还是在高温环境下充电，电池的散热都会变差，从而影响电池的使用寿命。

　　2. 电池鼓包：电池的极柱在阳光下暴晒后，会发生硫酸化和酸爬，如果此时给车辆充电，会导致电池组鼓包。

　　3. 电池外壳变形：新能源汽车电池被太阳暴晒或充电温度过高，会导致电池包外壳变形鼓包。

　　4. 充电器热效应失效：电池在充电时会发热，导致电池发热，在阳光下暴晒会导致充电器热效应失效，从而导致电池未充满电，但充电显示为绿色。

3. 冬季行车注意事项

　　由于冬季气温低，同时伴随有雨雪冰冻天气，因此新能源汽车在冬季行车时应注意以下几点。

　　（1）新能源汽车，尤其是纯电动汽车，在冬季低温行驶后，建议及时充电，避免因长时间停驶导致动力蓄电池温度低，从而减少用电浪费和充电延时。

　　（2）车辆充电时，建议尽量将车辆停放于避风朝阳且温度相对高的环境中。

　　（3）充电时应预防雪水淋湿充电接口，更不要将充电插头直接暴露在雪水下，防止发生短路。

　　（4）避免因冬季气温较低导致充电异常等情况的出现，建议在车辆开始充电后检查充电状态。查看充电桩充电电流，若充电电流达到 12 A 以上，说明充电已正常开始。

4. 日常使用注意事项

　　（1）新车驾驶前阅读产品使用说明，严禁对车辆采取规定以外的操作。

图片　日常使用
注意事项

　　（2）驾驶时关注剩余电量或剩余行驶里程，应留有足够电量以满足使用需求。

　　（3）驾驶时关注车辆报警信息，如有动力蓄电池、绝缘故障等相关报警提示，应按照使用说明中的要求执行，例如，停车至安全地带，拨打 4S 店[①]电话请求救援等。

　　（4）高温环境用车，行驶过程中出现动力弱化时，应尽量避免大油门行车，如果行车过程中出现高温报警情况，应立即停车并远离车辆，同时拨打 4S 店电话请求救援。

　　（5）车辆行驶过程中，尽量避免急加速、急减速行驶，有助于提升续驶里程。

　　（6）车辆使用过程中，尽量避免发生车辆底部动力蓄电池的磕碰。

　　（7）避免将车辆行驶在超过车辆允许最大涉水深度的积水路面上，避免雨天停放在积水中或者地势较低的地方。

　　（8）严禁私自改装，禁止在车上加装逆变器从动力蓄电池高压线上取电。

---

　　① 4S 店：全称为汽车销售服务 4S 店，是一种以"四位一体"为核心的汽车特许经营模式，包括整车销售（Sale）、零配件（Sparepart）、售后服务（Serice）、信息反馈（Survey）等。

（9）电动汽车内若更换电器应使用厂家指定型号。

（10）若车辆长期停驶，为防止蓄电池亏电，应将蓄电池负极断开，并用绝缘胶带缠裹避免短路。动力蓄电池要定期充电，充电间隔不得超过两个月。

（11）洗车时高压水枪应避免直接冲洗车辆高低压线束，避免水流入充电插座内。

（12）车辆配备专用灭火器。

5. 充电注意事项

（1）充电前确保车辆充电插座、充电插头或电源插座中没有水或者异物，且没有损坏或腐蚀。

图片　充电注意事项

（2）充电枪插合时，应该垂直用力，不要摇晃充电枪。

（3）充电时选择符合国家安全标准的充电设备进行充电，不要"飞线"充电。

（4）充电时车辆不能处于可行驶状态，挡位处于 P 挡。

（5）在雷雨天充电时，应选择有雨水及雷电防护的区域充电。发生闪电时，请勿触摸车辆和充电设备。

（6）请勿触摸充电口、充电插头、供电插头处的金属触点。

（7）请勿拆解或修改充电口及充电线缆。

（8）充电过程中出现冒烟、着火等情况，应立即远离车辆并报警处理。

（9）请勿将充电设备置于高温物体附近。

（10）充电中遇到问题应立即按充电桩的急停按钮。

（11）家庭或工业插座（220 V）用交流充电线应使用符合国际标准要求的电源插座。

（12）充电桩的安装必须经有资质的安装公司确认和实施。

6. 突发情况处理注意事项

在日常生活中，驾驶新能源汽车时，通常会遇到以下突发情况。

> **小知识**
> 在日常生活中驾驶新能源汽车，遇到碰撞、水域、着火等事故，要沉着冷静，严格按照相关标准处理突发情况。因为生命只有一次，只有保持冷静的心态，严格按照相关标准处理，才能最大程度保证生命安全。

1）车辆起火

车辆行驶过程中，如果出现电机控制器故障、元件温度失控起火、电线接头接触不良、通电时打火、引燃电线、绝缘层破损及动力蓄电池内部故障等很可能引起车辆起火。当出现车辆起火时，应迅速靠边停车，关闭车辆起动开关。如果能确保无人身危险，应取下随车灭火器进行灭火。如果火势太大，应保证 30 m 以上的安全距离，然后拨打 119 求助，不要自己灭火。

2）拖车救援

车辆在需要求援时，应首先选择专业的拖车公司，不得盲目自行拖拽，以免对车辆造成不可逆的损坏。如果没有专业的拖车公司，应该在保证安全的前提下，选择自行拖车，但应保证车辆钥匙处于 ON 挡，换挡手柄置于 N 挡。建议使用硬拖，选择合适的拖车杠。在自行拖车时，因新能源汽车与传统内燃机汽车的结构不同，因此需要控制拖车的速度，使其不超

过 15 km/h。

3）托底事故

新能源汽车在遭遇凹凸不平的路面时，应减速通过，尽量避免托底情况的发生。万一发生了严重托底事故，首先应立即停车，然后检查电池外观是否发生损坏。若无损坏，则重新起动车辆行驶；若发生车辆无法起动时，应及时拨打汽车品牌厂家、4S 店或车险公司售后服务电话，待救援人员赶赴现场处理。

4）水淹事故

车辆遇水淹事故时，应将车辆缓慢驾驶出积水路段，并将车辆停放在安全地区，检测车辆内部是否进水。如车辆无法继续行驶或有绝缘故障或动力蓄电池相关警报，应该立即关闭车辆起动开关，并断开低压蓄电池，然后拨打4S店电话请求救援。

5）碰撞事故

车辆遇碰撞事故时，应立即关闭车辆起动开关，并断开低压蓄电池，以防低压线束短路引发起火进而造成整车起火事故。如果条件允许，则应断开维修开关。如果车内有异味，或者动力蓄电池处有异响，或者车辆碰撞很严重，应立即离开车辆，拨打4S店电话请求救援。

项目实施

❋ 一、项目分组

按照班级学生数量分为若干小组，并明确每人任务，完成下表。

学生任务分配表					
班级		组号		指导老师	
组长		学号			
组员	姓名：	学号：	姓名：	学号：	
	姓名：	学号：	姓名：	学号：	
	姓名：	学号：	姓名：	学号：	

❋ 二、项目准备

新能源汽车4台及其相关技术资料、多媒体设备等。

❋ 三、项目实战

（1）观察实车，查阅车型相关技术资料，在教师现场安全指导下完成下表相关信息的填写。

新能源汽车的购买与使用						
组长		组员		班级		组号	

一、整车性能参数

登记车辆基本信息	品牌：　　车型：　　VIN 码：
驱动布置形式	□前驱　□后驱　□四驱
驱动电机类型及参数	
动力蓄电池类型及参数	
车身尺寸	车长、车宽、车高：　　　　轴距：　　　前后轮距： 最小离地间隙：　　最小转弯半径： 车门数：　　座位数：　　行李箱容积：
车身结构	□非承载式　□承载式　□半承载式
动力性	最高车速：　　最大爬坡度： 百千米加速时间：
经济性	百千米耗电量： NEDC 续驶里程：　　　CLTC 综合续驶里程：
安全性	
售后服务	

二、充电系统的认知

1. 充电桩认知
掌握快充和慢充桩充电操作，了解充电桩外部接口、内部结构和能量流动方向

2. 充电接口认知
画出快充口和慢充口形状，注明各端子名称及含义

续表

3. 充电系统结构认知
写出快充系统和慢充系统的主要部件名称及功用

三、仪表盘显示信息的识别	
标识或指示灯名称	含义

四、新能源汽车驾驶及使用实操
针对新能源汽车，开展驾驶操作，掌握驾驶新能源汽车的步骤及注意事项

（2）各组进行组内模拟，介绍新能源汽车选购指标、充电方式、仪表盘信息、驾驶及使用注意事项。要求介绍内容准确、信息丰富、表达流畅，介绍时间控制在 5 min 之内。

（3）各组派代表进行汇报展示，介绍新能源汽车选购指标、充电方式、仪表盘信息、驾驶及使用注意事项。

（4）完成小组自评、小组互评和教师评价。

评价项目		评价标准	分值	得分
小组评价	项目分组	小组成员分工明确且合理，全员参与	10	
	项目实施	能够准确写出实训车辆的性能参数	10	
		能够准确识别实训车辆仪表盘信息	10	
		能够准确描述驾驶步骤及注意事项	10	
		注意遵守劳动纪律和操作规范	10	
		汇报展示内容准确、信息丰富、表达流畅	20	
	工作态度	认真严谨、积极主动、绿色环保	10	
	团结合作	能够与小组成员、同学之间合作交流、协调工作	10	
	5S管理	能够规范进行5S现场管理	10	
小计			100	
教师评价	课堂纪律	不出现无故迟到、早退、旷课现象，遵守课堂纪律	10	
	项目实施	严格遵守项目实施流程，按要求完成项目	20	
	信息查询	能够合理利用信息化手段及提供的资料，查找车辆相关信息并准确记录	20	
	团队协作	项目实施过程互相配合，协作度高	10	
	工作态度	严谨细致，认真负责	20	
	汇报展示	表达流畅准确，总结到位，具有创新意识	20	
小计			100	
综合评分		小组评分×50% + 教师评分×50%		

项目小结

　　本项目通过介绍新能源汽车主要性能指标、商业模式、充电方式、V2G技术、仪表盘显示信息、驾驶注意事项和不同环境不同场景使用注意事项，帮助学生更好地了解新能源汽车售前到售后全流程的注意事项，了解未来新能源汽车市场布局和技术发展趋势。

项目五　新能源汽车的购买与使用

🏁 **拓展阅读**

> **液冷超充——新能源汽车充电站黑科技**
>
> 　　积极稳妥推进碳达峰碳中和，是我国在新发展阶段寻求包容性增长、推动绿色发展，促进人与自然和谐共生的现代化的必由之路，体现了我国对人与自然前途命运的主动担当。
>
> 　　华为新一代全液冷超充架构对加快建设新一代高质量、可持续发展的智能充电网络，更好地支持新能源汽车产业发展，助力实现碳达峰、碳中和目标具有积极意义。

　　据《中国高压快充产业发展报告（2023—2025）》，影响购买电动汽车的因素涵盖充电、电池寿命、安全性等多个方面，其中充电问题是影响用户选择电动汽车的关键因素。当前电动汽车平均充电时长普遍在 1 h 及以上，且匹配快充需求的直流充电桩数量不足，无法满足用户快速补能需求。因此，加大充电桩规模建设、创新快充技术已成为更好满足人民群众出行充电需求的必由之路。

❄ 一、液冷超充原理

　　液冷超充即在电缆和充电枪之间设置专门的液体循环通道。这种通道内注入了具备散热功能的液冷冷却液。通过动力泵的推动，冷却液在通道内循环流动，从而将充电过程中产生的热量带出。液冷超充原理示意图如图 5－45 所示。由于系统功率部分采用液冷散热，与外界环境无空气交换，因此可以实现 IP65 的防护等级，同时系统采用大风量风扇散热，噪声低，环境友好性高。

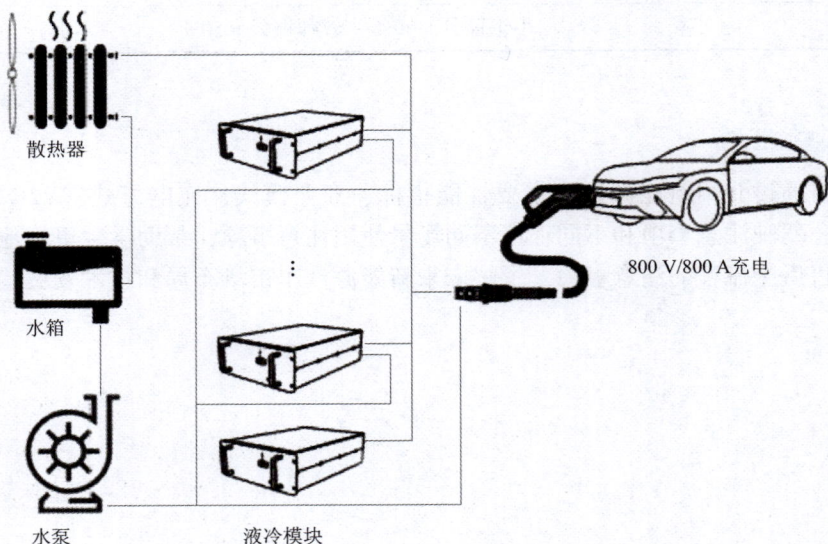

图 5－45　液冷超充原理示意图

❄ 二、液冷超充优势

以全液冷超充为代表的高质量充电设备具备新质生产力所包含的"高科技""高效能""高质量"三大特性，是当代的新质生产力。高科技是指采用全液冷、全模块化设计，直流母线叠光叠储和功率池化等创新架构与技术；高效能是指系统效率最高达95.5%，达到行业领先；高质量是指全液冷超快一体系统使用寿命长达15年，故障率低，可实现"免维护"。

❄ 三、华为液冷超充发展现状

2023年4月，华为数字能源推出了业界首款全液冷超充产品。华为数字能源已经在多个地区部署了全液冷超充站，其中最引人注目的是318川藏线上的暨理塘至亚丁公路（四川段）沿线的天全服务区超充站、理塘康南旅游集散中心超充站、桑堆服务区超充站正式上线。该沿线海拔高、气温变化大、自然环境恶劣，对新能源汽车和充电桩都提出了极高的要求。这些超充站都采用了华为全液冷超充技术，为新能源汽车车主提供了"一杯咖啡，满电出发"的极速充电体验。据悉，这些超充站的海拔都在3 000 m以上，是目前世界上海拔最高的超充站。同时，这些超充站也是目前国内功率最大的超充站，可以为新能源汽车提供600 kW的极速充电。除了318川藏线上的超充站，华为数字能源还在其他地区建设了全液冷超充站，如北京市朝阳区的华为数字能源体验中心、广东省深圳市的华为数字能源展示中心、江苏省南京市的华为数字能源研发中心等。

华为全液冷超充技术的推出，对于新能源汽车的发展和普及有着重要的意义和影响。一方面，全液冷超充技术可以大幅提升新能源汽车的充电效率和便捷性，缩短新能源汽车的充电时间，增加新能源汽车的续驶里程，降低新能源汽车的使用成本，从而提高新能源汽车的市场竞争力和吸引力；另一方面，全液冷超充技术可以有效解决充电桩的安全性和稳定性问题，降低充电桩的运维成本和风险，延长充电桩的使用寿命，从而提高充电基础设施的建设质量和效益。

总之，华为全液冷超充技术是一项颠覆性的创新技术，它将为新能源汽车和充电基础设施带来革命性的变化，也将为自驾游爱好者带来更加美好的出行体验。未来，将会看到更多采用了华为全液冷超充技术的超级充电桩出现在各个地区，让新能源汽车充电如加油般便捷。

🏁 巩固提高

一、选择题（每题5分，共25分）

1. 新能源汽车仪表盘上出现 🔋，代表（ ）。
   A. 蓄电池故障　　　　B. 动力蓄电池故障　　　C. 动力蓄电池断开　　　D. 充电指示
2. 消费者想购买一台新能源汽车，由于预算有限，想降低一次购车成本，同时消除电池损耗和充电时间焦虑，应该选择（ ）。
   A. 整车销售模式　　　　　　　　　　　B. 整车租赁模式

C. "裸车销售＋电池租赁"模式　　　　　　　　D. 融资租赁模式

3. 充电技术可分为交流充电、直流充电和无线充电，其中交流充电技术的优点是（　　　）。

A. 充电器和安装成本比较低

B. 可充分利用电力低谷时段进行充电，降低充电成本

C. 充电时间短

D. 可提高充电效率和延长电池的使用寿命

4. 直流充电座有（　　　）孔，交流充电座有（　　　）孔。

A. 7、9　　　　　　　　B. 9、7　　　　　　　　C. 3、5　　　　　　　　D. 5、3

5. 驾驶新能源汽车遇到碰撞事故时，（　　　）。

A. 应立即关闭车辆起动开关，并断开低压蓄电池，以防止低压线束短路引发起火进而造成整车起火事故

B. 如果条件允许断开维修开关

C. 如果车内有异味，或者动力蓄电池处有异响，或者车辆碰撞很严重，应立即离开车辆

D. 待在车里等待救援

二、判断题（每题 5 分，共 25 分）

1. 可以在电动汽车上加装逆变器，从动力蓄电池高压线上取电。（　　　）

2. 新能源汽车充电系统主要由充电桩、充电线束、车载充电器、高压控制盒、动力蓄电池、DC – DC 转换器、低压蓄电池及各种高压线束和低压控制线束等组成。（　　　）

3. 电动汽车更换基础设施的配套不是一家企业能解决的，需要各企业联合起来与当地政府部门一起建设，才会有大规模推广的机会。（　　　）

4. 仪表显示绿色的 READY 指示灯，是指车辆已经做好所有准备，已经起动成功，可以随时启程。（　　　）

5. 电动汽车的充电时间是相对固定的。（　　　）

三、简答题（每题 10 分，共 50 分）

1. 新能源汽车仪表盘显示信息有哪些，各有何含义？

2. 新能源汽车补充电能的方式有哪些，各有何优缺点？

3. 我国近年来新能源汽车充电设施发展如何，你是怎么看待这一发展趋势的？

4. 你认为新能源汽车使用过程中有哪些需要注意的地方？

5. 如果你要去购买一辆新能源汽车，你会着重考虑新能源汽车的哪些指标呢？为什么？

项目六

新能源汽车未来发展的展望

🏁 **学习目标**

知识目标

1. 了解智能交通系统的概念、特征、作用及意义。
2. 熟悉智能交通的关键技术。
3. 掌握智能网联汽车的含义及我国对自动驾驶等级的划分。
4. 熟悉智能网联汽车的关键技术。
5. 了解共享出行的主要形式及主导技术。

能力目标

1. 能够通过查阅相关维修技术资料等方式获取车辆信息。
2. 能够独立指出智能网联系统关键部件的位置。
3. 能够正确介绍智能网联汽车传感器系统、决策系统与执行系统各部件的作用。

素质目标

1. 通过对比各国智能网联汽车的发展，让学生意识到面对科技创新发展新趋势，抢占未来经济科技发展先机的重要性。
2. 积极主动地与小组成员交流、讨论学习，取长补短，完成自我提升。
3. 通过对北斗定位系统素材的引导学习，激发学生的民族自豪感，培养攻坚克难和敢为人先的奋斗精神。

🏁 **项目描述**

随着电子信息、大数据、云计算和人工智能等技术与汽车产业的深度融合，汽车技术正朝着电动化、智能化、网联化、共享化的"智能网联汽车"方向发展。作为交通系统中的重要组成部分，汽车与交通系统间的关系密不可分，尤其对于新能源汽车而言，其智能化、网联化的发展方向更为清晰，这也为落实智慧交通应用场景提供了基础。《中华人民共和国国民经济和社会发展第十四个五年规划和 2035 年远景目标纲要》将智能交通作为数字经济的重点应用场景之一，《新能源汽车产业发展规划（2021—2035 年)》同时明确提出汽车带动交通、信息通信基础设施改造升级，促进交通系统和城市运行智能化水平提升，引导建立

项目六 新能源汽车未来发展的展望

197

面向未来的新能源汽车与智能交通融合的创新平台。随着自动驾驶技术趋于成熟，并开始应用于城市交通，汽车也将逐步实现共享化，从而实现个性化、低成本、高可靠性、高舒适性的定制出行。

作为新能源汽车测试工程师，主管要求你整理新能源汽车智能化、网联化发展的资料，并向团队成员介绍智能网联汽车的基本结构及特点，为团队学习前沿技术提供资料。要求以小组为单位，首先进行组内模拟，再进行小组汇报展示。要求内容准确、信息丰富、表达流畅，介绍时长控制在 5 min 之内。

🏁 知识链接

单元一　智能交通

❋ 一、智能交通系统概述

1. 智能交通系统起源

交通是人类社会生产、生活及经济发展的必要环节。近年来，随着科学技术的不断发展、城市化进程的不断深入，人们对交通需求的增加直接导致机动车数量呈爆炸式增长。与此同时也带来一系列相关问题，如交通拥堵，交通事故频发，能源短缺，环境恶化等。智能交通系统是解决上述一系列相关问题的重要技术手段和突破口。

智能交通系统是未来交通系统的发展方向，是交通事业的一场革命，要加强科技创新，大力发展智慧交通。要大力实施科技创新引领战略，强化前沿关键科技研发，瞄准新一代信息技术、人工智能、智能制造、新材料、新能源等世界科技前沿，加强对可能引发交通产业变革的前瞻性、颠覆性技术的研究和科技成果转化。发展智能交通是建设智慧城市的重要一环，是满足人民日益增长的对美好生活需要的必然选择。

智能交通系统（Intelligent Transportation System，ITS）又称智能运输系统，起源于 20 世纪 60 年代。它的概念于 1990 年由美国智能交通学会（ITS America，曾名 IVHS America）提出，并在世界各国大力推广。20 世纪 80 年代中期以来，ITS 得到了突破性进展，经过十几年的研究与应用，国际 ITS 领域已经形成以美国的"智能车辆–公路系统"、欧洲的"尤里卡"联合研究开发计划和日本的"先进的动态交通信息系统"为代表的三强鼎立局面。其他一些如韩国、澳大利亚等国家的 ITS 研究和发展也已初具规模。我国自 20 世纪七八十年代开始研究智能交通系统，也取得了一定的成效。

2. 智能交通系统定义

智能交通系统是一个基于现代电子信息技术，面向交通运输的服务系统。智能交通系统将先进的科学技术（信息技术、计算机处理技术、数据通信技术、传感器技术、电子控制技术、自动控制理论、运筹学、人工智能等）有效集成，通过先进的交通信息采集与融合技术、交通对象交互及智能化交通控制与管理等专有技术，应用于整个交通运输管理体系，加强车辆、道路、使用者之间的联系，从而形成一种保障安全、提高效率、改善环境、节约能源的综合运输和管理系统。

智能交通系统的含义有广义和狭义之分。广义的智能交通系统是指交通系统的规划、设计、实施与运行管理都实现智能化；狭义的智能交通系统则主要指交通系统的管理与组织的智能化。其实质上就是利用高新技术对传统的交通运输系统进行改造而形成的一种信息化、智能化、社会化的新型现代交通系统。

美国交通工程师学会（Institute of Transportation Engineers，ITE）认为ITS是由信息处理技术、通信技术、控制技术和电子技术组成的，它可以通过这些新技术和交通运输系统的结合实现人和货物更安全、更有效的位移。ITE给出的定义：智能交通系统是把先进的检测、通信和计算机技术综合应用于汽车和道路而形成的道路交通系统。

欧洲道路运输通信技术实用化组织认为智能运输系统或信息技术在运输上的应用能够减少城市道路和城际干道的交通拥挤，增加运输安全性，给旅行者提供可靠的动态交通信息服务，并且能够有效改善路网的可达性和运行的舒适性。

日本的道路、交通、车辆智能化协会（Vehicle，Road and Traffic Intelligence Society，VERTIS）认为：ITS是运用最先进的信息、通信和控制技术，即运用信息化、智能化解决道路交通中的事故、堵塞、环境破坏等各种问题的系统，是人、车辆、道路之间接收和发送信息的系统。通过实现交通的最优化，达到消除事故及堵塞现象、节约能源、保护环境的目的。

我国交通工程学者给出的定义为：智能交通系统是在关键基础理论研究的前提下，把先进的信息技术、通信技术、电子控制技术及计算机处理技术等有效地综合运用于地面交通运输系统，从而建立起一种大范围、全方位发挥作用，实时、准确、高效的交通运输系统。

> **小提示**
>
> ITS是当前世界交通运输发展的热点和前沿之一，虽然关于ITS概念的理解各有差异，但基本原则是一致的。ITS能使交通基础设施发挥出最大的效能，提高服务质量，使社会能够高效地使用现有交通设施，从而获得巨大的社会经济效益。

3. 智能交通系统的特征

1）信息化

智能交通系统以信息的收集、分析处理、交换共享、发布为主线，为交通参与者提供多样化服务。人们通过各种手段获取交通信息系统的状态信息，为交通系统的用户和管理者提供及时有用的信息，只有具有了信息，才能实现智能化。而且，当交通信息化水平达到一定程度，就会改变出行行为、交通管理方式等，进而引起传统交通理论的改变。

2）整体性

智能交通系统涉及信息技术、通信技术、计算机技术、电子技术、交通工程、系统理论、控制理论、人工智能、知识工程等，可以说，智能交通系统是这些技术的交叉和综合，是这些技术在交通系统中的集成应用。智能交通系统建设涉及的行业领域广，需要全社会共同参与。智能交通系统涉及技术领域多，需要这些领域的技术人员共同协作将技术成果运用于交通运输系统中。智能交通系统的研发和实施需要政府、企业及科研单位的共同努力。

3）先进性

智能交通系统采用了当前最先进的通信技术、计算机技术、传感技术、自动控制理论等技术，采用了先进的理论方法，以改善交通系统的管理和运营。

4）开放性

智能交通系统是一个开放的系统，既可以与其他系统进行无缝连接和信息交换，也可以不断拓展其项目内容。

4. 发展智能交通的必要性

《中国人工智能系列白皮书——智能交通》中指出，在各种交通方式中，汽车消耗的不可再生能源最多，由此带来的环境污染是其他交通方式的几十倍；交通事故中由道路交通造成的事故也是其他方式的几十倍；交通拥堵更是道路交通，特别是城市道路交通特有的现象。

1）我国交通运输业的发展需求

全面建成小康社会对交通运输业提出更高的质量要求。客运方面，商务、旅游、探亲等客流对出行质量（安全、便捷、舒适等）的要求各不相同，需要提供多层次、多元化的运输服务。货运方面，产业结构的调整和升级，将导致质量小、体积小、批数多的高附加值货物运输需求快速增长，对集装箱和零散货物的运输需要提供"门到门"的服务。

社会可持续发展目标对交通发展模式提出了新的需求。面对巨大的运输需求和紧张的能源、资源，必须利用科学技术改造交通运输传统产业，走集约化的发展道路。

2）解决当前城市交通问题的迫切需求

当前大部分地区运输供应能力不足，并且交通事故居高不下，大城市拥堵现象十分严重，导致交通能耗巨大和环境污染严重，这就需要不断地加强现代综合交通运输体系的建设，推进智能交通的发展。

通过建设完善的智能交通系统，才能不断地提高运输效率，缓解交通敏感点的拥堵问题，如电子不停车收费（Electronic Toll Collection，ETC）；为城市安全及交通管理服务，如交通监控、交通信号控制、智能公共交通等；为出行者服务，如交通信息采集和诱导、智能公共交通、停车诱导等；为规划、管理等提供决策支持，如交通数据采集、综合交通信息平台等。

> **小思考**
> 如果没有智能交通系统，将会给我们的生活带来哪些影响？

❋ 二、智能交通发展历程与现状

1. 国外智能交通系统发展历程

最近几年，ITS 以惊人的速度发展，世界上许多发达国家争先恐后地进行开发研究，出现了激烈竞争的场面，并形成了美国、欧洲和日本三大体系。

1）美国

美国是应用智能交通系统较为成功的国家之一。美国是最早开展 ITS 研究的国家，经历智能化车辆—道路系统（Intelligent Vehicle/Highway System，IVHS）、ITS-1 和 ITS-2 研发阶段。

美国智能交通系统的雏形始于 20 世纪 60 年代进行的智能运输系统的先驱性研究，即电子路径诱导系统。20 世纪 80 年代中期，加利福尼亚交通部门研究的 PATHFINDER（路径导航）系统获得成功，加速了 ITS 的发展。1991 年通过了"综合地面运输效率法案"，旨在发展经济上有效、环境上友好的国家级综合地面运输系统，以提高客运和货运的运输效率。1993 年展开了 NHS 方面研究，运输部成立智能化车辆道路系统组织。

1994 年，IVHS 正式更名 ITS，对其研究领域和内容进行了扩充，年底举办了第一届 ITS 世界大会，ITS 作为统一术语在世界各国广泛应用。1997 年，ITS 公布了美国国家 ITS 体系框架（第 1 版）。1998 年，经过 1 年多试用与维护，运输部公布了修订后的国家 ITS 体系框架（第 2 版）。1999 年公布了第 3 版国家 ITS 体系框架。研究内容主要包括 8 类服务领域：出行和交通管理、公共交通管理、电子付费、商业车辆运营、紧急事件管理、先进的车辆安全系统、信息管理、维护和建设管理。

2009 年 12 月，美国交通部发布了《智能交通系统战略研究计划：2010—2014 年》，其目标是利用无线通信建立一个全国性、多模式的地面交通系统，形成以车辆、道路基础设施和乘客携带的设备之间相互连接的交通环境。该计划的核心是智慧驾驶，强调了车与车的互联。2015 年 1 月，美国交通运输部启动了互联网汽车项目，该项目分为概念车发展、制造测试设计和运行维护 3 个阶段。目前，美国已经创建了较为完善的四大系统，即车队管理、公交出行信息、电子收费和交通需求管理。

2）欧洲

欧洲的智能交通系统发展始于 20 世纪 60 年代的自动车辆监控系统。早期欧洲智能交通系统的发展主要由各国独立研究，各国之间合作比较有限。随着欧盟架构计划及政府与企业提出的联合研究组织的推动，欧盟各国逐渐开始合作。欧盟对智能交通系统的推动由欧盟执委会下的交通与能源署主导。2011 年 3 月欧盟推出智能交道系统 2020，其三大目标是交通可持续、提升竞争力和节能减排。

欧盟 ITS 的研究展开有两条主线：以车辆的研究开发为主题的欧洲高效安全道路交通计划（Program for European Traffic with Highest Efficiency and Unprecedented Safety，PROMETHEUS）和以道路基础设施开发为主题的欧洲汽车安全专用道路设施计划（Dedicated Road Infrastructure for Vehicle Safety in Europe，DRIVE）。概括起来可分为 10 个研发领域：出行信息系统、扩展视野的研究、驾驶协调系统、交通管理试验场地、避免碰撞系统、商业车队管理系统、应急管理系统、车辆运行系统、道路引导系统、智能巡航控制系统。

1989—1991 年的 DRIVE Ⅰ，以基础研究和标准化为主要研究内容，分成模型和一般问题研究、交通安全和人的行为研究、交通控制研究等。之后，欧洲于 1992—1994 年又完成了 DRIVE Ⅱ，其主要研究内容如表 6-1 所示。

表6-1　DRIVE Ⅱ主要研究内容

序号	研究内容
1	交通需求管理：小汽车和公共汽车的自动收费管理，智能卡的评价
2	交通旅游信息：道路、铁路、换乘等各种信息的服务
3	城市综合交通管理：路径诱导、交通信息、交通控制、停车场管理
4	城市间综合交通管理：事故/交通量的自动检测，可变标志，气象信息
5	驾驶支援、协调系统：残疾人、老人用人机对话危险预警（车车间、车路间通信）
6	货物、车队管理：管理方式最优化，信息管理
7	公共交通管理：运营计划，与信息服务系统的联系及标准化

小提示

目前，欧洲的智能交通处在国际领先水平，其技术的研发及应用主要是根据欧盟的现状特点和发展目标，充分利用已有的信息通信技术、计算机及互联网技术、卫星导航技术、电子及传感器技术，以及节能减排和新型推进器技术，推动交通领域绿色和数字化转型，全力打造可持续与智能交通体系。

3）日本

日本的智能交通系统发展始于20世纪70年代。1973年发起全面的车辆交通控制系统研究，拉开国际ITS研究的序幕。最初正式投入的系统称为汽车综合控制系统（Comprehensive Automobile Control Systems，CACS）。20世纪80年代前半期，在日本全国设置交通控制中心，成立日本交通管理技术协会，开展汽车交通信息控制系统研究。20世纪90年代前半期，ITS走向国际化，日本参加多项ITS领域国际会议。1994年1月，成立道路车辆智能化推进协会（Vehicle，Road and Traffic Intelligence Society，VERTIS），现称ITS Japan。1996年7月，日本发表"关于推进智能运输系统"整体构想，成为此后ITS工作的主体计划。2003年7月，日本智能交通系统战略委员会发布《日本智能交通系统战略规划》，提出了日本智能交通系统的发展构想、短期和中期战略计划。2011年，日本全国高速公路网引进安全舒适的智能交通系统站点，及时向车载导航系统提供快速、大量的交通信息和图像，有效缓解了交通拥堵，改善了驾驶环境。

日本的ITS研究具有如下特点：大多数的ITS项目均由实力雄厚的汽车、电子行业的大公司或政府机构承担；政府和工业部门对ITS研究的长期支持使得其ITS研究具有连贯性；ITS的研究成果直接面向市场，促进了车辆导航系统等产品的快速开发与应用。

2. 我国智能交通系统发展历程

1995年，交通运输部ITS工程研究中心进行了"全球定位系统（Global Positioning System，GPS）与导航系统"和"基于GPS的路政车辆管理系统"等项目的研究。交通运输部与各省厅联合开展了"网络环境下不停车收费系统"的攻关工作。

1998年，国际标准化组织运输信息与控制系统委员会ISO/TC 204中国委员会正式成立，积极推进中国ITS的标准化。

1999 年，举办"99 国际智能交通（ITS）技术交流暨展览会"。广州市"一卡通"不停车收费系统投入运行。交通监控、汽车智能导航等系统及大量 ITS 科研成果和技术产品得到了实际应用。交通运输部和科技部等十多个相关部门组成了国家智能交通系统工程技术研究中心。

2001 年，科技部正式推出《中国智能交通系统体系框架》（第 1 版）。

2002 年，我国设立了智能交通系统体系框架及支持系统开发项目。国家计划委员会（现更名为国家发展和改革委员会）制定了《"十五"综合交通体系发展规划》，这是 ITS 首次以国家文件的形式列入我国政府的发展规划。科技部正式批复"十五"国家科技攻关计划重大项目"智能交通系统关键技术开发和示范工程"正式实施，将北京、上海等 10 个城市作为试点城市。这些城市陆续制定并出台了 ITS 发展规划。

2007 年，第十四届智能交通世界大会在北京举行。大会展示了中国多年来各部门、各地区在 ITS 领域所取得的成就，并加强了中国在 ITS 领域与国外的交流与合作。

目前，已实施 ITS 的子系统包括先进的车辆控制系统、先进的交通管理系统、先进的公共交通系统、出行者信息服务系统、安全和紧急事件应急系统、电子收费系统及其他系统（民航 ITS 系统、铁路 ITS 系统、水路 ITS 系统）。

> **小提示**
> 　我国 ITS 研究内容和美国、欧盟、日本及国际标准《交通信息与控制系统 TICS 体系框架模型》（ISO/TR 14813）提出的研究内容基本一致，这便于我国 ITS 和国际接轨，加强国际交流与合作。

总之，智能交通系统是新一代交通运输系统。通过对 ITS 技术的研究开发和应用，可将目前单独存在的车辆、道路、环境、信息融合，然后进一步将各种交通运输手段融合，通过这些步骤，逐渐实现交通运输系统化。

面对世界智能交通研究的热潮，有以下两点值得深思。

其一，向高科技和现代化管理要效益，对老企业实行技术改造，已是国家发展的必然趋势。一个国家交通网的"硬件"建成之后，达到一定的密度和等级时，要提高运输效率和效益，必须在完善大系统的交通管理"软件"上下功夫。将车辆和交通统一在一个系统里，通过高科技和现代化的管理促进交通业的发展，这也应该成为我国交通事业的长期战略思想。

其二，发展我国自己的 ITS。我国经济发展迅速，进入 21 世纪后，交通运输业遇到严重的挑战，开发适合我国国情的 ITS 迫在眉睫。面对各国争相占领 ITS 技术制高点的严峻形势，必须立刻行动起来，走出自己的路。

❄ 三、智能交通体系结构

1. 智能交通系统体系结构概念

智能交通系统体系结构是指系统所包含的各个子系统，各个子系统之间的相互关系和集成方式及各子系统为实现用户服务功能、满足用户需求所应具备的功能。智能交通系统结构决定了系统如何构成，确定了功能模块及模块之间的通信协议和接口，它的设计必须包含实现用户服务功能的全部子系统的设计。

2. 智能交通系统体系结构组成

智能交通系统的结构组成主要分为 3 部分，即用户服务、逻辑体系结构和物理体系结构。

1）用户服务

用户服务是 ITS 体系框架的基础，它决定了 ITS 体系框架是否完整，是否满足用户需求。获得完整用户服务首先需要明确系统用户，即用户主体。而用户主体的确定需要以 ITS 系统与外界的清晰界定为基础，即需要明确 ITS 系统和系统终端。我国 ITS 体系框架主要从用户的角度对 ITS 能提供的服务内容进行描述，分为 9 个服务领域，如图 6-1 所示。

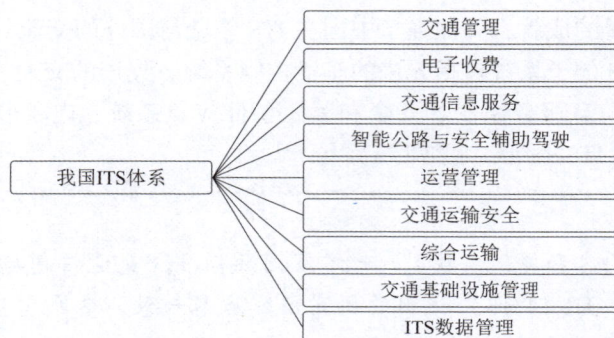

交通管理
电子收费
交通信息服务
智能公路与安全辅助驾驶
我国ITS体系 运营管理
交通运输安全
综合运输
交通基础设施管理
ITS数据管理

图 6-1 我国 ITS 体系框架

交通管理：包括交通动态信息监测、交通执法、交通控制、需求管理、交通事件管理、交通环境状况监测与控制、勤务管理、停车管理、非机动车和行人通行管理9项用户服务。

电子收费：仅包括电子收费1项用户服务。

交通信息服务：包括出行前信息服务、行驶中驾驶员信息服务、途中公共交通信息服务、途中出行者其他信息服务、路径诱导及导航、个性化信息服务6项用户服务。

智能公路与安全辅助驾驶：包括智能公路与车辆信息收集、安全辅助驾驶、自动驾驶、车队自动运行4项用户服务。

运营管理：包括运政管理、公交规划、公交运营管理、长途客运运营管理、轨道交通运营管理、出租车运营管理、一般货物运输管理、特种运输管理8项用户服务。

交通运输安全：包括紧急事件救援管理、运输安全管理、非机动车及行人安全管理、交叉口安全管理4项用户服务。

综合运输：包括客货运联运管理、旅客联运服务、货物联运服务3项用户服务。

交通基础设施管理：包括交通基础设施维护、路政管理、施工区管理3项用户服务。

ITS 数据管理：包括数据接入与存储、数据融合与处理、数据交换与共享、数据应用支持、数据安全5项用户服务。

2）逻辑体系结构

逻辑框架定义了为提供各项用户服务而必须拥有的功能和必须遵从的规范，及各功能之间交换信息的数据流。它包括功能域、功能、子功能、过程等多个层次及其间的数据流。

逻辑框架是 ITS 体系框架开发的重要环节，其作用是明确完成用户服务需要的功能支持、功能之间的数据流交互，并且给出详尽的数据流属性。从用户服务到逻辑框架的转化，是一个用户服务不断细化分解成功能、相近功能重新组合的过程，它不仅从宏观上把握了 ITS 所需功能，而且从微观上对功能进行了重组，为物理体系结构的构建提供了基础。

3）物理体系结构

物理体系结构是把 ITS 逻辑功能落实到现实实体。物理框架是由逻辑框架中的功能进行组合得到的，其组合原则大致完整地包含逻辑功能，与现实世界存在的系统相一致或相似，具有一定的可操作性。同时，物理框架与用户服务具有一定的呼应关系，物理系统是对用户服务的实现，从这个角度来说，ITS 体系框架的开发是一个闭循环过程。

3. 智能交通系统体系结构的意义

ITS 本身比较复杂，涉及面广，需要有一个指导性的框架来帮助我们理解这个系统的结构。

ITS 是一个庞大的系统，包含有很多子系统，它的实施需要通过这些子系统来实现。ITS 体系结构为 ITS 的各个部分提供了统一的接口标准，从而使各个部分便于协调，集成为一个整体。

ITS 体系结构可以避免缺失和重复，使 ITS 成为一个高效、完整的系统，并具有良好的扩展性。

根据国家总体 ITS 框架，发展地区性的体系结构，可以保证不同地区智能交通系统具有兼容性。

✿ 四、智能交通的关键技术

1. 传感技术

传感技术是智能交通系统进行数据采集的重要基础。智能交通系统能否有效运行，关键取决于获得全面、准确和实时的交通信息。传感器技术发展和应用是提高交通信息采集实时性、有效性和经济性的关键。传感技术主要用于车辆检测、车辆识别、车辆控制和危险驾驶警告等方面。在 ITS 中应用的传感器主要有环形线圈、压电传感器、红外传感器、微波检测器、超声波传感器、视频车辆检测器及射频识别（Radio Frequency Identification，RFID）等。

2. 智能决策技术

智能决策技术是人工智能和决策支持系统相结合的产物，是智能交通系统的重要技术分支。在智能交通系统领域，智能决策技术主要用于对路网交通运行的三大特征，即交通容量、出行需求、交通状态进行分析计算，利用后台丰富的大数据及车辆监测的道路反馈信息形成整合力，进一步提升车辆的安全与舒适性。

3. 云计算

云计算具有分布式存储、超强计算能力、信息融合共享等优点，利用云计算的这些优点，可以构建智能交通系统云平台，实现交通信息从采集到发布全过程的优化，可显著提高交通信息的时效性和准确性。目前，云计算已经在基于 GPS 的浮动车技术、短时交通流预测、最优路径诱导和交通信号控制等智能交通的相关领域得到应用，及时地向出行者发布动态交通信息，报告路况状态，指导出行计划和规划驾车线路，对综合交通的发展起到了积极的推动作用。

4. 通信技术

通信可以定义为信息的传输和交换，一般利用通信系统进行传输。首先，来自信源的消息（语言、文字、图像或数据）在发送端先由末端设备（如电话机、电传打字机、传真机或数据末端设备等）变换成电信号；其次经发送端设备编码、调制、放大或发射后，把基带信号变换成适合在传输媒介中传输的形式，再经传输媒介传输；最后，在接收端设备进行译码并将转换成的消息提供给收信者。在这个过程中主要涉及的通信技术有传输技术、交换技术和复用技术。

五、智能交通系统的应用

智能交通主要应用在智能交通信号系统、智能交通信息平台、高速公路卡口和 ETC、智能公交系统等。

1. 智能交通信号系统

1）智能交通信号系统组成

（1）前端信息采集系统。

前端信息采集系统利用安装在路口各个车道的车辆检测器（视频、地磁），自动采集车辆到达信息；获取实时的路口交通流量信息；按预设的时间间隔统计检测截面的交通流量、占有率、饱和度和车速等信息，用于交通流量的统计分析、报警分析、系统监视分析等功能。这些数据可以通过网络以标准的数据库文件或文本文件的形式传送到交通指挥中心的交通信息管理数据库中，以便做相应的综合统计分析，以及为控制方案的生成、选择和优化提供数据。

（2）中心控制系统。

中心控制系统是指在交通中心建设一个基于地理信息系统（Geographic Information System，GIS）的公共信息集成平台，通过整合集成各个子系统，实现可视化智能管理与控制、管理决策辅助支持，以及面向事件的联动控制和应急处置。

（3）路口终端交通信号控制器。

路口终端交通信号控制器负责监视设备（检测器、信号灯及其他局部控制设施），以便及时发现故障，向控制中心上报故障信息并获得解决；负责收集实时的检测数据，并把交通流和设备性能等数据传送到中心控制系统；负责接收中心控制系统下发的指令并按指令操作。

2）智能交通信号系统工作方式

智能交通信号系统工作过程是通过埋设在道路交叉口的车辆检测器，判断车道使用情况，根据中心平台对于相应车道、车流量的统计数据进行融合处理，自适应变更交叉路口信号灯配时方案，实行绿波控制，最大限度保证道路交叉口的通行顺畅。

2. 智能交通信息平台

1）智能交通信息平台构成

（1）数据层。

数据层处于平台结构的最底层，为各类服务提供数据支持。

（2）应用逻辑层。

应用逻辑层负责处理用户界面层的请求，完成业务逻辑计算任务，并把结果返回给用户。

（3）用户界面层。

用户界面层是智能交通系统综合平台应用的用户接口部分，它具有用户与应用服务器之间对话的功能。

2）智能交通信息平台的工作方式

智能交通信息平台对交通运行的静态信息和动态信息进行实时采集，并通过整合视频、车辆动态位置、地理信息系统等信息，结合智能分析技术，实时监控交通运行状况，及时优化交通运行，并为各级政府、各行业主管部门、社会公众和企业提供及时的综合交通信息服务。

3. 高速公路卡口和 ETC

1）ETC 组成

（1）自动车辆识别系统。

自动车辆识别技术系统（Automatic Vehicle Identification System，AVIS）是一种当车辆通过检测点时，不需要人为操作，系统能快速、准确地识别车辆身份信息的技术。目前电子不停车收费系统中车辆识别技术主要以微波和红外技术为主，由于技术发展原因，微波方式的 ETC 已逐渐成为各国 ETC 技术的主流。

（2）自动车型分类系统。

自动车型分类系统（Automatic Vehicle Classification System，AVCS）是指根据已制定的车辆分类标准，对通过收费站的车辆进行信息采集，并根据这些信息对车辆进行自动分类，以便按照车型进行收费。

（3）违章抓拍系统。

违章抓拍系统（Violation Enforcement System，VES）主要由摄像机、图像传输设备、车辆牌照自动识别系统等组成，用于对不带标识识别卡、强行闯关逃费等违章车辆进行抓拍，将相关信息存储记录，并传输到收费中心，以便事后进行责任追究。

2）ETC 工作方式

ETC 运行过程为：车辆进入通信范围；读写天线与电子标签和 CPU 卡进行通信，判别车辆是否有效，如有效则进行交易，如无效则报警并封闭车道，直到车辆离开检测线圈；如交易完成，则系统控制栏杆抬升，通行信号灯变绿，费额显示牌上显示交易金额；车辆通过自动栏杆下的落杆线圈后，栏杆自动回落，通行信号灯变红，系统等待下一辆车进入。

4. 智能公交系统

1）智能公交系统组成

（1）智能公交调度管理系统。

智能公交调度管理系统用于实现对城市公交车辆、公交司机及场站资源的规范化运行组织、运行监控与协同管理，包括智能公交调度管理平台（多级）和智能公交数据中心建设。

（2）智能公交车载系统。

智能公交车载系统是智能公交系统重要的数据采集端，担负着车辆关键设备（如发动机、油箱、空调等）工作状态数据采集、车辆运行状态（如车速、位置、载客量等）数据采集的职责，通常包含车载视频监控设备、GPS定位设备及发动机温度传感器、油箱油量传感器、车厢烟雾报警器等电子设备。

（3）智能公交服务系统。

智能公交服务系统包括公交IC卡、电子站牌、客户服务等便捷的费用支付、信息发布及服务质量投诉受理类系统，是公众感受城市公交出行服务水平与服务质量的关键设施。

2）智能公交系统工作方式

智能公交系统的工作过程是：首先通过智能公交服务系统向用户提供公交信息，如乘车信息、行车时刻表信息、票价信息等；其次通过智能公交车载系统采集站点上下车人数及当前运行状态、位置、速度等信息，通过通用分组无线服务技术（General Packet Radio Service，GPRS）将站点客流信息发回智能公交调度管理系统，由智能公交调度管理系统完成对信息的存储、处理、压缩、预测等过程，并根据调度算法，生成各种预测数据（如到站时间）和调度指令（如加速、减速、正常运行等），通过GPRS发往各电子站牌和智能公交车载系统，同时智能公交调度管理系统将所有公交车辆的运行状态动态地显示在大屏幕上。

单元二　智能网联汽车

一、智能网联汽车概述

1. 发展智能网联汽车的意义

汽车产业是国民经济重要的战略性、支柱性产业，同时汽车也是新技术应用的重要载体。在以智能化、信息化为重要特征的全球新一轮科技革命和产业转型的推动下，智能网联汽车已经成为汽车工业发展的战略方向。发展智能网联汽车对营造"安全、高效、绿色、文明"的智能汽车社会，满足人民出行需求具有重要意义，也是我国建设汽车强国的重要支撑。

动画　智能网联汽车的定义

智能网联汽车是一个跨技术、跨产业领域的新兴汽车体系，从不同角度、不同背景出发，各国对智能网联汽车的定义也不尽相同，但终极目标都是为了实现可以在各种道路环境中安全行驶的无人驾驶汽车。智能网联汽车是在传统汽车的基础上融入了智能化、自动化、电动化及互联网化等技术的新一代智能汽车。

2. 智能网联汽车的定义

工业和信息化部、国家标准化管理委员会共同组织制定的《国家车联网产业标准体系建设指南（智能网联汽车）》中明确了智能网联汽车的定义：智能网联汽车（Intelligent Connected Vehicle，ICV）是指搭载先进的车载传感器、控制器、执行器等装置，并融合现代通信与网络技术，实现车与X（人、车、路、云端等）智能信息交换、共享，具备复杂环境感知、智能决策、协同控制等功能，可实现"安全、高效、舒适、节能"行驶，并最终可实现替代人来操作的新一代汽车。

"智能"指搭载先进的车载传感器、控制器、执行器等装置和车载系统模块，具备复杂的环境感知、智能决策和协同控制等功能。"网联"主要指信息互联共享功能，即通过多种形式的通信与网络技术，实现车内、车与车、车与路侧设备、车与环境之间的信息交互。"汽车"指智能网联汽车的终端载体，可以是传统的燃油汽车，也可以是多种形式的新能源汽车，未来的智能网联汽车主要以新能源汽车为主。因此，从广义上讲，智能网联汽车已不是特指某类或单个车辆，而是以车辆为主体和主要节点，由车辆、道路基础设施、通信设备、交通控制系统及数据存储与处理系统等共同构成的综合协调系统，是未来智能交通系统下车联网环境中发挥重要作用的智能终端，最终可实现车辆"安全、高效、舒适、节能"行驶的新一代多车辆系统。

> **小知识**
>
> 2011年7月，红旗HQ3首次完成了从长沙到武汉286 km的高速全程智能网联实验，实测全程自主驾驶平均时速87 km，创造了我国自主研制的智能网联汽车在复杂交通状况下自主驾驶的新纪录，标志着我国智能网联汽车在复杂环境识别、智能行为决策和控制等方面实现了新的技术突破。

❄ 二、智能网联汽车发展历程与现状

1. 国外智能网联汽车发展历程

国外在智能网联汽车方面的研究相对较早，最早可追溯到20世纪60年代，如美国、日本、欧盟等国家和地区，他们对智能网联汽车的研究依托于智能交通系统的整体发展。总体来看，国外智能网联汽车的发展受到了各国政府的高度重视，他们相继出台了以车辆智能化、网联化为核心的发展战略。

微课　国外智能网联
汽车发展历程与现状

1）美国

美国交通部自1992年起，制定了《ITS战略计划》《国家ITS五年项目计划》等多项计划。在2013年，美国国家公路交通安全管理局（National Highway Traffic Safety Administration，NHTSA）发布了《关于自动驾驶车辆政策的初步声明》，这是第一个关于自动驾驶汽车的政策，该政策明确了NHTSA在自动驾驶领域支持的研究方向，主要包含人为因素的研究、系统性能需求开发、电控系统安全性3个方面。2014年，美国ITS战略从单纯的汽车网联化升级为汽车网联化与智能化（自动化）的双重发展战略。

目前，美国ITS联合项目办公室正在推进的项目大多与网联化技术相关，主要有网联汽车的安全性应用研究、移动性应用研究、政策研究、网联汽车技术研究、网联汽车示范应用工程等多个维度。

2）日本

日本从20世纪90年代开始研究智能交通系统，并将自动驾驶汽车的普及作为日本政府

增长战略的支柱。2014 年制订《战略性创新创造项目——自动驾驶系统研究开发计划》，旨在推进政府和民间协作，重点是基础技术与协同式系统相关领域的商业化开发。2018 年日本相继发布《自动驾驶相关制度整备大纲》和《自动驾驶汽车安全技术指南》，体现出了对自动驾驶汽车顶层设计和政策协同的高度重视。2019 年，日本自动驾驶系统研究开发计划进入 2.0 阶段，将自动驾驶与未来智能社会（Society 5.0）的协同纳入重点方向。同时，日本也在对《道路交通法》《道路运输车辆法》等相关法律法规进行修订，避免对新兴技术造成阻碍，营造有利于智能网联汽车发展的法律环境。

3）欧盟

为促进欧洲智能网联汽车的研究和开发，欧盟委员会于 1984 年开始实施研发框架计划。1984—2020 年 8 个欧洲框架计划都将智能网联汽车产业相关的发展纳入其规划内，且大力支持其相关技术的研究，取得了显著成就，最终形成了相对完整的包含智能网联汽车在内的智能交通发展战略体系。2018 年 5 月，欧盟委员会发布《通往自动化出行之路：欧盟未来出行战略》，明确车辆搭载驾驶疲劳侦测系统、注意力分散侦测系统、紧急制动警示系统、自动车速控制系统、车道维持辅助系统等 11 款安全辅助系统，到 2020 年，在高速公路上实现自动驾驶，在城市中心区域实现低速自动驾驶；在网联应用上，到 2022 年，欧盟所有新车都将具备通信功能。

目前，全球智能网联汽车在自动驾驶的可行性和实用化方面取得了显著进展，随着技术、法规及相关配套逐步成熟和完善，智能网联汽车产业将进入产品导入和市场化阶段。

2. 我国智能网联汽车发展历程

我国智能网联汽车大致经历 4 个发展阶段：自主式驾驶辅助、网联式驾驶辅助、人机共驾、高度自动/无人驾驶。

1989—1999 年为小范围研发阶段，主要集中在少数高校及部分整车企业。2000—2009 年，进入国家层面支持研发阶段。国家开始设立智能交通攻关立项，如推进"863 计划"，设立"智能交通系统关键技术开发和示范工程""现代交通技术领域"等，同时更多高校与企业参与到自动驾驶的研发。例如，2003 年国防科技大学与一汽集团完成红旗 CA7460 无人驾驶平台的试验。2010 年进入车联网发展阶段。国家推动车联网技术的发展，同时车联网技术创新力量开始大范围合作。2013 年前后，我国智能网联汽车产业还存在明显短板。一是尚未形成国家层面的智能网联汽车发展战略，缺乏大型国家项目支撑；二是我国智能汽车领域的技术基础薄弱，在车载高性能传感器及汽车电子、电控系统、专用芯片等关键基础零部件领域，其核心技术与产品主要被国外企业掌握；三是自主零部件企业相对弱小，行业缺乏有效协同研发机制；四是标准法规及测试能力建设相对滞后。2015 年进入智能网联概念发展阶段。2015 年国务院发布了《中国制造 2025》，智能网联汽车首次被提升到国家战略的高度。作为汽车 100 多年来最具革命性的技术变革，智能网联汽车对我国汽车工业提出了严峻挑战，也成为自主品牌发展的重要机遇，成为实现产业升级、解决能源环保交通安全问题的必然选择。

目前，我国已探索出一条中国方案——智能网联汽车创新发展路径，取得了阶段性成果。2021 年，我国乘用车新车市场中具备 L2 级智能驾驶功能的车型销售 476.6 万辆，渗透率达到 23.5%，同比增长 57.2%。同时，自主品牌的传统和新势力车企加强智能化技术应用，在 L2 级辅助驾驶基础上拓展功能配置和应用场景。近两年来，随着政策的放开，智能网联汽车测试实现了从测试场到开放道路的重大突破。截至2022年3月，全国近30个城市累计为80余家企业发放超过900张道路测试牌照，开放智能网联汽车测试道路超过5 000 km，安全道路测试累计里程超过1 300万 km。

智能网联汽车产业发展关乎国家战略安全，其多产业融合的特点也决定了其发展需要统筹监管，加强整合资源。我国在体制机制方面的优势可以有效促进跨部门、跨产业、跨技术的协同创新，加快攻克相关技术和产业化难题，保障产业技术的自主安全可控，实现智能汽车强国的建设目标。

❉ 三、智能网联汽车驾驶自动化分级

1. SAE 对自动驾驶的分级

自动驾驶汽车业内普遍接受的是美国汽车工程师学会（Society of Automotive Engineers，SAE）在《有关道路机动车自动驾驶系统的术语的分类与定义》（J 3016—2014）文件中提出的自动驾驶分级定义，按照自动化程度分为6个等级，其中L0为没有任何智能系统的级别，如表6-2所示。

表 6 - 2　SAE 对自动驾驶的分级

分级	名称	定义	驾驶操作	周边监控	接管	应用场景
L0	人工驾驶	由人类驾驶者全权驾驶汽车	人类驾驶员	人类驾驶员	人类驾驶员	无
L1	辅助驾驶	车辆对方向盘和加减速中的一项操作提供驾驶，人类驾驶员负责其余的驾驶动作	人类驾驶员和车辆	人类驾驶员	人类驾驶员	限定场景
L2	部分自动驾驶	车辆对方向盘和加减速中的多项操作提供驾驶，人类驾驶员负责其余的驾驶动作	车辆	人类驾驶员	人类驾驶员	限定场景
L3	有条件自动驾驶	由车辆完成绝大部分驾驶操作，人类驾驶员需保持注意力集中，以备不时之需	车辆	车辆	人类驾驶员	限定场景
L4	高度自动驾驶	由车辆完成所有驾驶操作，人类驾驶员不需要保持注意力，但限定道路和环境条件	车辆	车辆	车辆	限定场景
L5	完全自动驾驶	由车辆完成所有驾驶操作，人类驾驶员不需要保持注意力	车辆	车辆	车辆	所有场景

不同等级的自动驾驶系统，在用户角色和驾驶自动化系统角色这两大方面，存在着明显的要求和差异。

2. 我国对自动驾驶的分级

2021 年 8 月 20 日，我国《汽车驾驶自动化分级》（GB/T 40429—2021）推荐性国家标准报批公示，于 2022 年 3 月 1 日正式实施。我国对智能网联汽车分为 0~5 级，如表 6-3 所示。

表 6-3　中国对自动驾驶的分级

分级	名称	持续的车辆横向和纵向运动控制	目标和事件探测与响应	动态驾驶任务后援	设计运行范围
0	应急辅助	驾驶员	驾驶员及系统	驾驶员	有限制
1	部分驾驶辅助	驾驶员及系统	驾驶员及系统	驾驶员	有限制
2	组合驾驶辅助	系统	驾驶员及系统	驾驶员	有限制
3	有条件自动驾驶	系统	系统	动态驾驶任务后援用户（执行接管后为驾驶员）	有限制
4	高度自动驾驶	系统	系统	系统	有限制
5	完全自动驾驶	系统	系统	系统	无限制 *
*排除商业和法规因素等限制。					

我国划分的这 6 个等级和美国 SAE 中的 L0~L5 级是基本对应的，但也有差异，主要体现在 L2 级。我国的 2 级部分自动驾驶的控制方是驾驶员和系统；SAE 中的 L2 级部分自动化的驾驶操作方是车辆，因此 SAE 中的 L2 级比我国的 2 级要求高。

小知识

　　4 级自动驾驶真正实现了在限定场景内的人力解放。干线、矿区、港口等场景的货物运输工作强度大，危险性高，安全事故时有发生，给行业和企业带来了巨大损失。4 级自动驾驶的应用通过替代人力及规范驾驶策略，将提升道路安全，减少交通事故发生数量，缓解人力短缺，促进节能环保，释放巨大社会价值。

✳ 四、智能网联汽车体系结构

1. 结构层次

智能网联汽车结构层次可以分为环境感知层、智能决策层及控制执行层，如图 6-2 所示。

1）环境感知层

环境感知层的主要功能是通过车载环境感知技术、卫星定位技术、4G/5G 及 V2X[①] 无线通信技术等，实现对车辆自身属性和车辆外在属性（如道路、车辆和行人等）静、动态

---

① V2X：意为 Vehicle to Everything，即车辆对外界的信息交换。

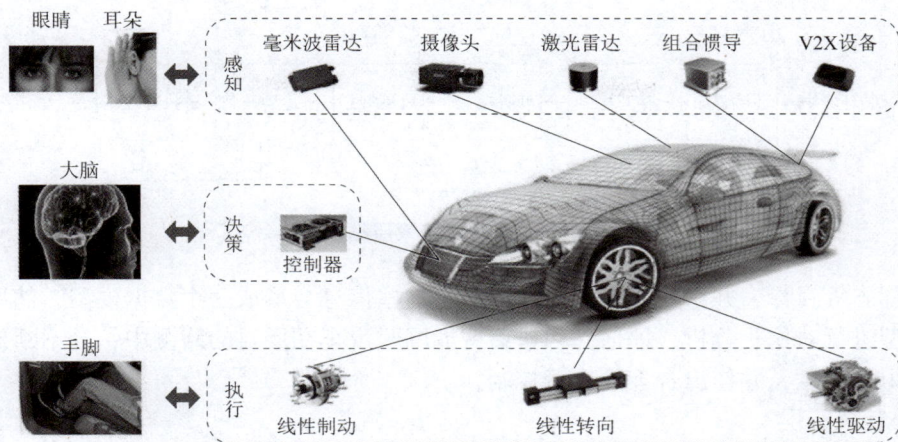

图 6 - 2 智能网联汽车结构层次

信息的提取和收集，并向智能决策层输送信息。

环境感知系统包括信息采集单元、信息处理单元及信息传输单元三大模块，如图 6 - 3 所示。系统基于单一传感器、多传感器信息融合或车戠自组织网络获取周围环境和车辆的实时信息，经信息处理单元根据一定算法识别处理后，通过信息传输单元实现车辆内部或车与车之间的信息共享。

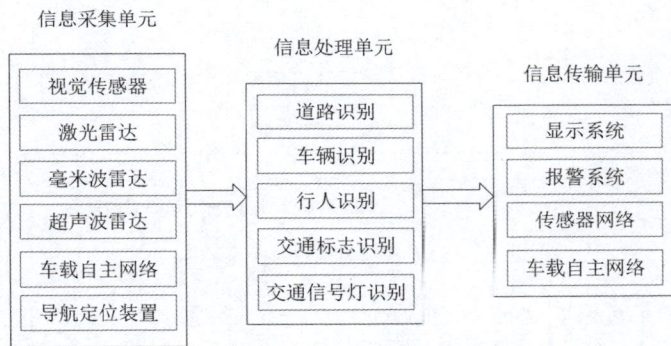

图 6 - 3 环境感知系统的组成

感应识别元件是智能网联汽车的"眼睛"和"耳朵"，主要以摄像头和雷达为主，并辅以红外探头，达到多传感器协调合作，实现车辆周围环境全覆盖。目前常见的感应识别元件包括摄像头、超声波雷达、激光雷达、毫米波雷达和红外探头等。

2）智能决策层

智能决策层的主要功能是接收环境感知层的信息并进行融合，对道路、车辆、行人、交通标志和交通信号等进行识别，决策分析和判断车辆驾驶模式和将要执行的操作，并向控制执行层输送指令，如图 6 - 4 所示。

智能决策层类似于人类大脑，车辆通过感知识别端从外部获取环境信息后，将信息进行集成处理，传送到决策端，车辆决策端需要依靠这些信息作出正确精准的控制决策，并将决策下达至执行端，以完成自动驾驶。自动驾驶的环境感知端会感知并识别车道线、车辆、行

决策规划

行驶环境 → 环境感知 → 信息融合 → 任务决策 → 轨迹规划 → 运动控制 → 执行控制 → 车辆

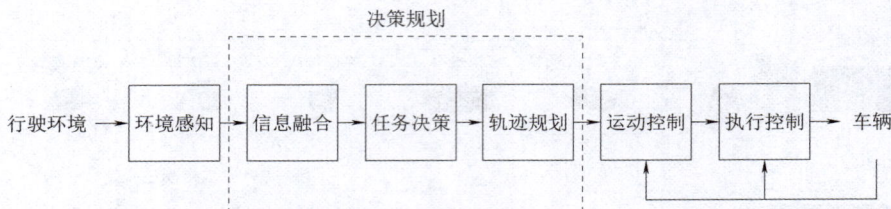

图 6 - 4 智能决策层框图

人、交通标志等目标，并采集大量的图像信息，这些信息会形成一个数据模型，然后与数据库中的模型进行对比、分析、评估并纠错；智能网联汽车在反复的路测中，会不断提高对道路信息的识别程度，并作出合理的决策控制。

3）控制执行层

控制执行层的主要功能是按照智能决策层的指令对车辆进行操作和协同控制，并为智能网联汽车提供道路交通信息、安全信息、娱乐信息、救援信息、商务办公、在线消费等，以保障汽车安全、舒适驾驶。与传统车辆相比，智能网联汽车在功能上主要增加了环境感知和定位系统、无线通信系统、车辆自组织网络系统和先进的驾驶辅助系统，如图 6 - 5 所示。

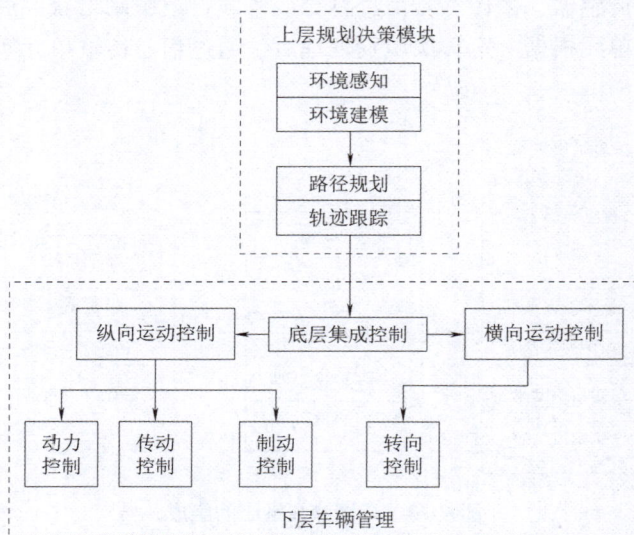

上层规划决策模块

环境感知
环境建模

路径规划
轨迹跟踪

纵向运动控制 ← 底层集成控制 → 横向运动控制

动力控制　传动控制　制动控制　转向控制

下层车辆管理

图 6 - 5 控制执行层框图

控制执行系统如同人的手脚，用来执行决策系统的命令，类似于计算机的输出端，最终实现车辆的行驶。

2. 技术构架

智能网联汽车涉及汽车、信息通信、交通等多领域技术，其技术结构较为复杂，可划分为"三横三纵"式技术结构，如图 6 - 6 所示。"三横"是指智能网联汽车主要涉及的车辆/设施、信息交互与基础支撑三大领域技术，可再细分为第二层与第三层技术。"三纵"是强调未来智能网联汽车的主要应用场景：公路自动驾驶汽车、城区自动驾驶汽车、共享自动驾驶汽车。

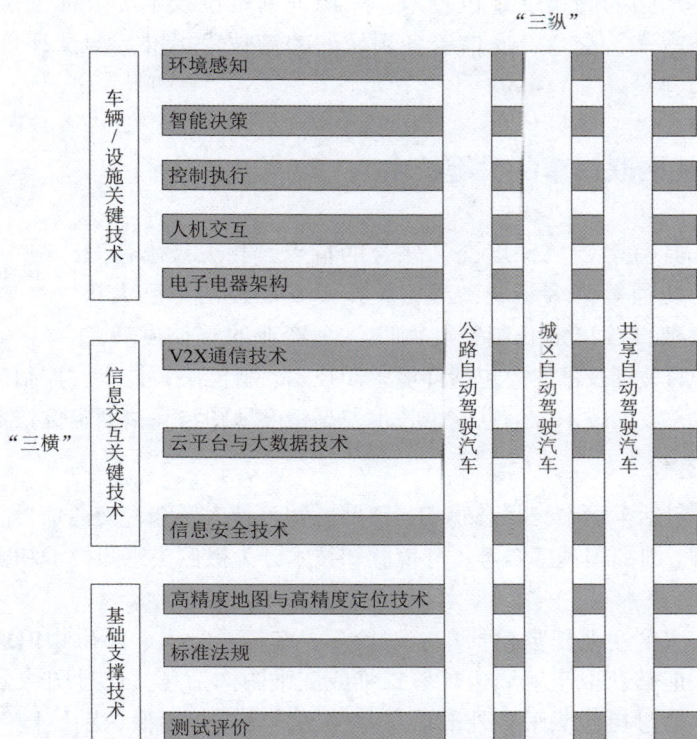

图 6-6　"三横三纵"式技术结构

1）车辆/设施关键技术

车辆/设施关键技术可分为环境感知技术、智能决策技术、控制执行技术等。其中环境感知技术主要包括利用机器视觉的图像识别技术、利用雷达（激光、毫米波、超声波）的周边障碍物检测技术、多源信息融合技术、传感器冗余设计技术等。而智能决策技术包括危险事态建模技术、危险预警与控制优先级划分技术、群体决策和协同技术、局部轨迹规划技术、驾驶员多样性影响分析技术等。控制执行技术则包括面向驱动/制动/转向/悬架的底盘一体化控制技术、融合车联网通信技术、车载传感器的多车队列协同技术和车路协同控制技术等。

2）信息交互关键技术

信息交互关键技术可分为 V2X 通信技术、云平台与大数据技术和信息安全技术。V2X通信技术包括车辆专用通信系统。实现车间信息共享与协同控制的通信保障机制、移动自组织网络技术、多模式通信融合技术等。云平台与大数据技术包括智能网联汽车云平台架构与数据交互标准、云操作系统、数据高效存储和检索技术、大数据的关联分析技术和深度挖掘数据技术等。信息安全技术包括汽车信息安全建模技术，数据存储技术、传输与应用三维度安全体系，汽车信息安全测试方法，信息安全漏洞应急响应机制等。

3）基础支撑技术

基础支撑技术可分为高精度地图与高精度定位技术、标准法规和测试评价。高精度地图与高精度定位技术，包括高精度地图数据模型与采集式样、交换格式和物理存储的标准化技

新能源汽车未来发展的展望

术，基于北斗地基增强的高精度定位技术，多源辅助定位技术等。标准法规包括 ICV 整体标准体系及设计，汽车、交通、通信等各领域的关键技术标准。测试评价包括 ICV 测试评价方法与测试环境建设。

五、智能网联汽车的关键技术

智能网联汽车具有多领域深度交叉融合的特点，相关技术涉及汽车、信息通信、交通等诸多领域，对相关技术发展提出了巨大挑战，相关技术的突破直接决定我国智能网联汽车产业的整体发展水平。智能网联汽车的关键技术主要包括环境感知技术、智能决策技术、控制执行技术、V2X 通信技术、云平台与大数据技术、信息安全技术、高精度地图与高精度定位技术等。

微课　智能网联汽车的关键技术

1. 环境感知技术

环境感知技术包括车辆本身状态感知、道路感知、行人感知、交通信号感知、交通标识感知、交通状况感知、周围车辆感知等。环境感知技术分为摄像头感知技术和雷达感知技术等。

1）摄像头感知技术

摄像头感知技术的主要任务包括车道线检测，车辆、行人、障碍物识别和分类，交通标志识别等。摄像头能够获取车辆周边环境二维或三维图像信息，通过图像分析识别技术对行驶环境进行感知。通过摄像头采集外部信息并根据算法进行图像识别。摄像头采集到的图片信息丰富，能准确识别物体的类别，获取实时场景图像；但易受光照环境影响，三维信息测量精度较低。

2）雷达感知技术

雷达感知技术离不开车用雷达，包括超声波雷达、毫米波雷达、激光雷达等。

超声波雷达是汽车最常用的一种传感器，被广泛应用于倒车辅助系统和自动泊车系统中。它结构简单，成本低，体积小，有效探测距离短，对外界光线和电磁场不敏感；但测量精度受测量物体表面形状、材质影响大。

毫米波雷达是通过发射和接收毫米波段的电磁波来测量车辆与车辆之间的距离、角度和相对速度的装置。它的探测距离远，响应速度快，适应能力强。其信号能够透过雨、雾等视线障碍物对远距离目标进行检测，适用于前向避险；中程和短程适用于侧向和后方避险。毫米波雷达的缺点是覆盖区域呈扇形，有盲区，且无法识别道路标线和交通标志。

激光雷达能够直接获取物体三维距离信息，测量精度高，对光照环境变化不敏感，但它无法感知无距离差异的平面内目标信息。激光雷达的体积较大，价格较高，不便于车载集成。多线束激光雷达可获得位置点云信息，通过比较连续感知的点云和物体的差异，检测其运动，由此可创建一定范围内的 3D 地图。

> **小提示**
>
> 单一传感器都有其局限性，难以为智能网联汽车提供行驶环境的全面描述。为了克服它们的局限性，确保在任何时刻都能为车辆运行提供完全可靠的环境信息，在智能网联汽车中可使用传感器融合技术进行环境感知。

2. 智能决策技术

决策系统的任务是根据全局行车目标、车辆状态及环境信息等，决定采用的驾驶行为及动作的时机。决策机制应在保证安全的前提下适应尽可能多的工况，进行舒适、节能、高效的正确决策。常用的智能网联汽车决策方法包括状态机、决策树、深度学习、增强学习等，传统的状态机和决策树方法具备高效、可读性强等特点，但其对于特殊、复杂工况的应对能力不足。深度学习和增强学习具备一定的应对未知工况的能力，但对计算能力要求更高，目前车规级芯片难以满足其需求。未来，两种决策机制的协同运作是更具性价比的方案。

3. 控制执行技术

控制系统的任务是控制车辆的速度与行驶方向，使其跟踪规划的速度曲线与路径。现有自动驾驶汽车多数针对常规工况，因而多采用比例积分微分控制（Proportional Plus Integral Plus Derivative Control，PID control）、模糊控制、自适应控制等传统控制策略。这些控制策略可靠性高、计算效率高，但工况适应性是一个难点。可行的方法是根据工况参数进行控制器参数的适应性设计。例如，根据车速规划与参考路径曲率调整控制器参数，可灵活地调整不同工况下的性能。线控执行机构是实现车辆自动控制的关键所在，如制动、转向、油门、悬架的线控技术。我国在汽车线控领域虽然取得了一定成果，但与博世、德尔福等国外大型企业相比，在控制稳定性、产品一致性和市场规模方面仍有较大差距。随着网联化技术的发展，未来智能网联汽车将作为信息节点，构建智能交通和智慧城市系统，但目前在多车协同控制方面，仍然处于实验室研究阶段。

4. V2X 通信技术

所谓 V2X，与流行的 B2B、B2C 如出一辙，即车对外界的信息交换，又称车用无线通信技术，其本质上是一种物联网技术。它使得车与车、车与基站、基站与基站之间能够通信，以获得实时路况、道路信息、行人信息等一系列交通信息，从而提高驾驶安全性，减少拥堵，提高交通效率，提供车载娱乐信息等。目前在国内主推的 V2X 通信关键技术是我国主导的 LTE－V2X 和 5G－V2X。从技术角度讲，LTE－V2X 可以支持向 5G－V2X 平滑迁移。

5. 云平台与大数据技术

智能网联汽车云平台通过信息交互极大地扩展了车辆的感知能力。通过云平台可实现城市级别的车辆优化控制以及云计算中心和边缘云的配合，可进一步提升云控平台效率和其对车辆的控制能力，对提高出行安全和其效率有重要意义。

6. 信息安全技术

汽车信息系统安全技术已成为汽车行业的一个重要发展领域。智能网联汽车面临的安全威胁大致可分为云端威胁、传输威胁、终端威胁和外部威胁四层。目前，国内正在开展全生命周期信息安全防护设计，构建以预测为核心的智能汽车信息安全保障 PPDR[①] 体系，打造智能网联汽车的信息安全架构和信息安全技术体系。

7. 高精度地图与高精度定位技术

高精度地图与高精度定位技术是智能网联汽车必需的基础技术，可大幅降低车辆信息处

---

① PPDR 指 Predict（预测）、Prevent（防护）、Detect（检测）、Response（响应）。

理压力。高精度地图的采集涉及重要的地理信息、安全信息的采集，存储和处理过程必须保证安全可控。我国几大地图商都在积极推进建设面向自动驾驶的高精度地图。我国的北斗导航系统也为智能网联汽车的定位提供安全保障，摆脱对 GPS 等国外导航系统的依赖。惯性导航和即时定位与地图构建（Simultaneous Localization And Mapping，SLAM）技术则是对卫星导航的重要补充，有助于进一步提升定位精度和稳定性。针对复杂形势环境下行人及骑车人的有效识别，清华大学研究团队建立了基于车载图像的行人及骑车人联合识别方法。

除上述技术外，标准法规和测试评价也是智能网联汽车的重要支撑技术，对加速技术迭代、加快产业化步伐和加强运营监管具有重要意义。

> **小思考**
>
> 随着环境感知、多传感器融合、智能决策、控制执行、高精度地图与高精度定位等核心技术的快速发展，自动驾驶应逐步走向公开道路实地测试及商业化示范的阶段。未来自动驾驶将会带来哪些社会性影响，大规模商业化应用需要哪些条件支撑？

单元三 共享出行

❋ 一、共享出行概述

1. 共享经济的时代背景

随着科学技术的不断进步，社会生产力水平大幅提升。传统的经济发展模式无法避免全球周期性经济危机的爆发，导致了环境的日益恶化和能源的日益紧张，同时造成了大量的产能过剩。因此，有别于传统经济的，基于市场供求关系的"交换经济"或"共享经济"是一种新的思维方式和资源配置模式。这种经济模式通过闲置资源的高效再利用，替代了传统生产力，成为有效解决供求矛盾的方式之一。

共享经济是指拥有闲置资源的机构或个人有偿让渡资源使用权给他人，让渡者获取回报，通过分享自己的闲置资源创造价值。这种模式的本质是以信息技术为支撑，实现共享资源所有权与使用权相分离，在共享资源所有者和需求者之间实现使用权共享，倡导"不求拥有，但求所用"。

2. 交通出行的变革

交通方式作为经济发展模式的一种体现形式，固化的形态不能够满足不同时代的特性需求。传统的机动车出行模式主要包括公共交通、出租车和私家车出行，在一定程度上满足了人们的基本出行需求。随着社会经济的发展和生活水平的提高，出行方式的改变也进一步影响了人们的生活方式。社会总出行量、出行距离和周转量将持续增长，人们对出行效率、出行品质和个性化服务等方面提出了更高的要求。如今，共享、新能源、智能辅助驾驶已经成为生活的一部分，传统机动车出行模式在应对这些趋势方面逐步显示出不足。

要解决传统的出行问题，需要对交通出行的理念从根本上进行变革。随着共享经济核心支撑点——移动互联网和移动支付的不断完善，交通出行向共享交通理念变革的基础条件逐渐完备。共享平台凭借自身基于互联网的特点，对社会空闲车辆、空余座位或驾驶服务等闲置资源进行整合，通过大数据计算高效匹配出行供给与需求，共享出行随之诞生。

3. 共享出行的理念

随着自动驾驶技术的不断发展和共享经济理念的普及，未来的交通出行方式将迎来重大转变，"自动驾驶" + "共享交通工具"相结合的出行方式将成为主要趋势。国务院2017 年印发的《新一代人工智能发展规划》确切指出了发展"自动驾驶" + "共享"的出行方式。

共享出行正在对传统交通出行方式进行革新，以专车、快车、顺风车、分时租赁等为代表的汽车共享已被越来越多的消费者认可并使用。共享出行理念的引入打破了小型车所有权与使用权的必然联系。闲置车辆及行驶车辆的闲置座位等既有资源可以被盘活，可以有效提高使用效率，从而降低道路资源占用并缓解交通拥堵。在可期的未来，借助移动互联网、云计算、大数据、物联网、人工智能等先进技术，将闲置车辆资源进行有效整合，可实现出行需求、共享车辆供给、实时路况的进一步融合，从而驱动城市居民出行更加智能化。

共享出行即是在交通领域引入共享理念，打破交通工具所有权与使用权的必然联系，在全社会范围内将交通工具的使用权进行共享的出行方式。以汽车为例，通过共享，所有未被利用的车辆甚至所有行驶中车辆的空闲座位都可以被利用起来，将车辆所有者闲时的使用权进行整合，借助移动化互联网及各类终端，实现信息的聚合和实时更新，为车辆所有者和车辆租用者之间建立畅通便捷的沟通平台，充分调动一切可用的交通运力资源，满足各类人群的出行需求。

共享的本质是将现有利用不充分的资源进行再度利用和优化。共享经济以共享平台为核心，以大众参与为源泉，以挖掘闲置资源作为目标，三大要素均不可或缺。而交通出行领域则具备这一特征：新能源汽车的发展和移动互联网技术的进步为交通数据平台的搭建提供了技术基础；交通出行作为刚性需求，保证了大众参与汽车保有量逐年增加，但对个体来讲利用率不高，从而形成了相当大的可供挖掘的闲置资源。因而，共享出行作为共享经济的重要组成部分和典型应用示范，将为个人的出行带来便利，为节能减排和国民经济的发展作出贡献。

> **小思考**
>
> 新一轮科技和产业革命为城市交通出行转型带来了诸多机遇和挑战，新能源和智能网联使汽车产业链加速重构。在"双碳"背景下，未来城市交通出行应该是什么样的？

❀ 二、共享出行的主要形式

广义的共享出行按照交通工具的不同可分为共享单车、共享电单车、共享巴士、共享汽车及其他可以实现共享的交通载具。不同的共享出行方式各有侧重，相互结合，相互补充，构成了全方位的共享出行体系，满足了不同人群的出行需求。

1. 共享单车

共享单车是指在校园、地铁站点、公交站点、居民区等区域提供的自行车共享服务，多采用共享租赁模式，如图 6 - 7 所示。

图 6 - 7 共享单车

在当前城市化大幅迈进的背景下，人均日交通里程逐渐增加，自行车的角色逐渐淡化。但共享单车模式很好地将自行车与其他交通工具进行结合，解决了用户短途出行的需求。同时，共享单车作为低碳出行的有效示范，对社会节能减排起到了积极的作用。

2. 共享电单车

共享电单车如图 6 - 8 所示，作为共享单车的衍生品，其产生较晚，目前仍处于探索期。共享电单车与共享单车类似，采用类似于分时租赁的方式和"里程 + 时间"的计费方法，用户在注册缴纳押金后即可使用。

图 6 - 8 共享电单车

共享电单车同时也面临着许多问题：共享电单车需要定期进行充电，增加了运营商管理难度和成本，降低了用户使用的便捷性；电池长期使用之后还存在电池老化问题，用户体验变差；共享电单车本身车速较高，造成了其安全性降低，因此其发展也受到了相关交通法规的限制。

3. 共享巴士

共享巴士如图 6－9 所示，是指基于大量用户出行数据，为用户定制线路的共享出行模式，主要针对一线和二线城市的上班人群。有别于传统的公交系统，共享巴士可提供更加快速、舒适、准时的出行服务。

图 6－9　共享巴士

共享巴士的发展较为惨淡，部分原因在于盈利趋势不明显，导致无法得到充足的资本注入。相较于共享单车，共享巴士在初期需要更大的成本投入，利润回报周期更长。同时，传统公共交通（如公交车、地铁等）经过长期发展已相当成熟，客户保持率较高，共享巴士短时间内无法从传统公共出行市场吸纳大量客户，这进一步加剧了共享巴士运营商初期的资本困境。

4. 共享汽车

近年来，信息技术的发展为共享汽车的技术需求提供了保障，同时也为共享汽车业务提供了更加丰富的扩展功能。我国有以下主流的共享汽车模式。

1）汽车租赁

汽车租赁是指在约定时间内，租赁经营人将租赁汽车（包括载货汽车和载客汽车）交付承租人使用，且不提供驾驶劳务的经营方式。汽车租赁理念较为传统，早期一般由汽车租赁公司购买汽车并持有汽车的所有权，然后将使用权进行出租以获取利润。后期出现了一些汽车租赁服务提供商同时提供平台服务，即个人长期闲置车辆可在汽车租赁平台进行登记，同时租车者可在平台选择与自己使用时间和车型需求相符合的车辆。

2）分时租赁

分时租赁与传统汽车租赁类似，用户获得一段时间内汽车的使用权，并为之支付相关费用。分时租赁在价格上具有一定的优势，比网约车模式更符合年轻人的消费习惯。

分时租赁将原来整辆车的购买成本及使用成本进行分摊，使得用户出行的费用进一步降低。同时，分时租赁借助互联网和信息技术的优势，简化了借车和还车程序，在终端进一步优化了用户体验，借助移动互联网的优势，时刻将最新的车辆信息提供给用户群体，保证了车辆信息实时有效。用户可以根据自己的位置和使用需求就近选择车辆。汽车共享短时短途的应用场景可以更好地与新能源汽车相配合，在停车地点设置充电桩，在无人使用时对车辆进行补电。共享纯电动汽车不仅符合当前节能减排的社会需求，也更有利于对车辆进行统一管理。

3）顺风车与拼车

顺风车是指出行路线和时间交叠的几个人共同乘坐同一辆车出行，车费由几位乘客共同承担的出行模式。其实质是打破单辆车的限制，将车辆零散为若干个空闲座位，满足出行计划相同的乘客需求。

与顺风车类似的还有拼车，两者的不同点在于顺风车是以车主为中心，车主利用空余的车位捎上有相同出行计划的乘客，并收取一定的费用；而拼车是指多个出行计划相同的人共同合租同一辆汽车，费用由几人共同分担。按照应用场景又可分为市内短途合乘、跨城市长途合乘等。

4）专车

专车是指互联网约车平台为商务出行人群提供专人专车的优质出行服务。有别于传统的出租车，其特色在于主打商务用车市场，一般采用中高档汽车，筛选经验丰富的司机，车内配备有各类出行用品，同时全程提供标准化商务礼仪服务。专车以统一的标准化服务、高端的硬件品质及舒适贴心的出行体验保证了用户的满意度，与传统的出租车进行差异化市场经营，互有补充，丰富了交通市场的内涵。

未来不同的共享汽车模式将相互渗透，综合性的出行平台将具有较大发展潜力。独立的单一业态的共享汽车将难以拥有足够的黏度和规模。同时，线下运营能力将越来越重要，重资产模式在共享出行领域将不可避免，纯粹的互联网平台企业将遇到更多的挑战。未来，汽车共享出行必然与公交系统、铁路和民航打通，为消费者提供更加便利的综合性一体化交通出行解决方案。

✳ 三、共享汽车的发展

1. 发展优势

共享汽车模式的提出，人们出行方式的改变，对停车状况、交通状态、资源供需关系、资源消耗、环境生态等均会产生新的影响。

未来共享汽车的推行，将使汽车需求量大幅下降，虽然车辆行驶总里程增加，但由于车辆减少，交通资源利用效果更好，因此可以缓解交通拥堵，提升汽车行驶的经济性和节能性。

汽车共享能提高车辆的利用率，降低汽车保有量，减少汽车产生的大量污染；同时，短时租赁模式下的汽车多为小型新能源汽车，产生的能耗费用较少，且使用的电能可以通过风力、光伏等可再生能源技术获得，实现零排放、无污染。

共享汽车的车源先天地依赖新能源汽车，而我国正在大力推行新能源汽车战略，这就为共享汽车企业提供了充足的车源。且共享模式作为城市内部短距离交通出行的解决方式，巧妙地规避了新能源汽车续驶里程的短板，同时也为新能源汽车的推广和使用拓展了空间。

2. 发展机遇

近年来，"共享经济"和"绿色出行"理念逐渐渗透，随着新能源汽车市场的发展，共享汽车的另一种解决方案——新能源汽车分时租赁走入大众的视野。共享汽车的核心优势之一，就是营造良好的汽车共享体系，节约社会成本。新能源汽车在当前阶段受制于技术的发展，续驶里程无法与传统燃油汽车相比，但可满足大部分市区内部的出行需求，与分时租赁短途短时的应用场景相符合，在节能环保方面也具有积极意义。同时，随着新能源汽车技术的发展，新能源汽车成本将大幅降低，续驶里程也将进一步提升，可以为消费者提供更多的出行选择。

新能源汽车与无人驾驶技术及无线充电技术的结合，将为共享出行带来更加便捷的体验。无人驾驶技术缓解甚至消除了驾驶员的驾驶疲劳，无线充电技术可实现车辆进站之后自动充电而不需要人工连线，技术的进步也将降低企业的运营维护成本。此外，采用新能源汽车分时租赁的优势还在于新能源汽车当前残值率较低，还未形成二手车灰色产业链，这一点降低了共享汽车的人为损坏率及丢失率，降低了企业运营所要面临的风险。

由此可见，共享汽车作为在共享经济热潮中发展起来的一个新兴产业，致力于充分发挥共享经济的优势，方便用户出行，借助互联网平台逐步发展壮大，能够跟城市公共交通与网约车、出租车之间形成有益的补充。特别是在当今世界传统化石资源匮乏、城市道路拥挤、停车位紧张等环境和社会问题日趋严峻的多重背景下，新能源汽车分时租赁将会成为未来共享汽车的发展趋势。在国家大力支持新能源汽车的政策下，新能源汽车分时租赁也将会迎来进一步的爆发。

✳ 四、未来交通出行的主导技术

当前，现代信息技术、感知技术、人工智能及大数据等技术已经深深地融入交通运输的各个领域。未来，科学技术更将成为社会发展的主导，尤其是作为经济和社会发展的先行官——交通运输，更将成为科学技术大显身手的舞台。

> **小思考**
> 你知道未来交通出行需要用到哪些核心技术吗？

1. 人工智能技术

人工智能是指由人制造出来的机器所表现出来的智能。通常人工智能是指通过普通计算机程序手段实现的类人智能技术。人工智能是计算机学科的一个分支，20世纪70年代以来被称为世界三大尖端技术之一（空间技术、能源技术、人工智能），也被认为是21世纪三大尖端技术（基因工程、纳米科学、人工智能）之一。

2. 大数据、云计算技术

大数据是指无法在一定时间内用常规软件工具对其内容进行抓取、管理和处理的数据集合。大数据技术，是指从各种类型的数据中，快速获得有价值信息的能力。大数据技术可以突破出行的区域限制、部门限制，提高预测水平。但大数据会带来一定的安全与隐私问题、数据开发问题、数据存取问题。

云计算是通过互联网提供全球用户计算力和存储服务，为互联网信息处理提供硬件基础。云计算简单地说，就是把个人电脑里的或者公司服务器上的硬盘、CPU 都放到网上，统一动态调用。

从技术的角度看，大数据与云计算的关系就像一枚硬币的正反面一样密不可分。大数据只涉及处理海量数据，而云计算则涉及基础架构。大数据无法用单台的计算机进行处理，必须采用分布式架构。大数据必须依托云计算的分布式处理、分布式数据库和云存储、虚拟化技术，对海量数据进行分布式数据挖掘。

3. 互联网与交通深度融合

交通的"互联网＋"趋势已经成为交通领域的发展趋势。未来，交通系统的概念将与互联网合二为一，交通系统的概念和技术将被互联网重构。如果说大数据、云计算是新一代互联网的技术核心，那么互联网将成为新的交通运输的"中枢"。

4. 新一代国家交通控制网

新一代国家交通控制网是由道路基础设施、车辆和支撑运行与服务系统组成的一个边界开放的复杂系统，各单元、各部分、各子系统间可实时交换数据，系统、子系统和车载系统可以根据实时交通状态、气象条件、客流趋势进行各类调节，使交通运输系统处在依据实时数据的动态调整和寻优的过程中，并具有较高的可靠性、应变性和安全性。

5. 新材料技术

未来，新材料会继续向绿色化、轻量化、智能化方向转型升级。高强轻合金、特种合金、碳纤维及新型环保材料等技术将加速突破，引领航空航天、电力电子、新能源等产业深度变革。同时，随着智能制造的快速发展，新材料技术正加速向智能化方向发展，自修复材料、自适应材料、新型传感材料、4D 打印材料等智能材料技术将大量涌现，为交通运输、国防军事及航空航天等领域的发展提供支撑。

6. VR 虚拟仿真与 AR 增强现实技术

VR 虚拟仿真与 AR 增强现实技术综合了多媒体、三维建模、实时视频显示及控制、多传感器融合、实时跟踪及注册、场景融合等新技术与手段，形成全新一代、具有实时互动功能的新技术。随着交通信息采集技术、传输技术、处理技术的进步，交通系统仿真技术逐步成熟，在城市交通建模、交通运输线网规划发展等方面具备广泛的应用前景。

> **小知识**
>
> 无人驾驶是一种科技感十足的交通方式，在 2022 年北京冬奥会期间，首钢园区迎来了无人驾驶车辆的正式运行。

项目实施

一、项目分组

按照班级学生数量分为若干小组，并明确每人任务，完成下表。

学生任务分配表							
班级		组号			指导老师		
组长		学号					
组员	姓名：	学号：		姓名：		学号：	
	姓名：	学号：		姓名：		学号：	
	姓名：	学号：		姓名：		学号：	

二、项目准备

具有驾驶辅助系统的实训车辆 4 台及其相关技术资料、多媒体设备等。

三、项目实战

（1）观察实车，查阅车型相关技术资料，在教师现场安全指导下完成下表相关信息的填写。

新能源汽车未来发展的展望							
组长		组员		班级		组号	
一、整车性能参数							
登记车辆基本信息				品牌：　车型：　VIN 码：			
驱动布置形式				□前驱　□后驱　□四驱			
驱动电机类型及参数							
动力蓄电池类型及参数							
整车主要性能参数							
续驶里程							

二、智能网联汽车关键部件的识别

名称	位置	作用

三、智能驾驶系统实操

针对智能驾驶实训车辆，开展自动泊车入库、低速车辆跟随及自适应巡航等系统的操作及控制，了解其工作原理

（2）各组进行组内模拟，介绍实训车辆的参数、结构，智能网联系统在整车上的布局位置及关键部件的功能，要求内容准确、信息丰富、表达流畅，介绍时间控制在 5 min 之内。

（3）各组派代表进行汇报展示，介绍实训车辆的参数、结构，智能网联系统在整车上的布局位置及关键部件的功能。

（4）完成小组自评、小组互评和教师评价。

评价项目		评价标准	分值	得分
小组评价	项目分组	小组成员分工明确且合理，全员参与	10	
	项目实施	能够准确写出实训车辆的性能参数	10	
		能够准确指出智能网联系统在整车上的布局位置	10	
		能够准确描述关键部件的功能	10	
		注意遵守劳动纪律和操作规范	10	
		汇报展示内容准确、信息丰富、表达流畅	20	
	工作态度	认真严谨、积极主动、绿色环保	10	
	团结合作	能够与小组成员、同学之间合作交流、办周工作	10	
	5S 管理	能够规范进行 5S 现场管理	10	
		小计	100	
教师评价	课堂纪律	不出现无故迟到、早退、旷课现象，遵守课堂纪律	10	
	项目实施	严格遵守项目实施流程，按要求完成项目	20	
	信息查询	能够合理利用信息化手段及提供的资料，查找车辆相关信息并准确记录	20	
	团队协作	项目实施过程互相配合，协作度高	10	
	工作态度	严谨细致，认真负责	20	
	汇报展示	表达流畅准确，总结到位，具有创新意识	20	
		小计	100	
综合评分		小组评分 ×50% + 教师评分 ×50%		

项目小结

  本项目通过介绍智能交通系统和智能网联汽车的发展、结构体系、关键技术及共享出行的概念、形式、发展和未来交通主导技术，帮助学生更好地了解未来出行与智能交通、智能网联汽车之间的关系，了解新能源汽车未来的发展趋势。

项目六　新能源汽车未来发展的展望

拓展阅读

智能交通中的北斗卫星导航系统

党的二十大报告中指出，"只有把核心技术掌握在自己手中，才能真正掌握竞争和发展的主动权，才能从根本上保障国家经济安全、国防安全和其他安全。"中国北斗卫星导航系统是我国自主建设的卫星导航系统，它是国家安全和经济社会发展不可或缺的信息基础设施，是大国地位和综合国力的重要标志。

交通运输是国民经济、社会发展和人民生活的命脉，北斗卫星导航系统是助力实现交通运输信息化和现代化的重要手段，对建立畅通、高效、安全、绿色的现代交通运输体系具有十分重要的意义。

北斗卫星导航系统（简称北斗系统）是中国着眼于国家安全和经济社会发展需要，自主建设、独立运行的卫星导航系统。经过多年发展，北斗系统已成为面向全球用户，提供全天候、全天时、高精度定位、导航与授时服务的重要新型基础设施。

从改革开放新时期到中国发展进入新时代，从北斗一号到北斗三号，从双星定位到全球组网，从覆盖亚太到服务全球，北斗系统与国家发展同频共振，与民族复兴同向同行。2020 年 7 月，北斗三号系统正式开通全球服务，"中国的北斗"真正成为"世界的北斗"。北斗系统由空间段、地面段和用户段组成。其中，空间段由中圆地球轨道、地球静止轨道、倾斜地球同步轨道 3 种轨道共 30 颗卫星组成；地面段由运控系统、测控系统、星间链路运行管理系统及国际搜救、短报文通信、星基增强和地基增强等多种服务平台组成；用户段由兼容其他卫星导航系统的各类终端及应用系统组成。北斗系统核心器部件 100% 自主可控，为北斗系统广泛应用奠定了坚实基础。

北斗系统在道路交通中应用较多，尤其在智能交通、道路堵塞治理、车辆监控和车辆自主导航方面应用广泛。高精度定位是实现车路协同和自动驾驶的基础，将北斗系统与 5G 通信技术、人工智能、计算机技术等进行有效融合，可以将人、车、路和云端更好地结合在一起，相互协调，共同运作。同时，通过对车辆位置、路面信息和红绿灯状况等进行实时定位和监控，可以为城市交通管理及车辆调度提供基础的数据支撑。

将北斗系统与现有交通运输系统设备融合应用，是落实国家战略和促进经济社会发展的重要举措，也是新基建背景下推进数字化交通运输行业发展、建设交通强国的迫切需求。

北斗翱翔星空，服务惠及全球。随着系统逐步升级完善，北斗立足中国，放眼世界，不断扩大服务覆盖范围，让越来越多的国家体验到"中国智慧"。让科技创新成果为更多国家和人民所及、所享、所用，中国北斗系统，对世界上渴望科技改善生活的人们来说，是一个巨大鼓舞，"中国分享"也必将让世界更加美好。

探索宇宙时空，是中华民族的千年梦想。从夜观"北斗"到建用"北斗"，从仰望星空到经纬时空，中国北斗未来可期、大有可为。中国将坚定不移走自主创新之路，以下一代北斗系统为核心，建设更加泛在、更加融合、更加智能的综合时空体系，书写人类时空文明新篇章。

一、选择题（每题 5 分，共 25 分）

1. 智能网联汽车有（　　　）传感器。

A. 激光雷达　　　　B. 毫米波雷达　　　　C. 摄像头　　　　D. 超声波雷达

2. 智能网联汽车的主要组成部分有（　　　）。

A. 感知机构　　　　B. 决策机构　　　　C. 执行机构　　　　D. 模拟仿真机构

3. 在下列选项中，（　　　）是未来汽车发展的方向。

A. 智能化　　　　B. 低碳化　　　　C. 大数据化　　　　D. 信息化

4. 智能交通系统的特点有（　　　）。

A. 先进性　　　　B. 开放性　　　　C. 信息化　　　　D. 整体性

5. 共享出行的主要形式有（　　　）。

A. 共享单车　　　　B. 共享电单车　　　　C. 共享巴士　　　　D. 共享汽车

二、判断题（每题 5 分，共 25 分）

1. 车载激光雷达属于智能网联汽车信息感知设备。（　　　）

2. 共享出行可以从一定程度上缓解交通拥堵，提升汽车行驶的经济性和节能性。（　　　）

3. 单一传感器可以实现智能网联汽车的环境感知。（　　　）

4. 物理体系结构包括功能域、功能、子功能、过程等多个层次及其间数据流。（　　　）

5. 我国 ITS 体系框架从用户的角度分为 9 个服务领域。（　　　）

三、简答题（每题 10 分，共 50 分）

1. 什么是智能网联汽车？

2. 为什么要发展智能交通系统？

3. 美国 SAE 和中国对汽车驾驶自动化是如何分级的？

4. 如果没有智能交通系统，将会对人们的生活带来哪些影响？请同学们对我国智能交通系统的发展提出建议。

5. 科学技术是服务于人类的，智能网联汽车技术如何更好更快地应用于新能源汽车产业，为未来出行提供更好的服务？

参 考 文 献

[1] 中华人民共和国工业和信息化部. 电动汽车术语：GB/T 19596 – 2017 [S]. 北京：中国标准出版社，2017.

[2] 中国汽车工程学会. 节能与新能源汽车技术路线图 2.0 [M]. 北京：机械工业出版社，2021.

[3] 贾利军，尹力卉. 新能源汽车概论 [M]. 北京：机械工业出版社，2017.

[4] 崔胜民. 新能源汽车概论 [M]. 北京：人民邮电出版社，2019.

[5] 王东光. 新能源汽车概论 [M]. 北京：机械工业出版社，2018.

[6] 陈社会. 混合动力电动汽车构造与维修 [M]. 北京：机械工业出版社，2017.

[7] 孙旭，陈社会. 新能源汽车概论 [M]. 2 版. 北京：机械工业出版社，2022.

[8] 邹明森，黄华. 新能源汽车概论 [M]. 北京：高等教育出版社，2021.

[9] 祝良荣，葛东东. 纯电动汽车构造与检修 [M]. 北京：机械工业出版社，2019.

[10] 张则雷，贺利涛. 新能源汽车概论 [M]. 北京：人民交通出版社，2018.

[11] 李妙然，邹德伟. 智能网联汽车技术概论 [M]. 北京：机械工业出版社，2019.